叢書・ウニベルシタス　1053

シンボルの理論

ノルベルト・エリアス
大平 章 訳

法政大学出版局

シンボルの理論◉目次

凡例

一　本書は Norbert Elias, *The Collected Works of Norbert Elias volume 13: The Symbol Theory*, edited by Richard Kilminster, Dublin: University College Dublin Press, 2011 の翻訳である。初版（London: Sage, 1991）との異同を示す Textual variants は割愛した。

一　『　』は原書の書名イタリック、傍点は原書の強調イタリック。

一　「　」は原書の引用符。

一　（　）は原書に準じる。

一　〔　〕は訳者による補足。

一　原註は側註とした。特記なきものは全集編者による註である。

シンボルの理論

序章

本書において紹介されているシンボルの理論[1]は、本来的に理解することが難しくはない。事実、それが理解可能であることは明白である。ただ知識の現段階において難しいだけである。それはいくつかの点で、シンボルの理論が結びつけるさまざまな研究分野で支配的である標準的理論からまったく根本的に分岐する。より古い理論に馴染んでいることが、阻害を生じがちである。これは、二度読まれてようやく読むことの価値が完全に得られるような、そうしたテキストの一つなのである。それは非常に高いレベルでの統合を意味する。もっと初めの部分を理解しようとすれば、もっと後の部分の知識が必要となろう。最初に見ると、シンボルの理論を言語理論として

(1) 出だしのパラグラフは、以前には発表されていない文章群の最初のものであり、それはドイツ文献資料館のコンピュータ・ディスクから回復された。

分類できるかもしれない。伝統によって、言語そのものの理論、知識のための別の理論、さらにまた記憶のための別の理論などを生み出す習慣が育まれた。結局のところ、それはもはや可能ではない。人間のこれらすべての側面——人間の、相互のコミュニケーションの方法、物を知り、それを記憶する人間の能力、その他、数多くの特徴——は識別できるが、それは切り離せないほど相互に結びついている。さらに、それはすべてシンボルを使う異なった方法なのである。われわれが話すとき、われわれは絶えず記憶された語句を結集する。われわれは、話をしている人々に答えるために、次に何を言うのか分かっているし、そのことについていろいろと考える。「理性」、「知識」、「記憶」などの実名詞は、独立して存在する実体という印象を与える。その代わりにもしわれわれが、それに関連する動詞を使えば、見たところ独立しているような実体が、相互に関連する機能のネットワークを形成しており、広範囲におよぶ理論的準拠枠を必要とするということがもっと容易に理解できる。

　この序章で提起され、議論されている問題の多くは伝統的な社会学——今日それは、こうした比較的初期の発展段階で構成されているのだが——の問題ではない。過程的な継続性——その場合、ある出来事は、それ以前の別の出来事がすでに存在していなければ、存在しえない——に取り組むことがこの段階では難しいだけではない。[2] 換言すれば、社会学は諸過程の認識や象徴的表示を必要とするだけではなく、出来事の位置づけが一連の異なった統合段階でなされるという事実の完全な理解を必要とする。

いわゆる空間における方向づけを取り上げてみよう。それは幅、深さ、長さのような概念によって表示される。しかし、より高度な統合段階では、それはまた「空間」という概念によって表示される。したがって、人類の発展において長さもしくは幅のような概念が、空間という概念によって表示されるより高度な統合に先行した、ということがありえなくはない。さらにまた「空間」は「次元」という概念よりも低い概念段階の統合を表示するが、それは「次元」が、空間は唯一の統合段階ではないということを暗に示すからである。空間における出来事の全体的方向づけが時間における決定をも要求する、といった発見は、よく思い出されるように、重要な科学上の出来事であった。空間における出来事の完全な位置づけは、もしそれが時間における位置づけと並行しなければ、可能ではない。事実、「われわれの宇宙は四次元の宇宙であることをアインシュタインは発見した」と言われる場合、それは実際には、時間‐空間レベルで位置づけの手段を統合することが、アインシュタインがそれを明らかにする以前には未知であった、ということを暗示するのではない。長さにおけるあらゆる変化はまた時間の変化でもある。だれもアインシュタイン以前にこの事実を知らなかった、という考えを受け入れることは難しい。勇気をもって明白な事実を科学的に立証し、表現した、というのが彼の功績の一つであった。

わたしが市街地図を手にして未知の町を訪れると仮定しよう。わたしは二つの存在様式を区別

(2)「統合のレベル」に関しては、本書二九五頁、註(7)を参照。

するのにためらう必要はない。通り、家と広場は実際に存在するものとして類別できる。市街地図はそうした現実の象徴的表示である。この場合、シンボルと現実の一致を疑う必要はない。地図の製作者は間違いを犯すかもしれないが、間違いが訂正され、売られている市街地図が町の配置を正しく象徴的に表示するよう取り計らった出版社の利己心をだいたい信用できる。町の物理的・社会的単位と、モデルとして地図のかたちで町の配置が象徴的に表示されることとの関係を使えば、われわれは、それに直面してみないかぎり、克服できないままになるかもしれないような困難に遭遇する。それはまたあまりに些細で入念に調査するに値しないように見えるかもしれない。町とその地図の関係を、実際に存在する何かと、単に象徴的な表示にすぎないような何かとの関係として概念化することは不合理ではない。それは、違いを対照として捉えようとする現代の慣例的な傾向を満足させる。しかし、この場合、対照が含む意味は幻想と現実の間に内包されている意味である。地図と町は違った存在様式をもつが、対照的な存在様式はもたない。

現在のところ最も分化した言語でさえも、それをコミュニケーションの手段として使う人々に、対立することなく識別できるような項目の、きわめて便利な言語学的シンボルを与えるほど十分に分化してはいない。商品として地図はそれが表示する町と同じレベルの現実の一部を成す。町の象徴的な表示としてその地図は同時に町とは分離される。人々は、そうした地図を作り、それを使うには、自らを町の物理的現実から距離化できなければならない。人々は言わば、物質の蓄積として今ここにある町の存在のレベルを超えて、統合のレベルへと精神的に上昇しなければならない。

象徴的な表示にはいくつかタイプがある。地図はそのうちの一つにすぎない。言語はもう一つのタイプである。夜空を観測したいと思っている英語を話す人々は「ムーン」(moon)という音声パターンを使うかもしれない。その人たちの言葉ではこの音声パターンは夜空の最も大きな天体を象徴的に表示する。このような広範な音声パターンの手助けによって人間はお互いにコミュニケーションができるのである。人間は自らの記憶装置に知識を蓄えそれを世代から世代へと伝える。非常に明確なかたちの社会的基準は、同一社会の内部で、同一の音声パターンがほぼあらゆる成員によって同じ意味で、つまり、知識の同じ項目を意味するシンボルとして、認識されることを可能にする。

「ウィルス」(virus)という言葉をもう一つ例として挙げてみよう。その言葉は、特殊なタイプの病気の原因となる、細菌よりも小さな病原体が発見され、共通のシンボル——そのおかげで人々はウィルスについてコミュニケーションをとることができた——が必要とされたとき、発明され、基準化されたのである。そのような共通のシンボルがなければ、病気についてのコミュニケーションは不可能ではないにせよ、難しかった。ボタン、シャツ、階段、自転車のような人間の日常生活の最も一般的な対象は、もしわれわれがそれらについてコミュニケーションをとるなら、標準化されたシンボル表示を必要とする。実際、言語共同体の言語の中で象徴的に表示されないような何かがその成員たちに知られることはない。その成員たちがそのことについてお互いにコミュニケーションをとることは不可能である。

それは単一の単語だけではなく文章全体、思考一般にも当てはまる。しかし、文章というかたちのシンボル表示と、文章が表示するものとの関係は複雑である。文章、さらには文章の組織は、それが全体的にあるいは部分的に表現しようとすることに合致する。伝達可能なシンボルの必要性は特別な有形の対象に限定されはしない。それは言語共同体、究極的には人類に関する知識の蓄積――機能、状況、過程、そしてシンボルそのものをも含む――へ広がる。したがって、すべての既知の言語は、言語をコミュニケーションの手段として使う人々にシンボルを供給し、そのおかげで人々は、相互になされる陳述がメッセージの発信者もしくは受信者を指そうが、またそれが個人としての、あるいは集団の成員としての発信者や受信者を指そうが、それを明瞭に述べることができるのである。現代英語、そして、それに関連するすべての言語には一連の代名詞の機能がある(3)。

言語の構造はコミュニケーション手段としてのその社会的機能によって決定される。すべての人間社会は経験の、したがって知識の共通の蓄えをそれぞれ分かち合うということが仮定できる。しかし、人間社会は知識の内容と範囲に関連して大きく異なる。それゆえ、われわれは、いくつかの社会の言語には、知識の項目の象徴的な表示があるが、別の社会の言語はそれを欠いている、ということを発見するかもしれない。一般的に、ある社会の言語において象徴的表示のないものはその成員には分からない、ということが言える。とはいえ、知識の異なった度合いが識別されよう。したがって、時間経験は、わたしが他の所で示したように、[4] ある社会ではより低い統合段階で、別の社会ではより高い統合段階で認識され、言語的に表示されるかもしれない。

シンボル――それは社会によって異なるかもしれない――によるコミュニケーションは人類の特性の一つである。それは人間の生物学的な組織に根拠がある。人間がコミュニケーションの手段として作ることができる音声パターンの計り知れない多様性は言語の多様性の一条件である。それはまた知識の発展の条件でもある。言語の音声パターンの革新的変化がなければ、知識の革新的変化は可能ではなかろう。人間の間では異なった社会は異なった言葉によってコミュニケーションが可能になる。同じ出来事、同じ経験が異なった音声パターンによって表現されうる。人類に言語においては、英語で「ムーン」（moon）と呼ばれるものを表現する無数の音声シンボル

（3）エリアスは *What is Sociology?* (London: Hutchinson, 1978 〔Collected Works, vol. 5〕), pp. 121-8〔『社会学とは何か』徳安彰訳、法政大学出版局、一九九四年、一四四―五二頁〕においてI, he, she, we, you, theyなど、英語の人称代名詞の重要性を人間集団の基本的な同位語句を表すものとして議論した。その話題は、また 'Reflections on personal pronouns' という未発表の表題の論文の主題であり、彼は一九七〇年にそれをレスター大学社会学部の教員セミナーのために書いた。そのタイプ原稿のコピーがマールバッハ・フォン・ネッカルのドイツ文献資料館のエリアス論文の中にある。エリアスは本書二二三―四頁で、彼がエトムント・フッサールについて論じる際にこの主題にもどる。

（4）Norbert Elias, *An Essay on Time* (Dublin: UCD Press, 2007 〔Collected Works, vol. 9〕)〔エリアス『時間について』井本晌二他訳、法政大学出版局、一九九六年〕を参照。

が発見されるかもしれない。人間は動物と同じくこれを有する。つまり、人間のコミュニケーションの様式はその自然の組織によって前もって決定されているのである。人間は生命を得た初期時代に生まれつき言語を習得するように定められていたのである。人間は、その主要なコミュニケーションの手段が種全体に特徴的であるということではなく、人間が成長する社会に特徴的であるというかぎりにおいて、他の生物とは異なる。さらにまた、われわれが言語と呼ぶこれらの音声パターンは遺伝的に固定されたものではなく、人工的であり、長い習得過程の間に社会の個々の成員によって獲得されるのである。

これはすべて自明であると言ってもさしつかえなかろう。第一言語、つまり母語が生来的ではなく、習得によって獲得されたということは明白である。言語が人類の生まれつきの遺産ではなく、社会によって異なりうることも明白である。しかし、こうしたことは、生物の中で人間が特異であることを示す、他の多くの人間的特質と同様、ほとんど現代の研究や議論の中心へ移されはしない。人間の基本的なモデル――それを用いて研究が行われる――が混乱していること、また混乱を生じやすいことは、現代の人間科学の、とりわけ社会学のように可能なかぎり最も高度な統合段階を含む人間科学の、根本的な欠陥の一つである。自然科学の代表は、精神の活動の場とは異なるものとしての自然の属性が広く議論された時期に科学としての特質を帯びたのである。超自然的な出来事と比較される自然の事象の際立った特質について、人々はある程度の合意に達していたのである。

それに比肩しうる合意は、人間の基本的モデル——それを用いて諸科学の研究がなされる——について言うなら、存在しない。予想されることではあろうが、諸科学はお互いに優位をめぐる未決の闘争に従事しているのである。経済学という科学が全体的な人間のモデルを供給できるということがしばらく考えられていたし、人間科学の中では生物学が自らいつも主導権を主張してきた。ここに公表されている研究によって、これらの人間科学が現存のかたちではどれも、人間の基本的なモデルの供給をおそらく主張できないだろうということがもっと容易に理解されるかもしれない。

これより続くシンボルの理論の短い序章を、容認された人間科学の体系に組み入れることはおそらく容易ではなかろう。(5) それは、現在かたち作られているような生物学の領域に合致しない。しかし、それには人間存在の生物学的な側面のための余地が十分ある。それは心理学——そうした言葉で現在、理解されているが——の領域に合致しない。言語の性質は、個人を中心とするようなタイプの心理学では正しく探究されない。さらにそれは、「知識・言語・記憶・思考」という複合体が要求する規範的情報をこれまでのところ無視している社会学の主流にも合致しない。

(5) このパラグラフで提起されている社会科学諸科目間の関係に関連する問題は、*Essays III: On Sociology and the Humanities* (Dublin: UCD Press, 2010) で、とりわけ 'On the sociogenesis of sociology' というエッセイでさらに掘り下げて処理されている (pp. 43–69)。

現在の支配的な人間・社会科学間の分業を批判的に検証することが遅かれ早かれ必要となろう。肉体と精神の古い分割は、生理学と心理学の分割の名づけ親となった。政治学と経済学の分割はいくぶん、専門的な企業家と専門的な政治家の分業に負っている。今のところわれわれは、心理学、社会学、経済学と歴史学のような人間科学の内部構造が変わるかもしれないということを当然視しているように見えるが、一方、現行の制度に従って、諸科学の分割を暗黙のうちに不変のものとして受け入れている。ところが、今ある社会科学の体系の根底には、たいてい検証されないままの、また、検証されたとしてもまったく不適切——まったく誤解を生じるようなものではないが——になってしまう人間の概念がある。

社会科学者が探究する問題、社会科学者が発見する解決は非常に高度な統合段階にある概念の基本原理に組み込まれるが、それに関する問題は、多少尋ねられてはいるとはいえ、ほとんど尋ねられていない。そうした概念は、通常まるでそれが不変の人類の特性でもあるかのごとく使われ、人間社会のような社会ではしばしば、「自然と文化」、「肉体と精神」、「主体と客体」といった二極的な対照を成す。自然と文化もしくは自然と社会がこのようなかたちで捉えられるなら、ここで展開されている議論についていくことを難しいと思うかもしれない。人間の文化が人間性に背くと見ることももちろん可能である。他方、人間の体質は、人間がその独自の文化的生産物を人間社会特有のものにすることを必要とする。人間の生物学的成熟は社会的習得の過程による補足を必要とする。言語を習得する社会的機会が人間にないなら、人間の言語習得の準備性は未使用のままになる。二極の対立物になるどころか、人間の場合には生物学的過程と社会的過程は、それが効果的になるには、連結しなければならない。

その上、伝統的な知識と言語の理論は、個人的な認識行為および発話行為を、それが自身に課する作業の出発点であるとする。その出発点はこの世界にまったく独りでいる人間であり、腕をさっと振ってどこからともなく知識の項目をいくつか受け取り、これらの項目は一人の人間から他の人間へ知識を伝達するという仕事をどのようにして成し遂げることができるかという問題、それは知識の伝達の対象に対応する意味をどのようにしてもつことができるのかという問いの答えを探すのである。音声パターンは、それに関連した絵を、換言すれば意味を、発信者から受信者へどのように伝えることができるのか？　その問はそれに関連する証拠と一致し、そういうことでその答えもまた証拠の近くで組み立てられる。

しかし、最初にわれわれは習慣化の強制的な力を振り払わなければならない。慣習によって、この種の説明を探している人々は、始まりという性格をもつ答えを探求せざるをえなくなる。そのような答えは見つけられない。言語の発展は、知識の発展と同様、絶対的な開始のない継続的な過程なのである。最終的に発見することが期待できるのは、標準化されたコミュニケーション手段と適応手段を伝える言語と知識の永遠の流れである。それは、そうしたものとして認識されるかもしれない、あるいは認識されないかもしれない技術を標準化することによってずっと生き続ける。社会における知識や言語のパターンを統御する能力はたいてい社会における権力機会の配分の付随物である。統合と分解の勢いはたいていある社会の言語と知識の発展に痕跡を残す。

多くの人々の目で見れば、(6) 人間科学の存在論的地位は、そのあらゆる多様な側面で現在のところまだ明らかではない。ここでわれわれが直面する困難の一つがそれなのである。自然の過程や現象の存在論的地位をわれわれは知っている。しかし言語には自然のデータがない。(7) 以下に続くテキストの責務の一つは、言語の存在論的地位を明らかにすることである。哲学を究極的な知識として、つまり、他のあらゆる知識の基本として捉える傾向は、これを明らかにすることを大いにさまたげるのである。それは、知識には始まりがないという認識をさまたげる。実際、知識の性質をめぐる多くの現今の議論は、知識の始まりに関する議論なのである。主体と客体の分離それ自体が、隠蔽された始まりの探求である。それは、知識には本質的に、主体においても、あるいは客体においてもそれ自体の始まりがあるのかどうかという問題である。人間自身と同様、知識には絶対的な始まりがない、という認識は、心の重荷を取り払うのに役立つかもしれない。知識は世代から世代へと受け継がれるのであり、世代的連鎖には出発点はない。人々の間のコミュニケーションとして、知識は、人々のうちのだれかにおいて始まるのではない。それは本質的に性質上、個人相互的で、社会的なものなのである。主体‐客体観関係はまた、主体‐主体関係にならざるをえない。

人間相互の関係、つまり人間相互のコミュニケーションはあらゆるものの根本において社会的である。記号の組み合わせという言語概念は、これらの記号を使って相互にコミュニケーションをとる人々について疑問を提示する。それはとりわけ、一人の人間によって作られた言語の記号が、どのようにして他の人間によって理解されうるようになるのか、という疑問を提示する。言語の個人相互的な機能を果たすには、記号の意味が、メッセージの送り手とその受け手によって理解されなければならない。本質的に対話的な言語の性格がしばしば無視されるのである。言語の全体的機能は、もしそれが数名の人々によって話されなければ、危機にさらされよう。しかし、数名の人々が同じ言葉をしゃべるということがどのようにして可能になるのか？　このテキストではそれが中心的な、尋ねるのが難しい問題として提出される。が、いったん問題が尋ねられれば、それに答えるのはじつに簡単である。

それが言語哲学者たちから考察されるのはまれである。彼らのほとんどは、人間は世界の中で自分の対象をもちながら独りでいる個人であり、そのような関係において言語記号を使う——そ

（6）これと次の一四個のパラグラフはこれまで未発表である。以前に書かれた序章のテキストは、本書二六頁の「その中心的モデルは……」から再び始まる。

（7）次の数頁における哲学の認識上の欠陥に関する持続的な解説は、エリアスの科学的な著述のすべての中に潜在する、たびたび繰り返されるテーマを継続している。この問題に関する彼の立場の明白な発言はとりわけ一九七〇年代、八〇年代に書かれた彼の多くの、計画に従った、論争的なエッセイに見られる。次の文献を参照。Norbert Elias, *Essays I: On the Sociology of Knowledge and Science* (Dublin: UCD Press, 2010 [Collected Works, vol. 14]).

れがなぜなのかさほどよく分からないが——ということを思わせる伝統のとりこになっている。事実、主体と客体の間の媒介としての言葉を使う必要もなく、客体との直接取引を求める哲学的願望の例がある。奇妙なことに、言語記号は、今ここに直接存在していない対象を意味する、ということがしばしば言語記号の基本的機能と見なされる。そういう意味では、言語記号は、存在していない対象の代用と見なされる。とはいえ、人間相互の継続的な対話によって、人々は、存在しない対象や、現在ここにある対象に関連して、文章や単語を同じく容易に使うことができる、と主張することも非常に簡単である。われわれは、自分が店の商品陳列窓で昨日見たテーブルと、自分の部屋で現に今見ているテーブルの違いを、また、われわれの頭のすぐ上のどんよりした夜空と、昨日の星の輝く夜空の違いをはっきり言うことができる。言語の問題に対する哲学者たちのアプローチを厳しく制限する妨害物がいたるところにある。さらにもう一つ例を挙げれば、その議論を締めくくるのに十分であるに違いない。

大多数の場合には、哲学者たちは、まるでそれが自然科学の対象でもあるかのごとく言語を研究する。彼らは、言語によるコミュニケーションは、人間の普遍的特性であるにもかかわらず、観察可能な言語は、しばしば国から国へと、種族から種族へと、ある生存単位から別の生存単位へと変化するという事実を考慮に入れない。言語を哲学的な伝統に適合させようとして、哲学者たちは、たいてい単数での言語研究に——つまり、彼らは、人間という種特有の特徴として言語を研究する——閉じこもる。(8) 集団特有の言語の特徴は哲学的な視野の外に存在する。結果的には、人間の言語の中心的特徴は、哲学的探求領域の外に位置する。一人の人間によって生み出される、一組の言語記号の意味は、何人かの人々に理解されるが、他のすべての人間によって理解されるとはかぎらない。それは、話者の言語共同体の内部でしか理解されない。なぜこれが事実になるのかを言うのは非常にやさしい。人間の言語は、生まれつき人間の音声系に組み込まれてはいない。人間という種のすべての成員に共通する財産になっているものは、言語習得能力である。そして、それが――わたしが本書で示したように――問題の核心なのである。自然と社会はそれぞれ相反するものとしばしば見なされている。人間の言語の場合では、自然と社会は並行的に作用する。言語というシンボルを使ってコミュニケーションを行う普遍的な人間の潜在能力は、たいてい特定の社会の言語によって活性化される。おそらく人類の祖先たちは、昔はすべてほぼ同じ原型的な言葉を話す比較的小さな集団を形成していたのであろう。おそらく遠い将来、再び人間

（8）「生存単位」という概念は、以下、第二章、第九章でさらに議論されている（九七、二七一〜五頁）。エリアスはこの概念を、自分の後年の著作において、とりわけ以下の文献で広く使っている。Norbert Elias, *Society of Individuals* (Dublin: UCD Press, 2010 [Collected Works, vol. 10]), pp. 137-208.〔エリアス『諸個人の社会』新装版、宇京早苗訳、法政大学出版局、二〇一四年、一七五―二六二頁〕*What is Sociology?*（『社会学とは何か』）では、エリアスは「攻撃と防御の単位」という表現を使ったが、それ以降は、その表現を止めて、「生存単位」を好んだ。次の文献も参照。Lars-Bo Kaspersen and Norman Gabriel, perspective', *Sociological Review* 56:3 (2008), pp. 370-87.

は一つの支配的な共通言語をもつことになろう。しかし、一般的な構造は、つまり、特定の社会の生活を通してのみ現実化される言葉をしゃべる自然な傾向は、同じままである。

記号の組み合わせとしての言語という総称的な特徴づけは間違ってはいない。その場合、それが哲学者たちに、だれがだれに記号を与えるのか、という質問を尋ねさせることになったのであろう、とわれわれは考えたかもしれない。しかし、わたしが前にも述べたように、主体対主体の関係は彼らのプログラムには含まれていない。さまざまな理由でわたしは「シンボル」という言葉が好ましいと思ったのである。その言葉には、動詞的、形容詞的な付加語がもっと豊かに付与されている。シンボルの具象的な機能は、記号の機能よりももっと明らかである。われわれは、シンボルという言葉を使うことで、「物自体」(*Ding an sich*)といったような対象への哲学者たちの郷愁との係わり合いからかなり容易に離れることができる。再三再四、哲学者たちは、純粋な対象と接触し、言葉や思考などの媒介物に汚されないような世界を受容するという理想とともに生きてきた。ロマンティックな香りの漂う、世界そのもの(*an sich*)の受容という哲学者たちの憧れは幻想である。

現代の最も有名な言語哲学者の一人であるジャック・デリダ(9)は、言語哲学者としての自分自身の手順を、さらには、哲学の伝統によると、言語を構成する記号の、自分自身の概念を明快に説明した。言語哲学者として、また、おそらく哲学者一般のように、デリダは他の哲学者によって書かれたテキストの枠内で作業をする。「脱構築(10)」(deconstruction)によって、つまり、同僚の哲学者のテキストの批判的分析によって、個々の哲学者は自分自身の見解を発展させるのである。一人の哲学者が別の哲学者を刺激するのである。哲学的近親交配はまれではない。

一つの著しい省略は、哲学的探求の対象への言及、この場合は、言語への言及の省略である。哲学者たちが主に自然科学とその対象の探求に係っていた間は、哲学的対象の現実性の問題はたぶん未決の問題と見なされたようである。もし言語哲学者が同じ問題を提起すれば、それはとても支持されないだろう。言語の哲学的探求は、言葉の手助けによってのみ可能なのである。かつてわれわれが厳然たる事実と呼んだようなものに、つまり言葉についての現実的証拠に言及しないで、言語哲学がその知的な責務をいかに果たせるかを知ることは難しい。言語の社会学的探求は、ともかく、テキストのネットワークにのみ依存することはできない。それは、言葉そのもの

(9) ジャック・デリダ (Jacques Derrida, 1930-2004) は、有名なフランスの哲学者で、テキスト批判の方法である「脱構築」の創始者。多産な著者で、最も有名な作品に、*Of Grammatology* (Baltimore, MD: Johns Hopkins University Press, 1974)〔『根源の彼方に――グラマトロジーについて』上下巻、足立和浩訳、現代思潮社、一九七二年〕, *Writing and Difference* (London: Routledge & Kegan Paul, 1978)〔『エクリチュールと差異』新訳、合田正人他訳、法政大学出版局、二〇一三年〕, *The Margins of Philosophy* (Brighton: Harvester, 1982)〔『哲学の余白』上下巻、高橋允昭他訳、二〇〇七―〇八年〕などがある。

(10) タイプ原稿では、'decomposition' と読める。デリダの研究の脈絡では、エリアスは、'deconstruction' を意味していたに違いない。これは助手の一人による転記ミスから生じたものであったか、あるいは、エリアスによるちょっとした言い間違いであったかもしれない。

に丹念に目を通すことを要求する。

言語の存在論的地位が現在まったく不明確であるということが困難な点である。たぶん『シンボルの理論』のような研究は、それを明らかにすることに貢献できる。多くの他の哲学者と同様、デリダも知識一般の、さらにはとりわけ哲学的知識の存在論的地位に関してさほど正確ではない。今ここに存在しない対象の表示は、しばしば記号の主要な機能と見なされている。言葉の概念上の記号もまた、ちょうど同じく現在の対象に応用される。「向こうにあるこのテーブルはいくらですか?」とか、「われわれのすぐ目の前に宵の明星が見えますか?」といった疑問文が明らかな例である。言語学的伝統には言語の記号を、真空の中に投影された個人の解放と見なす傾向がある、とほぼ言える。言語は、メッセージを送る人と、メッセージを受け取る人との間にあるコミュニケーションの手段である、つまり、換言すれば、言語は特に社会的データである、と明確に表明されるのを見るのはまれである。

デリダの『エクリチュールと差異』の英語版の、訳者による序論では、訳者は翻訳の難しさについて議論している。(11) デリダの本をフランス語から英語に訳すのはほぼ不可能であるが、それは、デリダがしばしば自分のもっと前の作品に暗に言及しながら、自由に連想しながら言葉を使うからである、と訳者は述べている。彼は必ずしもいつも読者に、特別な連想――それは彼の議論において、彼のキーワードの一つの使用を決定する――に関する情報を提供しているわけではない。翻訳者は、翻訳という言葉は、デリダのフランス語の原文を分かりやすい英語に変える企てということでは、正しいものではないと結論づける。翻訳者は、自分が行ったことは、翻訳というよりもむしろ「変形」である、ということをほのめかしている。[12]
こうした困難な点は理解できる。デリダはフランス語を非常に個性的な方法で使う。彼は言語の主要機能が人々の間のコミュニケーションであるという事実にほとんど注意を払わない。デリダは、自分自身のフランス語の型を作り上げ、デリダのフランス語を学ぶ人――もしその人が哲学者の形而上学の手ほどきを受けたいと思うなら――にそれを委ねる。
容易に理解されうる例は、フランス語の言葉 *différence* の用法である。それは無害な言葉のように見えるかもしれないし、容易に英語、もしくは他のどんな外国語にも訳せる。しかし、デリダは、「異なること」(to differ) という言葉がわずかなアクセントの移動をともなって、「延ばすこと」(*differance*, to defer) に変えられることに、意味があると考える。[13] 言葉と戯れる彼の喜びは彼に

(11)〔エリアスによる註〕Alan Bass translator's introduction to Jacques Derrida, *Writing and Difference* (London: Routledge & Kegan Paul, 1978), pp. xiv-xv.〔訳者によるジャック・デリダ『エクリチュールと差異』の序論〕上掲書はJacques Derrida, *l'écriture et la difference* (Paris: Édition du Seuil, 1967) の英訳。
(12)〔エリアスによる註〕Ibid., p. xvii.
(13) *différance* はデリダの造語であり、通常の言葉 *différence* (difference) のように聞こえる。それは、それらの言葉が含んでいる連想や、その他の要素が理由となり、記号、もしくは言葉の意味が決して固定されず、常に不安定であり、「遅延される」(differed) といった考えを伝えるのに役立つよう使用される。

とって、その二つの言葉は実際には同じ言葉の解釈であり、一方（to differ）は即時的な現在における行為を指し、他方（defer）は時間の連続性において、さらにもっと、同じかもしくは類似した行為を指すということを暗に示す。

同じやり方で、デリダは哲学的形而上学の脱構築を自らの研究課題と見なし、自分の読者に、彼が形而上学のみの破壊を意味しているのか、あるいは新たな形而上学の構築を生み出す破壊を意味しているかを推量する作業を負わせる。デリダの本の英訳者は次のように述べている。

デリダはしばしば、それをはっきり言わないで、自分自身の作品に再言及したり、自分の他の作品を先取りしたりする……この難しさは、ところが古典哲学の専門用語の頻繁な使用によってさらに増し、その場合もまたはっきりした説明や言及がない……デリダはいつも語源の共鳴や語呂合わせ的なユーモアに丹念に注意を払いながら書く。(14)

デリダを読むことは――もしわれわれがそのように努力すれば――実際、大いなる楽しみになりうる。彼はしばしば格調高い表現やユーモアによって自由に連想する。インタビューの一つで、デリダは、最新の本（『エクリチュールと差異』）において、自分は自分自身に最も称賛に値する作業を課した、と述べた。デリダは自らの目的を、「哲学の歴史がどのような問題を隠蔽し、禁止し、もしくは抑制してきたかを決定するために……あらゆる哲学概念の系譜」を忠実、かつ厳密に検証することによって「脱構築」することだと指摘した。[15] われわれが彼の失敗を言明しなければならないのは、大いに残念である。より古い形而上的哲学のいくつかを脱構築することによって、彼はさらに別の哲学を打ち立てた。彼の研究は独創的で、創意工夫に富んではいるが、実際、彼は、自分が伝統的な、主流の哲学の巨匠、とりわけハイデガーやフッサールの血筋を引いていることを示しているのである。[16] そのような伝統の内部で、諸問題——『シンボルの理論』はそれを解決することに貢献しようとしている——が「意味」や「記号」といったキーワードの手助けのみで議論されているのである。

わたしが述べたように、伝統的な言語哲学の際立った特徴の一つは、それが、その対象をまるで自然の一部分でもあるかのごとく捉えようとすることである。主体について言えば、言語哲学

(14)〔エリアスによる註〕Derrida, *Writing and Difference*, p. xv.

(15) 一九六七年一二月に 'Implications' という表題で行われたアンリ・ロンス (Henri Ronse) とのインタビューから。Jacques Derrida, *Positions* (London: Athlone Press, 1981), pp. 1-4.〔デリダ『ポジシオン』新装版、高橋允昭訳、青土社、二〇〇〇年、八—一四頁〕エリアスはそれを翻訳者バスの『エクリチュールと差異』序論 (*Writing and Difference*, p. xi.) から引用した。

(16) エトムント・フッサール (Edmund Husserl, 1895-1938) はフライブルク大学で教えた現象学の哲学者。その大学でエリアスは一九二〇年に彼の講義に派遣学生として出席した。マルティン・ハイデガー (Martin Heidegger, 1889-1976) はフライブルク大学で哲学の教授としてフッサールの後継者であった。彼は「存在」の問題を探求する「基礎的存在論」で有名である。

者はたいていその習慣によって、自分自身の、つまりほぼ孤立した個人の象徴的な表現を言語の主体として扱わざるをえないのである。たとえば、デリダとフッサールの、「われあり」（I am）という記号の存在論的地位についての議論を取り上げてみよう。そのような表現の意味は、フッサールによると、所与の状況と密接に繋がっているのである。「われあり」という言葉は人間が死ねば無意味である。ところが、デリダはこれを否定する。「われあり」はまた人間が死んでも意味を有するのである。[17] 奇妙な妨害物が、単数第一人称を表す人称代名詞において、これらの哲学者の考えを止めるのである。ところが、一連の人称代名詞、もしくはそれと等価の文法上の形式の主要な機能は、会話に従事している人々、あるいは別の形式でメッセージの交換に従事している人々との関係における、ある人間の立場の指標として機能するのである。そのような状況では、「わたし」（I）という代名詞の使用は、その時点の発話者を指し、「あなた」（you）は発話者によって話しかけられる人を指し、さらに、「彼、彼女、それ」（he, she, it）は第三者もしくは対象物を指す。人称代名詞の複数形はそれに相当する機能をもつ。「われわれ」（we）は発話者が自分自身を同一視する集団を、あなたがた（you）は話しかけられる人間が属している集団を、そして「彼ら」（they）は会話の中には直接含まれていない三番目の集団を指す。これらの機能を果たすことがなければ、人間と人間の間で意味のあるメッセージの交換は可能ではなかろう。

どうやらフッサールは、人称代名詞は何ら普遍的な機能を果たさないと思っているようである。しかし、人称代名詞、もしくは、それと等価の文法的形式がなければ、相互に意思の疎通を図る人間集団内部での方位設定は可能ではなかろう。これは、科学への哲学的なアプローチとシンボルへの社会学的なアプローチとの大きな違いの一つを示すモデル・ケースである。社会学的なアプローチはただ、言語が人間同士の意思の疎通の手段であることを明らかにするだけである。われわれは、もし言語を一人の人間だけの産物、個人的な産物と見なすなら、言語を把握することはできない。

われわれの眼前の作業はこれまで、われわれが世界を象徴的に表現したことを、その表現物が意味する世界と一致させることであったし、近い将来においてもそうなる可能性がある。おそらく理解できることではあろうが、斬新な知識理論がやがて生まれてくるのである。より古い理論とは違って、その結果は、経験的な証拠の助力によって調査されるのである。かくして、学識のある人々の間では「太陽」のシンボルの現在での使用は、百年前よりも、またさらに詳しく言えば、千年前――その頃は、太陽神が火の車で空の上を移動すると信じられていた――よりも明らかに現実適合的である。わたしは、人間がシンボルを媒介にして生きており、これらのシンボルが、より初期の段階よりもさらに現実適合的になりうるという――あるいは、現実適合性が少なくなることもまたありうるという――認識を、いくぶん重要な社会学的発見と見なしている。わ

(17)〔エリアスによる註〕Paul Moyaert, 'Jacques Derrida en de filosofie van de differentie' の中で引用されている。Samuel Ijsseling (ed.), *Jacques Derrida: Een inleiding in zijn denken* (Ambro: Baan, 1986), p. 45.

われわれはしばしば、社会学者が、社会学の分野での発見を、自然科学の分野での発見のように、重要で証明可能なものにすることが可能であるという希望をあきらめてしまったような感じを時々抱いている。そのような発見がなされうるという確信を欠いているので、彼らは明らかに発見することができない。人間科学の分野でこれからまだ発見されるべきことが多くある。本書では非常に少数ではあるが、それが見られる。[18]

その中心的モデルが主体と客体の分離である哲学的な知識理論は、自分自身の代役に突出した地位を付与し、それゆえ自分が実際に同一化できる理論を受け入れることがいかに容易であるかを証明する。知識の哲学的主体の中に一般化された自我を認識することは難しくはない。知識の主体－客体の理論が主導的な理論として数百年間も残存した執拗さは、地球中心の宇宙理論がその支配力を恒常的に維持してきたその執拗さをわれわれに思い出させる。自分自身の生息地が宇宙の中心であるということを知るのは心地よかった。その誤った仮説を確証するための反駁不可能な証拠が身近にあった。一見、太陽は日々、空の上を、地球のまわりを運行していた。ところが、それが誤りであることが分かった。

この場合われわれは、象徴的な表示であるデータと、象徴的な表示ではない、またそうした理由で異なったかたちで類別される（それは現実的なものとして類別される）表示を明確に区別できる。デカルトの伝統を引く哲学はとりわけ疑念の哲学である。[19] その哲学は弟子に疑うことを教える。その継承者たちが教えたことは、必ずしも、また多くの場合には明らかに、その疑いを超える方法ではなく、そうした疑いの長所であった。基本的な疑念は、人間は、知識の対象がどのように——それが人間の知識の対象であるという事実とはまったく別個に——構造化されるか[20]を学ぶかもしれないという仮説に対して向けられた。カントやフッサールやポパーのようなデカ

(18)［エリアスによる註］わたしは本書を支えてくれた経験を読者から奪いたくない。シンボルの社会学理論が、さらなる研究のためにずっと昔に提示されなくなっていたという事実に、わたしは相当長い間、困っていた。二週間前にわたしの友人であるピエール・ブルデューもまたシンボルに関する本を出版することを意図していることが明らかになった（おそらくブルデューの本『言葉と象徴の力』*Language and Symbolic Power* (Cambridge, MA: Harvard University Press, 1991) に言及しているのであろう——全集編者）。社会学の未来のために自分が非常に高い価値を付与している主題についてブルデューが何を言わなければならないのか、わたしは興味津津、読んでみたいと思っている。最近出版されたシンボルの理論に付したわたしの序論を、ブルデューが読んだかどうかわたしには定かではない（一九八九年に『理論と文化と社会』で三部に分けて最初に発表された『シンボルの理論』に言及している。本書「テキストについての註釈」三一〇頁を参照——全集編者）。しかし、そのような状況において、二人の友人、同時代人の同じ主題への貢献をはっきりと、明白に区別することがわたしには賢明であるように思われる。ブルデューが自分自身のシンボルの理論の出版を意図していたことをわたしはまったく知らなかった。わたしは自分の寄稿論文を出す前に、ブルデューのそれを読んではいなかった。それゆえ、わたしはその論文に言及し、それを利用することができなかった。もしそれが事実ではなかったとしたら、わたしは印刷された論文の中で、事実に言及することを決して省略しなかったであろう（以前は出版されていなかった註——全集編者）。

(19) エリアスはこのテーマを本文の第七章、第八章で発展させている。彼の 'Notes on Kant's solipsistic doubt', in *Essays I*, Appendix I, pp. 290–2も参照。

ルトを受け継ぐ哲学者たちは、彼らがデカルト以前と見なした哲学者たちに「ある晴天の日に人間は目覚め、自分が知識の対象を——それが人間の知識の対象であるという事実とは別個に——知っていることを発見する」という見解の責任を負わせたのである。デカルトの段階にあった哲学者たちは、知識が虚偽であるという発言をいつも明確に提示したわけではなかった。「そうしたことが可能であり、人間は知識が真実であるかどうかを知ることは決してできない。誠実な言い方をすれば、われわれは疑念を抱いているのである」と彼らは発言しただけである。

ある例が役立つかもしれない。それは昔からよく好まれた話である。その話は、個々の人間は、自分自身の経験によって普遍的なタイプの説明としての因果関係という概念を絶対に得ることはできないということをどのようにしてスコットランドの哲学者ヒュームが気づいたのかを物語っている。またしたがって、彼はどのようにして基本的な哲学の問題を発見した最初の人間になったのか、いったい人間はどのようにして——人間自身の経験の結果としてではなくとも——すべての未解決の問題は因果関係というかたちで解決を見出せるという予想をするようになるのか、ということをそれは物語っている。ヒュームは挫折したが、彼は控えめな人間だったので、自分には質問の答えが分からないと断言した。

あの偉大なイマヌエル・カントはヒュームの質問に対する答えの探求を続けた。(21) そして、カントはその著作『純粋理性批判』において、自分は答えを見出したと公言した。ほとんど無限に続く多様な問題に対する因果的解決の予測は、人間の個人的な経験から決して引き出すことはできない、という点でカントはヒュームに同意した。しかし、カントは、究極的にはすべての顕著な問題の解決策と見なされるかもしれない、因果関係についての普遍的な人間の予測が人間の理性それ自体――「実体」、「神」、そして数々の他の基本概念――の特徴である、と公言することによってヒュームを超えた。問題に対するカントの答えは単純であり、それがもし正しければ、影響力は大きかった。カントによれば、因果関係の普遍性は、そのようなものとして世界においてそれが事実として繰り返されるということによるのではなく、人間の知性の構造によるものなのである。因果関係はカントによれば、あらゆる経験に先立って、換言すれば、アプリオリに人間の理性に組み込まれていたのである。理性は経験を超えなかった。もし理性が経験を超えるなら、因果関係は幻想かあるいは推測と見なされることになろう。推論の明確な形態、とりわけ因果関係は人間の経験を超えるものではなく、人間のあらゆる経験の普遍的な条件であり、カントの言葉で言えば先験的であるということを、カントは自分の最大の発見と見なした。カントは、以前

（20）エリアスは、以下の自分のエッセイで、カール・ポパーの哲学を有無も言わせないほどの批判にさらした。Norbert Elias, 'On the creed of a nominalist: observations on Popper's *The Logic of Scientific Discovery*' and 'Science or Sciences? Contribution to a debate with reality-blind philosophers', in *Essays I*, pp. 161-90 and 191-211.

（21）Immanuel Kant, *The Critique of Pure Reason* (Cambridge: Cambridge University Press, 1998 [1781]), pp. 656-8.〔カント『純粋理性批判』下、篠田英雄訳、岩波文庫、一九六二年、六二―九頁〕

は多かれ少なかれ、まるで同一のものと見なされた二つの概念を峻別した。カントは、今からは、哲学者は「超越的」（それは経験に由来しそうであるが、経験を超えるかもしれない）という表現と、「先験的」（彼はそれを経験の前提条件と見なしたが、それ自体は系統的な経験の観察から引き出されうる）という言葉をはっきり区別すべきであると公言した。

カントの先験哲学は重大な影響を及ぼした。世界それ自体は、それが意識あるいは理性を通過する際にもつと思われるようなそうしたあらゆる性格を有するかどうか、人間には決して分からない、ということをそれは暗示している。というのは、その場合、それは人間の理性によって、人間の精神自体の性格によってあらかじめ決定されるそうした属性をいくつか獲得するからである。カントによれば、人間の推論はそれ自体を、あらゆる可能な種類の経験に適合させることができなかったのである。人間の推論は、世界自体の多様性に一致して無限に可変的ではなかったのである。適応の手段として人間の推論は、カントによれば、明確な限界があった。われわれはしかたなく人間性が命じる先決されたパターンへとわれわれの経験を適合させる。因果関係というかたちであらゆる種類の問題の解決を期待する強制力が例として役立ちうる。それは推論の客体の性質からではなく、主体の性質から生まれる。非意図的にカントは哲学的相対主義の推進者になっていたのである。

しかし、ヒュームが提起し、カントが、自分が解決したと思った問題を解決の方向に向けることは特に難しくはない。あらゆる種類の問題を因果的に解決してくれる、満足のゆく性格への確信は、個別的な人間の経験の上には根拠づけられない。それは人間の推論の性格に依拠しているのか？　他のいかなる解決策が提示されるのか？　最も直接的な答えは非常に単純である。自然に先決されている推論形態という前提に避難の場を求める必要はない。「原因」という言葉、およびその多様な使用は、現代の言語共同体の、普通の能力をもつすべての成員による習得の過程を通じて獲得されるのである。このような明白な答えをどうしてヒュームやカントは気づかなかったのか？　たぶんそれは彼らの問題、つまり哲学的な伝統の中で育てられた人々の心に浮かんでくるような問題に対する答えではなかったからであろう。彼らは、その個人主義的な伝統に順応する因果論的な答えを期待した。まさにこの伝統が、ヒュームの問題設定の中で、同じくカントの答えの中でも現れたのである。それは個人の経験を通じて獲得されはしない、なぜならこうした範囲の判断にとって個人の経験はあまりにも限定されているから、とヒュームは述べた。それは人間の推論の性質に根拠がある、とカントは因果論的モデルを使いながら答えた。

社会的な説明、つまり、言語の獲得、したがって、「原因」や「結果」などの言葉の獲得は個人的行動の蓄積以上の何かである、という知識は二人の手の届く範囲ではなかった。因果的説明をある時期の社会的ハビタスのある局面として、社会的強制のある形態として捉えようとするこ[22]

(22) エリアスが簡潔に「第二の天性」と定義づけた社会的習慣は、人々が集団の同僚たちと共有する深く染み込んだ習慣、感情、人間的性格を指す。ドイツ語の「ハビトゥス」(*Habitus*) という言葉は、両大とに結びつく社会的満足感もまた彼らは潔く認めようとはしなかった。哲学者たちの心を揺さぶった問題——ある種の思考があらゆる経験に先立って人間の中に組み込まれているのか、いないのかという問題——は簡単な答えを見つけだすことができた。「原因」とか「結果」という言葉は、これらの言葉が通用してきたあらゆる人間社会のあらゆる個人によって子供時代から習得される、というのがその答えである。「原因」や「結果」のみならず、関連の概念を含む数多くの他の概念もまた特定の社会で育つすべての子供によって習得されるのである。答えを要する質問は、個人的に非常に違った経験を有するかもしれない人間が、それにもかかわらず同じ言葉を理解し、話すことがどうして可能なのかという質問である(23)

明確なかたちの説明が期待されるのは、個々の人間の個人的な経験からではなく、多くの世代が推移する際に集団全体が有する集合的な経験からである。もしその世代が、明らかに魔法が最も強い力と見なされるようになる社会で成長すれば、諸個人は彼らの差し迫った問題に対して、その社会が要求する答えを見出しやすい。その場合、彼らは、じぶんたちが説明しようとしている損害をもたらした魔女を見つけるのである。ヒュームとカントの両者は、因果的説明の探求を、「原因」という言葉自体を、彼らが使う言語の自明の要素として子供時代から習得していたのである。このような明白な答えをなぜ彼らは理解しなかったのかとわれわれは尋ねるかもしれない。彼らの社会では、彼らの職業においては、この種の解決、つまり社会的な解決には認識上の価値がなく、今日それがともなうかもしれないような満足感と同じ感情をともなわなかった、というのがおそらくその理由であろう。事実の点では、客観的な原因の探求があらゆる時代の説明にとって特に気に入られた探求であるという前提はほとんど正しくはない。それは一般的には、出来事の著者としての生きた人間の探求、われわれが説明しようとする行為としてのあらゆる出来事という概念によって先行されていたし、しばしばそれをともなっていた。「稲妻によってだれが家を破壊したのか」という質問は「何が家を破壊したのか」という問題よりも先行した。人間性の発展において、因果的説明が部分的な優位を獲得したのはむしろ後であった。ほとんどの生きた人間は、「いかなる変化が物理的宇宙の現在の配置を説明するか」ではなく、「だれが世界を創造したか」という問いの答えを依然として探すのである。長期にわたる過程的説明の探求はまだ初期の局面にある。

戦間のドイツ社会学ではこの意味で受け入れられており、とりわけ、マックス・ウェーバーやエミール・レーデラー（Emil Lederer）の著作に、同じくフランス語ではマルセル・モース（Marcel Mauss）の研究に見られる。エリアスはその言葉をドイツ語の著作に頻繁に使っていたが、自分の本の最初の英語版では、それはたいてい「人格構造」（personality-make up）とか「心理構造」（psychological make-up）に訳された。一九七〇年代以降、ピエール・ブルデューによる広範な使用にしたがって、その言葉は、英語圏の社会学者の間で知られるようになった。このような展開に応じて、後年エリアスは「ハビタス」（habitus）という言葉を英語で使うようになった。

（23）この部分から、同パラグラフの終わりまでのテキストは、以前は未発表である。

人々は自然をあるときは自然として、あるいはまたあるときは歴史として経験できる。われわれは世界をニュートン風に偉大な精神によって作られた設計として理解することもできる。起こることすべてが完全な秩序に従うのである。この世の出来事は、それを自然として捉えれば、何度も繰り返す。世界は、偉大な設計者がそのために規定した不変の法則におとなしく従う。その報いはあらゆる生き物が相互に暮らす偉大な調和である。朝方、地平線の上に昇る太陽の荘厳な姿は、規定された過程に永遠に従う自然という世界のこうした概念のリアリズムを如実に物語っている。

しかし、この世界をわれわれは歴史としても捉えることができる。この場合でもまた歴史には規則的なものがある。もしこうしたアプローチが選択されるなら、太陽は何百万もの他の星と同様、中型の星として認識される。雲のない夏の澄みきった空の美しさは、その人間の運命に対する無関心を隠す必要もない。予知可能な数の年月が過ぎた後、太陽の生命を支える原子の反応はこうした機能を失うだろう。他の星のこうした種類の観察からよく知られている一連の局面を経て、太陽は崩壊することになろう。われわれの太陽系の運行は、その一部である名前のない宇宙の内部では、ワーテルローの戦いのごとく独特である。そして、実際、ワーテルローの戦いは、どんなかたちであれわたしの書き物机が属しているのと同じ宇宙の一部を構成しているのである。しばらくして、われわれが生命と呼んでいるようなタイプの自律的組織を生み出した条件は消失する可能性がある。

人間は二つの異なった方法で世界を経験できる——不変の規則性というシンボルによって最も明白に表される世界において、また、一つもしくは二つの補足的な方向に向かう絶え間ない連続的変化の構造を表す世界において——という事実から、この世界は二つの違った宇宙から成っていて、その一つは「自然」というコード名で、他方は「歴史」もしくは「文化」というコード名で特徴付けられる、という結論に容易に達せられよう。事実、これらのコード名は経験を整理する二つの異なった方法である。すぐには明らかにならない理由で、われわれの世界は、認識を選択し、整理する二つの異なった方法を許容する。いくつかの場合には一方が、別の場合には他方がより現実適合的になること、また、異なった問題領域がこれら二つの象徴的表現の異なった混合を要求することはありえなくはない。

人間は——それは、おそらく自然の内部における最もまれな出来事の一つとなるようなものを代表しているのだが——人間生活をお互いにこれまでよりも、もっと楽しく、もっと快適に、もっと有意義にする時や機会をもつかもしれない。人間はそれを自分自身でなさねばならない。人間が、人間に残された数百万年のうちに、まさにそうしたこと——地球上のより良い生活条件を自分自身のために、これまで仲間として選んだすべての人々のために、作り出すこと——を探求するよりも、もっとやるべき良いことを人間が見つけることはありえないであろう。もちろん、人間が今までのところ不明である危険によって、苦痛に関連する危険によって脅かされており、それが人生の喜び——それはこれまで減じられてきたし、人間自身によってさらに減じられるかもしれないが――を削減する可能性はある。その場合にはなおさら、あるいはおそらくすべての人間が、地上のさらなる生よりも死が好ましいということを、責任をもって決定するかもしれない。情報に満ちた計画的な共同作業が可能な唯一の生物――そうした行為が可能な唯一の存在――である人間に与えられた責任にしたがって、人間は、未来が、苦悩の機会が喜びの機会をしのぐような位置に人間を向かわせることを決定しうるかもしれない。すべての人間ではないにせよ、多くの人間はそのような状況では、地球上の――あるいは、人間の子孫がそのときまでに定住しているかもしれないあらゆる所の――生活を可能にしているすべての条件を終わりにすることが合理的であるという決定をするかもしれない。そのような状況では人間の生死に関する決定を関係している個人にまかせることが賢明かもしれない。わたしがこの可能性に言及しているのはただ次のことをかなり明確にしたいからである。人間は真の条件――その下で人間は、共同生活を可能なかぎり続けること、将来、人間に何が起こるかを、それが人間的に可能であるかぎり正確に知ることに価値があると思うかもしれない――を隠し続けてきたが、それは賢明ではない。人間は、それが人間的に可能であるかぎり、人間のために何が用意されているかを正確に知るべきである。

「言語」、「知識」、「記憶」という言葉や、同じ知識の複合体に属する他の言葉の使用が、言語の通常の用法から逸脱している、とわれわれはおそらく感じるかもしれない。広範な習慣によると、この知識の異なった複合体はたいてい、何らかの特別な言語において、この知識の複合体が有する多様な機能のために表示的音声パターンとして使用されている異なった言語表現がまるで、別個に存在する異なった対象に言及しているかのごとく、理解される。かくして、知識過程の言語機能は、社会的には一つの対象として、知識の機能はもう一つの対象として、記憶の機能を三番目の対象として扱われるかもしれない。同じ知識の複合体の異なった機能を、まるで別個に、独立して存在している対象でもあるかのごとく取り扱う傾向はこのテキストでは放棄されている。そこではまったく同じ知識過程の異なる機能が、まるで実質的に異なっているかのごとく扱われてはいない。そうではなくて、それはあるがままに、実質的には同じ知識の複合体の、異なった機能として扱われている。同じことが個人や社会が有する特徴についても言える。言語、思考、記憶、そして知識の複合体の、他のあらゆる側面がここでは、個人的であるかとか、または社会的であるとかというふうには扱われない。それらは常に潜在的にも、そしてまた実際的にも、社会的であると同時に個人的と見なされるのである。

他の区別にも似たような修正が施される。したがって、お馴染みの区別をまるでそれが太古の昔から人々に知られているように扱う傾向が観察される。生きた対象と生きていない対象との区別が具体的な例である。かくして、あらゆる時代において人々は、生きているものと死んでいるものとの違いを今日と同じようなかたちで知っていた、と仮定されがちかもしれない。しかしながら、こうした区別は、昔は今日ほど現実的ではなく、さほど強くもなかった。われわれが神話的と呼んでいる思考様式の特徴の一つは、われわれが今日、無生物として認識している対象に対して生物の特性を与えることである。われわれが神話的と呼んでいる思考形態の特徴の一つは、生物の特性を、われわれが無生物として認識している対象に帰することである。結局のところ今世紀になってようやく人間は、事象――それによって太陽は地球の住人に精力的に光や熱を与えることができる――に関するかなり現実的な知識を得始めたのである。分子融合の性質を知らなかったので、人々は太陽レベルの出来事に人間レベルの行為の性格を容易に帰することになったのである。人間の知識の成長過程がたどる全体的な方向を推量することが特に斬新というわけではない。現在の状況に到達するために、人間の現実適合的知識は何千年もの間により拡大したに違いない。

現在の観察領域を前提とすれば、人間について、知識の成長の社会的単位として語れば大胆に見えるかもしれない。しかし、人類の成長を知識の成長の母体として扱うことが賢明となるような重要な理由がある。結局のところ、人間の特別なあらゆる下位集団にとって、知識における特別な進歩を認識することは困難であり、おそらく不可能かもしれない。人間集団の競争的な闘争の中で、知識における進歩はしばしば決定的な役割を果たす。その上、ある集団に利益を与える知識を盗むことが、人間の、他のほぼあらゆる有利な特性を盗むことよりも簡単である。

質問と呼ばれる特定の言語形式は、新しい知識に向かう道の出発点としてしばしば役立つ。それはまた人間の際立った特徴の一つである。人間は問いを発することができる唯一の動物である。質問は個人もしくは集団の知識の蓄えに限界があることを示す。質問は、答えを知らないだれかから、答えを知るはずであるだれか、あるいは何かに向けられる。多かれ少なかれ人間である主体と無生物である客体がより現実的に区別される知識の時代である今日、質問は生きた主体から無生物である客体へと向けられる。ずっと昔は、質問は人間世界もしくは霊界の一人の成員から別の成員へ向けられるだけであった。「主体」や「客体」、あるいは、自然が原子や分子の活動の場というよりむしろ霊魂の活動の場として経験された社会におけるそれらの同等物がもつ異なった意味についてもまたわれわれは斟酌しなければならない。

「客体」という言葉は、主体と客体が対立するという状況では、客体一般とではなく、無生物である客体、自然諸科学の対象との密接な関係を依然として保持している。それはまた長く続いた伝統――それはその支持者が差異を対立物（自然と文化、人間が作らない客体と人間が作った客体のようにそれぞれが永遠に戦い合う）として捉える伝統である――の代表者になることを止めない[24]。今日使われているように、「自然」は実際しばしば分岐する評価の複合体である。「自然」という言葉の使用、もしくはそれと同系列の一つである言葉の使用は、たとえば、それが

（24）「自然」（nature）という概念はエリアスの著作では、彼の人生の最も初期から最後まで、繰り返される話題である。エリアスの次のエッセイを参照。Norbert Elias 'On seeing in nature' (1921), in *Early Writings* (Dublin: UCD Press, 2006) [Collected Works, vol. 1]), pp. 5–12; 'On Nature' (1986), in *Essays I*, pp. 53–65.

「物質」、またしたがって「唯物論」との関係で使われれば、価値低下になりうるが、それが人間によって作られるものと対立的に使われれば、価値上昇になりうる。その言葉は唯物論の潜在的性質、観念論の潜在的性質をもちうる。伝統的なかたちでは、人間の認識の問題は、永続する答えを、つまり、その探求者たちの合意を集めることになる答えを認めない。それは宇宙全体の代表として、さらにまた宇宙の非人間的層の代表として、そしてまた人間的もしくは文化的層の正反対のものとして使われうる。

人間自身に関係のある発言には、それを、人間についての発言と区別する特徴がある、ということはまったく理解可能である。[25] しばしばあまり明確に理解されていないのは次のような事実である。この違いは観点の性質の違い、経験の違い、さらに、とりわけ含意された価値の違いであって、存在様式の違い、存在論的な違いではない。「主体」と「客体」の違いはしばしば後者として、つまり、存在様式の違いとして理解される。実際それは観点の性質の違い、とりわけ価値の違いなのである。

完全に自分自身に関係している十分な経験がある。ほとんどの人間は。自分自身の生存競争、勝利と敗北、自己評価の増大と自己評価の低下を通じて自分を理解するために、自己中心的な経験を十分もつかもしれない。人間および人間以外の存在を装っている他のものの価値の増大を体現する経験に対抗することはさらに難しい。さらにまた、非常に個人化された社会における自己評価はしばしば一人の人間、自己認識の核心としての「わたし」(I) に関連する。「われわれなるもの」(We) がなくなる。[26] その場合、世界は、この「わたし」という一見、孤立して存在している人間と、世界のその他の人々の間で分かたれているように見える。主体と客体という概念や対立物の組み合わせの中に現れるのは、まさにこの種の違い、価値と観点の違いである。もしわれわれがそのような対立物の組み合わせ、およびその派生物を十分、綿密に考察しなければ、それらは容易に対極的な、対立物という事実として見えることになる。その場合、世界は、実存主義的に主体と客体に区別されているように見える。その間で架橋できない間隙がぽっかりと口を広げているように見える。主体－客体の分割はその場合には、世界を二種類の事実に分割する実存主義的な深淵のように見えるのである。

対極化される区別は、二つの異なった存在様式への言及と見なされ、実際にはしばしばそのように理解される。ところが、そのように理解されると、対極的な対立物は、具体的なものを意味することになる。それは、われわれが主体と客体の間にある超えがたい溝に言及するとき、とくに顕著になる。このような言い方は、客体と主体の間に空いている深淵を暗示する。それは、そ

(25) このパラグラフと次の十個のパラグラフは以前には出版されていない。以前のテキストは、本書四六頁の「デカルトが基本的な……」から始まっている。

(26) さらに詳しくは、'Changes in the we-I balance', Part III of *The Society of Inividualas*, pp. 137-208.〔「われわれ＝われわれのバランスの変化」、『諸個人の社会』第三部、一七五―二六二頁〕

の二つの概念が、大きな溝の反対側に位置する二つの異なる対象物を暗に意味する。

さらに綿密に調査してみると、われわれは、その二つの概念が、分離できない、相補的な認識過程の二つの機能を指していることが理解できるかもしれない。わたしが言及している過程はとくに人間的である。それは、質問をし、答えを見つけようとし、さらに知識というかたちで答えを選別するという、三部分からなる過程である。知られているかぎりでは、人間以外のいかなる生物も質問をすることはできない。質問者でありかつ解答者でもあるというその能力において人間は、社会的知識過程の主体である。その能力において、質問者は、知識の過程の一定の段階で、知られていることではなくて、知られることが望ましいことを知ろうとする。出来事が知識の過程の対象となる。

知られうるすべてのことが言語の感覚的要素によって表現される、ということはあまりによく知られているので、われわれは容易にそれを人間の知識の自明の理である特性と見なすようになる。それにもかかわらず、知識の理論においては、話されたり、耳で聞き取ったりする言語の形式で、知識を言語的に表現することは、たいてい重要な役割は果たさない。とはいえ、もし知識や言語が、もはや人間の生活技術の本質的に異なった、本質的に独立した特徴として扱われないなら、知識についての全体的な議論は、異なった次元に高められるであろう（そうした議論はもっと合意形成に近づくであろう）。その場合、知識の理論の決定的な問題は、二個一組的な主体対客体の対立に依拠するのではではなく、三個一組的な主体と言葉と客体の相対配置に依拠することになろう。

　知識の問題への二元論的な出発点、出発点としての主体対客体の対立は消えるであろう。それがなくても、もしわれわれに、人間世界で自らの方向設定をなしうるといったもっと度量の大きな意識があれば、思考の明白な形式が生まれつき、先験的に人間の中に定められているという前提は、もっと簡単に虚構として認識され、さらに絶対的な出発点を方向設定の不可欠な手段として使う必要性から離れることがより楽になるかもしれない。静止した始まりによって、ものを考える必要性は社会習慣によって育まれる、とわれわれは理解するかもしれない。その代わりに、われわれは、始まりのない過程という概念を、現実適合的と捉え、三層の基本的構図から始まるかもしれない。それは、社会的もしくは人間的層、言語もしくはシンボルの層、そして人間以外の対象の層である。かつては特別な話題を、言わばある概念とその境界の意味の始まりと終わりを指し示す定義によって扱い始めるのが習慣であった。この場合、世界は一皿の肉や野菜のように見えるのである。人間や人間以外の生物の集団、生物や無生物の集団が入り混じる。そして、はっきりと認識できる、順々に続く秩序をともなって、宇宙は流動状態にある連続体として存在するという観念が失われる。

　もしわれわれが、人類を三層構造として言及すれば、われわれはその位置をすぐに宇宙の連続的秩序に定めることになる。シンボルによるコミュニケーションは地球上で最も分化したタイプのコミュニケーションである。それは、人間のコミュニケーションの主要なタイプが、かなり長い習得の過程を通じて獲得されなければならないという人間独特の特徴を指す。換言すれば、人間は、人間相互の意思疎通の主要な手段を、年長者から、言葉を通して獲得できるだけでなく、また獲得しなければならない。人間は生来そのように体質化されているので、人間は、人間相互の意思疎通という傾向を、人間の種の大人に特徴的なやり方で獲得するために大変長い習得過程を経験しなければならない。人間が生まれたときから言語習得に依存していることは、人間の意志疎通の手段がまれに見るほど多様であることの条件なのである。知られているかぎりでは、人間以外のいかなる動物の意志疎通のタイプも、分化の度合いに達することはできないし、人間の言語に可能な記憶領域の幅を獲得することもできない。いろいろな種類の感覚のパターンが種にとって、方向設定や、絶え間のない生存競争の手段として役立つ、ということは決して珍しくはない。珍しいのは、またおそらく人間の場合に特有なのは、感覚のパターンが人工的であり、社会によって変わりうるという事実である。あらゆる人間集団はそれ自身の言語をもつかもしれないし、この言語が変わる。

わたしが述べたように、[27]「主体」と「客体」はしばしばこうした言葉がまるで違ったかたちで、別個に存在する対象でもあるかのごとく考察されている。事実、それらは認識過程の異なった機能を指す。「主体」は認識し、知識を得ようとする人間の機能である。「客体」は、そこから知識が獲得される対象の機能である。ところが、これら二つから切り離されない三つ目の機能がある。それは知識を伝える機能である。人間から人間に伝達できない知識は本質的な知識の特徴を欠いている。換言すれば、知識は、もしそれが言語としてのかたちで生産できないなら、知識とは見なされない。同じことが記憶についても言える。フロイトが「無意識的なもの」と呼んだあの知識の形態は例外として、知識は記憶と同一である。それはまた思考とも同一である。

再三再四、われわれは同じ習慣に遭遇する。哲学者たちはまったく同一の存在を、まるでそれらが違った存在、独立して存在している実体でもあるかのごとく表現する。知識の複合体のこれらの異なった機能と密接に結びついているのは、しばしば無視される、自らの特徴をもった別の機能である。もしわれわれが、知識の哲学、知識の社会学に言及すれば心に浮かんでくる知識のモデルは、時間を超えた、法則にも似た、時間や空間と比較される普遍概念のモデルである。このような知識の側面が、ちょうど時間と空間が永遠に変わることのない普遍概念として存在すると言われるように、存在していると言うことができる。

しかし、これは知識や時間の唯一の側面ではない。両者もまた、絶え間のない変化の勢いをともなうある過程と見なされる。時間もまた繰り返すことのない暦のデータの連続と見なされる。さらに知識も繰り返すことのない世代的なデータの連続と見なされる。[28] 知識の通時的、世代間的

(27)「わたしが述べたように」から「重要でなくもない」までの四つのパラグラフはエリアスが一九九〇年七月二八、二九日にミーケ・ファン・ステイフトに口述筆記させた。それはエリアスのまさに最後の学問的な見解を表すものである。

過程は、ここではモデルとして選ばれている。それは恣意的なモデルではない。もしわれわれが知識がいかに増大するかを調べれば、われわれは、この増大の中で人類の知識への比較的控え目な貢献――それはより人目を引く個人の貢献に比べられる――によって果たされている大きな役割をすぐにでも発見する。[29] 中世期には船を操縦する技術や鋳造作業の知識において相当な進歩がなされた。なぜそれがなされたのかはまださほどよく理解されてはいない。

それでも、だれなのか名前の分からない人間の技術の増大が、人類の知識の増大において大きな役割を演じた。三角形の配置の調和がギリシャの哲学者ピタゴラスに知られるずっと前に、これらの調和は学識のあるバビロニア人には知られていた。しかし、彼らはそれを高度なレベルの統合と普遍性のレベルでの数学的な調和ではなく、経験的な調和として――その知識は、人間のいくつかの実践的な目的のために、たとえば、ピラミッドの建設において役立った――説明した。古代ギリシャ人、おそらく哲学者ピタゴラス自身がバビロニア人の知識に加えたのは、理論的な教義という概念であった。それは自然そのものには不変の調和がある前提であった。より大きな一般性に向かう段階がすでにバビロニア人によって、あるいは――われわれとしてはそう言いたい気持ちになるのだが――カルディア人の僧侶や建築家によってすでに企てられていたということももちろん可能である。しかし、知識の個人化の跡が古代ギリシャの初期にすでに発見されることを知るのも重要でなくはない。[30]

デカルトが最初に基本的な認識の問題を提起して以来、さほど多くは変わっていない。同じ質問が何百年にもわたってされている。非常に簡略化された形式を使えば、答えを要求されている質問は次のようなものであった。質問に対して見出されてきた答えが正解であるということを、あるいはまた——古典的な言葉で表せば——答えが真実であるということを人間はいったいどれほど確証できるのか？　科学的知識が飛躍的に進んだのである。科学的な答えの確実さに関する疑い、それが現実的に存在している世界に即応するのかということに関する疑いは執拗にも持続した。やがてこの問いに対するさまざまな答えが、デカルトからカントを経てフッサールやポパーにいたるまでの学者によって提示された。答えが何であれ、デカルトの疑念は、われわれが近代と呼んでいるその数百年を通じて力を減じることなく頭をもたげた。診断は変化したが、病気は同じ状態のまま残った。

近代を通じて、人類の現実志向的な知識の蓄積は着実に増大した。しかるに、この知識の性質に関する疑いは消えなかった。「現実世界」がその変わり行く科学的シンボルに合致したかどうかは相変わらず不明確である。デカルトやカントの時代以来、知識そのものが増大しただけでなく、現実世界が、それに関する拡大された科学的知識に合致する確実性も増大した、とわれわれ

（28）Elias, *An Essay on Time*〔エリアス『時間について』〕を参照。
（29）以下第七章の知識の成長への社会と個人の貢献に関するエリアスの見解を参照。
（30）以下第三章と第九章でエリアスは知識の発展における個人化の波という考えをさらに発展させ、古代バビロニアやシュメールの例に再び言及している。

が万一、発言するなら、われわれは相当なリスクを負われなければならないだろう。われわれは、反対の見解、すなわち、自然や社会に関する科学的な知識は飛躍的に発展したが、世界は実際に科学のシンボルが示すようなものであるという確信が学識者の間ではほとんど増大しなかったという見解を導く多くの証拠を見つけるであろう。科学的知識の現実適合性への信仰は増大したというよりもむしろ減少したということを示す多くの証拠がある。

学識者たちの間では人間の知識に関する議論という脈絡では「現実性」もしくは「現実主義」というような表現は避けられがちである。さもないと、われわれは、古典的なヨーロッパ哲学から学ばれる偉大な教訓、つまり、知識は単に知られているものの鏡像や複製ではないという教訓を学ばなかったと思われるのである。実際、知識の成長の加速度的な過程と、知識と知識が表示すると主張しているもの――つまり未知の世界――との関係に関する着実で、おそらく増大さえしつつあるかもしれない不安定性の同時性が、デカルト以降の時代の特徴である。幻想的知識に対する組み込まれた憎悪をともなって現実的と自らを表明する知識の比類のない拡大は、認識の主体から独立しているあらゆるものの存在に関する継続的な疑念と並行する。それが現代性というリンゴの中の虫なのである。

科学的制度がしっかりと確立されている現代のような社会は概して前科学的な発展段階にある社会よりも通常、新しい知識を生み出す。そのような社会はまた、自分自身から独立している知識の対象の存在様式について執拗な疑念を実にしばしば生み出す。それは、新しい知識は個人の孤立の中だけでなく、一定の時代の社会に特徴的な発展段階に応じてもまた生み出されるという事実の明白な例である。支配的な知識の理論はそのモデルとして、知識が個人のみによって生み出されそうな条件を使う。それは、知識を生産する社会的条件が考慮に入れられる場合、われわれが遭遇する問題にほとんど注意を払わない。もしそれがなされるなら、デカルトやカント式の認識論的問題はその認識上の価値の多くを失うかもしれない。

社会一般の因果的表現の使用と意味の問題といった問題が、問題の場の中心へと移動する。カントは（他の人々と同様）説明一般——とりわけまったく非宗教的で、完全に非個人的なかたちの因果関係の説明——の概念を自分の母国語の一部として習得した。他の概念と同様、因果関係の概念は人間の社会の社会的用法の一部としてのみ獲得することができた。因果関係の概念は単一の人間の個人的な経験からは説明できないとするヒュームの発言はまったく正しかったのである。それは一個の人間の個人的な経験には及ばない概念的統合のレベルを表している。それは、いかなる個人的な人間も他の人間の経験による手助けなくしては到達できないレベルで事象を関係づける能力を前提とする。それは、種の生物学的体質を前提とし、そのおかげで個々の代表者は、前から長く続いている世代によって築かれ、その代表者に伝達された経験を習得し、蓄積し、それに基づいて行動できるのである。

われわれは、生物の種が進化の過程から出現し、年長者から習得するのみならず、一連の継続的な世代によって、時を経て築かれ、伝達される祖先の経験を蓄積し、潜在能力的に自分の利益へと転じる諸条件についてまったく無知なのである。世代間の経験の伝達様式それ自体は決して謎ではない。祖先の経験は言語の概念にの中に蓄積され、かくして、相当長い一連の世代を通じて伝達されうる。世代間の経験の連続的順序それ自体は世代から世代へと伝達される経験のパターンにとってかなり重要な意味をもちうる。初期の経験の蓄積は後の世代の経験によって強化され、阻止され、またおそらく消去されることもありうる。さしあたって、集団の運命、集団の特徴のパターンを関連づける有力な技術が不完全であるということに注意を喚起すれば、それで十分かもしれない。

ここでわれわれが遭遇する困難は、集団の個々の成員の変化する性格は、集団の変化する性格と関係するが、それと決して同じではない、という事実に大いによるのである。西暦二〇〇年と三〇〇年の間のローマは変化した。同じ時期のローマ人も同じく変化した。しかし、密接に関連する二つのタイプの変化は異なる表現を必要とする。実を結ぶには、言語や知識に対する過程社会学的アプローチは[31]、歴史的として知られるようになったアプローチから距離を置かなければならない。後者は圧倒的に短期の社会学的過程に関心を寄せる。歴史学的な表現をすれば、一世紀は長期的な間隔かもしれない。過程社会学的な表現では、それは短い時間的継続として認識されることもある。歴史家はしばしば個人の寿命を、他の社会的レベルの変化、すなわち話し言葉の変化もしくは僧侶的知識の変化の尺度として使うことしかできない[32]。そして、その場合には、継続的な知識の過程の多くのつながりは気づかれない状態、見えない状態になるのかもしれない。

長期的な過程の研究に要求される技術には、それが成熟するまで、まだいくらか時間が必要かもしれない。長期的に継続する社会過程が規則的な研究対象になる前に特定の障害が乗り超えられなければならない。

(31) エリアスは彼の研究方法を説明するために「過程社会学」という表現を作り出した。彼は、七〇年代に一般に使われるようになった「形態社会学」というより静的な表現よりもこれを好んだ。
(32) エリアスは以下第七章で歴史学者の研究方法についてさらに議論をしている。次の文献も参照。Norbert Elias 'Introduction: sociology and historiography' in *The Court Society* (Dublin: UCD Press, 2006 [Collected Works, vol. 2]). pp. 3-38.〔エリアス『宮廷社会』波田節夫他訳、法政大学出版局、一九八一年、一—五三頁〕

第一章　総合的な人間理解のために——相対配置の社会学・進化論的生物学・哲学

人間のコミュニケーションにおいて、言葉は機能的要素や想像物を含むすべての種類の対象物を表す。これらの言葉が対象物をどのように意味するようになるのかという問題は未解決である。このことにもっと注意を向けることは価値があるかもしれない。フランス人にとって星を意味するétoileが、なぜイギリス人にとってstarというものになるのか？　この種の問題に対して広く認められるような答えを見つけ出すのを妨げる障害が存在しているように思われる。この種の障害がもつ性質を明確にすることを促してくれるかもしれない、二つの予備的な手がかりをわたしは挙げてみたい。その二つは簡単である。それが明白であると思われることもありえよう。しかし、言語によるコミュニケーションの問題にとってこれが重要だということが容易に見のがされるのである。

最初の手がかりは、理解できない言葉が話されている国にやって来る訪問者は、共通の第三言語がないかぎり、その国の人々と言語によるコミュニケーションができない、といった容易に検証可能な観察――これはおそらくとるにたりない観察と言われるかもしれないが――である。言語を手段とするコミュニケーションが人間同士のコミュニケーションの主要な形態であるという事実を前提とすれば、世界には非常に多くの異なった言語があるということが、人間の際立った特長である。(1) コミュニケーションの主要な形態として言語を使用する単一の人類、つまり唯一の種が存在している。集団間のコミュニケーションを妨げている何百――おそらく合計すれば何千――もの異なった言語がある(またあった)。自己統治的な集団、およびかなり多くのものはや自己統治的ではない集団には固有の言語がある。ずっと昔、人間の発展のまさに初期段階において、世界には同じ言語の基本要素を使用する人間集団が一つしか存在しなかったのかもしれない。おそらく、将来のある時期に、人間は、自分の地方的・地域的言葉は別にして、すべて一つの共通語をもつことになるのだろう。しかし、これはすべて推測である。とはいえ、それはかならずしも不要というわけではない。そのような推測によって、現在の言語が一つになったり分裂したり、統合したり分離したりすることにわれわれは気づくのである。その二重機能は重要である。そのことについてはまたあとでもっと話すことにしたい。

人間は人類という同一の集団の構成員であり、同時に異なる社会の構成員でもある。人間のこの二重の性質は間違った判断や誤解を引き起こしがちである。生物学的なこと、全人類に共通したことは社会的であると見なされ、また社会的なことは生物学的であると考えられる。同一の対象が異なる社会においては違った言語で表されるという事実をわたしはすでに述べた。コミュニケーションの主要な形態が、人類と同じくらい高度な社会的分化を可能にしている他のいかなる種も想定することは難しい。

異なる言語をもつ人間の社会は同じ対象を違う言葉で表現する者によって構成されているという事実に留意せずして、前述の問題――言葉と対象との関係のそれであるが――を把握することは、われわれにはほぼ不可能である。言語を手段とするコミュニケーションの潜在能力が、人間の、習得によらない生物学的な財産であるのは明らかである。そしてまた、人間の言語コミュニケーションのためのこの先天的な能力は個人の学習活動という社会的な過程により活性化させられたときのみ機能するということも同じくらい明らかなのである。言語の学習パターンというものは社会によって大きく異なることがある。人間が話す多くの言語はすでに地上から消えてしまった。それ以外のものが継続的に発展し、今日でも残っている。それもまたかなり確かなことである。言語論はおそらく言語コミュニケーションに向かう傾向が、すべての種に共通する特徴であり、また特定の社会の、あるいは限定された種の一部によって話されている特殊言語のみに共通する特徴であるという事実を無視している。類人猿に人語の基本の一つを教えようとする試

(1) この事実の意義をさらに探求するには次の文献を参照。Abram de Swaan, *Words of the World: The Global Language System* (Cambridge: Polity, 2001).

みが多くなされてきたことを考えるだけでよい。類人猿は最初から運命づけられているのである。類人猿にも、種に特有な先天的コミュニケーションに地域的多様性がある。しかし、社会的な習得の多様性からくる順応性の面で、人間の言語能力にはるかに劣る。バベルの塔の経験というのは、言語が社会を統合する一方で、種をも分断するという意味において人間に独特なことである。

かなり明白で、容易に観察される事実が科学者の研究の中でしばしば無視されることになるならば、そうされる理由があるのはかなり確実である。それは普通、科学者の研究に特徴的な欠陥の表れである。通常その障害物は、しばしば学者たちの間で見つけられる知識上の欠陥に起因する。それはアカデミズムと呼ばれるかもしれない。その特徴は学問の個別専門化の表れと、それに関連した専門的研究の主題を目指す競争である。[2] したがって、生物学者と、また実際、自然科学の古典的なモデルを使って研究することを誇りにしているすべてのそうした科学の専門家は、諸言語（languages）というよりもむしろ言語一般（language）について理論を立てる傾向がある。実際問題として、動物界は人間の言語によるコミュニケーション能力と同程度まで社会的分化に即応し、それに従属する種独自のコミュニケーションの実例を他に示すことはない。しかしながら、生物学者は、当然のこととして、人間が他の種と共有しているそうした人間的特徴を選び出し、それに注意を喚起することによって、生物学の優位性を維持しようと努める。あるいは、生物学者は人類と前人類を区別する普遍的なあらゆる人間の構造的特徴を否定する。言語の多様性と、種にとってよりもむしろ社会にとって特殊である言語のあらゆる他の側面は、生物学者の専門的な目標に合致しない。

一方、この問題に対する社会学者たちの態度はいくぶん混乱をきたしている。彼らはまだ自らを自然科学のモデルから完全に分離してはいない。したがって、彼らにとっても、言語のように法則にかなった普遍性をもつものは、動物界の領域では前例がないほど複雑な、多くの人間の諸言語よりも高度の認識上の地位をもつ。他方では、社会学者らは自らの自主性と独立性を保つために非常に決然としているように見える。明確であれ、不明確であれ彼らは生物学者の主張――人間の研究、したがって人間社会の研究が生物学の一区分であるという主張――を避けがちである。その結果、観察と反照がさらに阻害されることになる。研究課題としての生物学的進化と社会発展の関係は社会学者の教育と研究の領域からほぼすべて除外されるのである。要するに、生物学者も社会学者も、人間の生物学的側面、社会的側面がまるで厳密に分離され、それぞれ独立しているもの――それは生物学、社会学という二つの専門領域、具体的な事例では生物学と社会学という二つの学科が望んでいることだが――のように見なし、論理を展開するのである。結果的にこの両方の学者は、後続のページで紹介されるシンボル理論を理解する上でいくぶん重要と

(2) エリアスはこの話題を次の文献でさらに詳しく探求している。Norbert Elias, 'Scientific establishments' in *Essay I: On the Sociology of Knowledge and the Sciences* (Dublin: UCD Press, 2009 [Collected Works, vol. 14]), pp. 107–60.

なる事実を把握できないのである。これは、実際には生物学的な過程と、社会的な過程は相互依存しているという事実なのである。彼らは、人間が最初に言葉をしゃべるようになるというときには、それぞれ意見が合う。それぞれの専門的な学問や学科が望んでいるような独立性とはまったく違って、すべての人間の初期段階に成熟する言語習得という生物学的特質は、元来、活発な社会関係、つまり特定の言語、特定の社会の言語を話す年長者との刺激的な接触に依存しているのである。

二番目の手がかりは、現在の発展段階における社会科学の困難の一つに光を投げかけてくれる。最初の事例に見られたように、困難の核心は知識の障害にまでさかのぼることができる。この場合にはそれは問題を引き起こす学問的専門化の現在の型ではなく、より発達した現代社会の中で人間が自分自身を経験する方法における、またこうした自己像が社会科学の理論に表現を見出す方法における原型的な手段である。わたしの言う自己像とは、人間自身の自己像であり、一般には本質的に個々が独立している行為者として、すべての人間がもつ自己像である。[3] 二〇世紀の社会科学はこの自己意識の有名なモデルをいくつか提示する。ウェーバーやパーソンズの行為理論はこれらのモデルの中でも最もよく知られたものである。[4] コミュニケーションの行為に関する理論の形式において、それらはハーバーマスによって特別な見解をもって人間のコミュニケーションの問題にまで拡大されてきた。[5] しかし、このようなすべての理論に見られる知識の妨害をただ単に、もしくは主に、これらの理論を創った人々のせいにするのは誤りであろう。彼らはわれわ

れの時代に特徴的な、独特の社会的ハビタスの主張者であり、代表者なのである。(6) それは人々の

---

(3) エリアスは自分の著作の多くの個所でこの自己像を「閉ざされた人間」(*homo clausus*) と呼び、それに対して、彼は「開かれた人間」(*homines aperti*) という像を補う。彼はこの像を本書で何度か使い、その特徴に言及する。エリアスにおけるこのテーマの広範な扱いについては次の文献を参照。Stephen Mennell, *Norbert Elias: An Introduction*, rev. edn (Dublin: UCD Press, 1998), pp. 188-9.

(4) ドイツの社会学者マックス・ウェーバー (Max Weber, 1864-1920) とアメリカの社会学者タルコット・パーソンズ (Talcott Parsons, 1902-79) の理論的研究が暗に示されている。彼らは、人々はさまざまな理由で自由に行為を選択するという個人主義的な前提を具体化している、意義のある、合理的な行動の一般理論を発展させた。エリアスはこのテーマを以下第二章でも継続する。その他の著書でエリアスはこのアプローチを相互作用 (*interaction*) の社会学と呼び、それを自分自身の相互依存 (*interdependence*) の社会学と対照させる。それについては次の文献を参照。'Processes of state formation and nation-building', *Essays II: On Civilising Processes, State Formation and National Identity* (Dublin: UCD Press, 2008 [Collected Works, vol. 15]), pp. 105-18; 'Sociology and psychiatry' in *Essays III: On Sociology and the Humanities* (Dublin: UCD Press, 2009 [Collected Works, vol. 16]), pp. 159-79. さらに次の文献も参照。Richard Kilminster, *The Sociological Revolution: From the Enlightenment to the Global Age* (London: Routledge, 1998), ch. 4.

(5) ユルゲン・ハーバーマス (Jürgen Habermas, 1929-) はドイツの社会哲学者で、平等な人々の「理想的発話状況」を前提とすることに基づく人間的コミュニケーション理論を発展させた。それに対して、「組織的に歪曲されたコミュニケーション」の例が比較されることになり、かくして権力の不平等性に注意を喚起した。次の文献を参照。Habermas, 'On systematically distorted communication', *Inquiry* 13:1 (1970), pp. 205-18; *The Theory of Communicative Action*, 2 vols (Boston: Beacon Press, 1984-87). 〔ハーバーマス『コミュニケイション的行為の理論』全三巻、河上倫逸他訳、未來社、一九八五—七年〕

中にある感情――つまり、彼ら自身の自我、またあらゆる他の個々人がある意味では、すべての他者から分離したある種のモナド（単子）のように世界の中心部に位置しているという感情、人間は、人間のコミュニケーションを含むあらゆる社会事象を個人的行為によって説明できるという感情――を含むものである。この場合にもまた、独立していたい、自律的でありたいという強い欲望が、一人の人間のメッセージは、共通の規範というかたちで言い表されるとすれば、他者がいてこそ理解されうるという事実を知的に捉えられなくさせてしまう。人間の場合、言葉がその規範である。コミュニケーションのあのモナド的な行動モデルはこうした事実の理解を妨げがちである。ライプニッツが考えたように、モナドは窓をもたず、神の媒介がなければコミュニケーションを図れないというのは重要である。[7] 出発点として個人的な行為を用いるならば、言語の本質は理解不可能になるであろう。

しかし、この場合、妨害はさらに深く――言語はコミュニケーションを可能にさせるだけでなく、それを限定してしまうということが忘れられる場合よりも深く――進行する。妨害は現在の思考形態の根本に、まるで普遍的特質のごとく使われる、時間的に固有の範疇の根本に達する。支配的な規範はわれわれを始まりの探求へと導く。今日使われているほとんどの言語には認識できるような始まりがないし、そのような始まりを想像することもむずかしい。どんなに想像力をたくましくしてみても、われわれは、言語を、その構成要素として作用する多くの個人的行為によって作られる合成単位として捉えることはできない。コミュニケーションの手段としての機能を果たすために、言語は、複数の人々によって同時に知られ、かつ使われなければならない。言語の使用に関連する個人的行為は、一人の行為者の他にだれもその言語を知らなければ、無意味となろう。その点で言語は社会的事実の原型的なモデルとして機能しうる。それは、一人の行為者の存在だけでなく、二人、あるいはそれ以上の共同行為者集団の存在を前提とする。言語はある程度の集団統合を育むと同時に、それを要求する。ある場合には、ある言語使用者集団が、個人的な言語行為より先に存在する。換言すれば、言語は、コミュニケーションのためであれ、その他のためであれ個人的な行為に分解することはできない。言語は言わば始まりのない過程の原型なのである。

（6）本書三一、三三頁、註（22）参照。

（7）古代ギリシャ時代、およびそれより後の形而上学では「モナド」（monad）は世界の基本的な実体、単位、もしくは肉体を指す。エリアスの言及はドイツの哲学者ゴットフリート・ヴィルヘルム・ライプニッツ（Gottfried Wilhelm Leibniz, 1646-1716）に対するものであり、彼は一七一四年に書かれたその著書『単子論』（*The Monadology*, Oxford University Press, 1968）において、モナドとしての人間の内的世界と外的世界の間で、神が制定した「前もって定められた調和」を仮定した。哲学者が時折いかに神学的、もしくは他の形而上学的構築物に頼らざるをえなかったかを示すために、ここでもエリアスは、自己の著作の、多くの別の個所と同様、人々の像を「窓のないモナド」として扱う。それはエリアスが、個々の人間が他者と相互依存していることを概念化しようとして行ったことである。本書五九頁、註（4）も参照。

当面の問題と関連のある事実は明白であり、よく知られている。がしかし、言語のいくつかの基本的な側面は、それが内包している意味は、そしてそこから引き出される結論は探求されることがまれである。ここでもまた、われわれは知識の特徴的な妨害に直面する。人間はだれでも普通、子供の初期時代に、個々の子供が生まれる前に他者が話している言葉を習得するということは明白な事実である。この事実があまりに明らかなため、ここでわれわれが直面する明白なるパラドックス、および形而上学への誘惑が隠されてしまうのかもしれない。それを最も簡単に表現すれば、自分は完全に自律した人間としてまったく独立して存在していると自らを認識したい個々人の強い欲望が、われわれがしゃべる言葉——それはわれわれの人格の重要な部分を形成するが——は他の人間の存在を前提とした、またある特定の個人の存在に先立つ社会的事実である、という認識を妨げるからであろう。完全な人間になるためにもしすべての人間が、自分に先立って存在している言語を習得しなければならないなら、言語は人間外の存在物であり、言語はある意味ですべての人間から独立して存在している、とわれわれは結論づける必要がないだろうか？一定の言語が、ある特定の個人との関係において、ある程度の独立性、自律性を有するということは容易に観察できる。英語を話す人間が恣意的に英語を使えば、言語のコミュニケーションの機能は損なわれるし、結局のところ崩れるかもしれない。言語が個々の使用者との関係で有する強制的な力は、言語の人間外的な、疑似形而上学的な結果ではなく、一人の話者しか言語を理解しなければ、言語はその機能を、実際、その言語としての特徴を失うという事実の結果である。

言語として機能するためには、言語の音のパターンは、一定の個々の話者はもちろん他の人間たちによっても理解されなければならない。言語の強制力は、言語は、もしそれがコミュニケーション機能を維持するならば、人間の全集団によって守られなければならない、統一された話し方の規範を表すものであるという事実にその根源がある。

それに付け加えることがもっとある。すべての人間は、もし人間が完全に人間になるというのであれば、子供時代の初期に年長者から前存する言語を習得しなければならない、といった陳述は、伝統的な思考習慣を前提とすれば、以下のような疑問を生み出すように思われる。言語はすべてどこで始まったのか？ 過去のある不明の段階で人間は、現代の英語の中に現れるような言語の伝統を開始した、と思索をめぐらしてわれわれは考えてよいのか？ あるいはまた、ある未知の日に、人間は、ある種の知られざる人間以前の、言語以前のコミュニケーションに代わって、コミュニケーションの手段としての言語を使い始めたと、われわれは仮定してもよいのか？

このような疑問は、発話や思考の支配的な習慣に特徴的な責務の一つを鮮やかに表明している。その習慣は、絶対的な始まりを発見しようとする強力な知的必要性の中に表れる。このような状況でもまた、われわれはその背後に偽装を発見し、それは、起源の始まりの優先権をめぐるきわめて巧妙で、かつしばしばあいまいな疑問になるかもしれない。われわれは個々人を理解するために社会的データから始める必要があるのか？ 言語のような社会的データを理解するのに、われわれは個人的な行為から始めなければならないのか？ その答えは簡単である。しかし、それは、伝統的な言語の中で強固に支えられた、知や思考のいくつかの根深い習慣に逆行する。現実世界の多くの側面——それは科学的探究の目的でもある——には、しばしば認識可能な推移をともないながらもいかなる絶対的な始まりもない、ある過程という特徴がある。大爆発《ビッグバン》——それは時々、どこからともなく始まった絶対的な始まりと見なされている——についてわれわれがどんなことが言えようとも、われわれの宇宙は全体として、始まりのない過程の一部を形成しているのである。(8) 絶対的な始まりへの言及は、方向設定を求める人間的要求に安全な停泊地を与えてくれるように思われる。しかし、それが与えてくれる安全性はあてにならない。われわれは立ち止まって、だれが世界を創造したのかと尋ねることによって心の平静を自分自身で得ることになる。答えは神(創造者)である。われわれは質問を止めるがゆえに、不安が解消されるように思われる。われわれは、だれが神を創造したのかと尋ねはしない。同じことは英語という言語にも当てはまる。それは世界全体にも当てはまる。理由の理由、原因の原因を尋ねないことによって、われわれは、自らの方向感覚に対する虚偽の安全性を得るのである。

すべての人間は幼い頃に先在する言語を習得しなければならない、という発言は、そうした発言内容の受け取り手に解きがたい難題を突きつけることになるかもしれない。人間が存在しなくてどうして言語がありえようか? しかし、それは、われわれが自らの習性《ハビタス》と伝統の圧力によって絶対的始まりを求めざるを得ないと感じる場合のみ、解きがたい難題を提示する。人間がもしより高度な距離化によって、自らを見つめることができれば、その力学と構造において非常に異なっている二つの過程が、それを形成するのに役割を演じていることを人間は容易に認識できるであろう。実際、その二つの過程はそれほどはっきり区別されるものではないし、しばしばまったく違わない。それらは「進化」とか「発展」などのような名前で一般に知られている。(9) しかし、それらの関係や相違が明確に提示されることはめったにない。いささか侮蔑的な言葉である「進化論」という表現は、両者のためにしばしば無差別に使われるし、また、両者は違ってはいるが、進化が発展を可能にするという事実にはほとんど注意が払われないのである。両方の過程は、世代から世代への、生存手段の伝達に中心を置かれ、生存手段の変化とともに、そのうちのいくつかがこれらの機会の改良を促す。しかし、何が伝達されるのか、それがどのように伝達される

---

(8) エリアスは自分のエッセイの中で「ビッグバン」理論における絶対的始まりという仮説も疑問視している。以下の文献を参照。'On nature' *Essay I*, p. 63, n. 10; 'Reflections on the great evolution: two fragments', in *Involvement and Detachment* (Dublin: UCD Press, 2007 [Collected Works, vol. 8], pp. 179-80.〔「大進化について 二つの断片」、『参加と距離化』波田節夫他訳、法政大学出版局、一九九一年、一七〇—一一頁〕

(9) エリアスは、ここでもそうであるが、進化（*evolution*）という言葉を、逆行不可能な生物学的変化を表すものとして、また、発展（*development*）という言葉を、一定の構造化された方向——たとえば、文明化の過程の方向——に向うかもしれないが、いくつかの状況下では逆行することもありうる社会過程を表すものとして、常に特別に使っている。この相違は彼の研究にとって基本的なものであり、本書全体にわたって使われている。

のかは、その二つの場合には大いに異なる。進化の場合には、伝達と変化の主要な手段は「遺伝子」と呼ばれる有機的構造である。発展の場合には、その主要な手段は言葉の広い意味でのシンボルであり、その言葉は知識のみならず、たとえば行動や感情の基準も含む。元来、ひとからひとへの言語の伝達はその主要な形態であった。

「進化」と「発展」などのような言葉をほぼ同一のもの、交換可能なものとして使うことは普通であった。その違いはどうやら明らかではなかったようである。違いをまったく明確にする可能な方法は、「進化」という言葉を、遺伝子の伝達によって達成される生物学的過程の象徴として限定し、「発展」という言葉を、そのあらゆる多様な形態における世代間のシンボルの伝達にとどめることである。両方のタイプの過程には連続性という特徴があり、その場合、より分化し、より統合された伝達目標は、より初期の伝達目標の後に続く。言語は一例であり、おそらくすべてのうちで最も効果的、かつ根本的であろう。というのも、人間以前の動物がコミュニケーションの手段——たいてい他の肉体的ジェスチャーや姿勢をともなうが——として使う音は、人間が作り出す音に言語の性格を付与する表現機能を欠いているからである。人間以前の動物は、決してすべてではないが、多くの人間が発生する音にシンボルの、したがって言語の性格を付与する特性を欠いているのである。唸り声、ため息、極度の痛みを表す叫び声のように、初期の言語の音は遺伝子によって伝達されるシグナルであり、それは、こうした音声を発するひとがその同胞に自分の状況を指し示しているのである。そのシグナルは、一言で言えば、種特有のものであり、集団特有のものではない。人間のコミュニケーションの主要な手段をかたち作る音、多様な言語は他方、種特有のものではなく、集団特有のものである。

人間である質問者がもし自身の参加のレベルを和らげ、質問を人間世界の現実に合わせることができるなら、われわれは自分自身がある明白な過程に——たとえば、言語以前のコミュニケーションの形態が支配的な先祖集団からたどり始めなくとも、また、言葉によるコミュニケーションが支配的である先祖が出現するまでに絶対的断絶がなくとも——直面していることに気づく。知識の現段階ではほとんどの細部はわれわれからの注意から離れる。しかし、この場合でも、他の非常に多くの場合と同じく、時間が経過するなかで多くの中間的段階をともなう進化の過程が最適な機能性の条件に達した、と仮定することはかなり安全である。言語は他のいくつかの人間的特性と、人間という種の特殊な違いの一つを分かち合う。言語は人間の遺伝子構造の変化がなくとも変わりうるし、かくして潜在的にはまた特質——その他のあらゆる、既知の種においては遺伝的に決定された形態の中で固定化された特質——を改良しうる。人間の言語の変更はたとえば、ある集団の運命との関連においてのみ起こりうるが、その場合、言語が人間という種に属しているということは変わらない。それぞれ異なった集団を形成し、それに属している同系統の人々は、いくつかの点で異なる集団の祖語が異なったかたちで発展したことに気づくかもしれない。その理由は明白である。支配的な形態が遺伝的に決定され、習得によって獲得されない、人類出現以前のタイプの音声コミュニケーションとは違って、コミュニケーションの手段としての言語は習得によって獲得されなければならない。人間は、その生物学的体質によって幼児期に個々の習得を通じて言語を獲得する能力が備わっている。しかし、人間は生まれつき言語能力をもってはいない。人間は、自分の面倒を見てくれる年長者から言語を習得する性質を生まれながらに備えているだけである。これは、一方における自然の成熟——したがって、それは結果的には生物学的進化——と他方における社会的発展の組み合わせの例である。

人間の特性とは言語習得の傾向を提供するものであり、その傾向はそれを喚起する社会的条件が欠落しても、なお支配的である。換言すれば、人間は生まれつきそのような能力を備えているだけでなく、コミュニケーションの主要な手段として他者から習得を通じて言語を獲得する必要もある。知識や思想の支配的な慣例のために、概念上の相違と区分——生物学的進化の過程と社会的発展の過程の間にある概念上の相違や区分など——が、それに関連している過程の単純な、事実上の独立性や並置と同じであるというふうに見えるのかもしれない。したがって、人間の場合、人間の特性との関連でその社会発展の限定された自律性が、具体的な相互依存と並行することを理解するのが最初は少し難しいのかもしれない。若い人間の自然の潜在能力は、他の人間との適切な接触を通じてのみ開花しうるのである。いくつかの点で、人間の特性と人間の社会は、それぞれまったく対極的な関係にあるのではなく、絡み合っているのであり、したがって相互に依存している。生物学的変化が何らなくとも社会発展を通じて変化を生み出す人間の能力それ自体が、人間の生物学的な構造に基づいているのである。[10] 個人的な習得によって同胞と意志の疎通を図るための主要な手段を人間に獲得させ、それを必要とさせる生物学的進化はまた、こうしたコミュニケーションの手段が生物学的な変化なしに変わること、換言すれば、それが発展することを可能にする。

現在の科学に関する議論において、「自然」と「社会」という言葉は時々、これら二つの研究領域があたかも排他的な敵対者でもあるかのごとく使われている。自然の領域に属する対象や条件は、社会の領域には属しえないし、また逆に社会の領域に属する対象や条件は自然の領域には属しえない、というのがそこで暗に示されている仮定である。敵対者としてこれら二つの領域を表現することは、両者の間の事実関係というよりもむしろ、この異なった領域の研究に専心している科学の専門家集団間の今日的関係をより特徴づけるものである。生物学者と社会学者が時々、自分たちはまるで明瞭な境界線によって分かたれた国家領土の守護者でもあるかのようにふるまっている、という先述された事実は、両者を、誤って規定された領土をめぐって仲たがいをしている競争者の地位に無理やり置くことになる。それがもし遺伝的に決定されているなら、それは一般的に生物学に属するものとして理解される。もしそれが経験によって、あるいは、換言す

（10）以下の文献を参照。Norbert Elias, 'Mankind's natural changefulness as a social constant', *What is Sociology?* (London: Hutchinson, 1978 [Collected Works, vol. 5]), ch. 4, pp. 104-10.〔エリアス「社会的不変要因としての人間の本性的可変性」、『社会学とは何か』第四章、一一九―一三一頁〕

れば、習得によって獲得されるとなると、それは生物学的な問題として広く理解される。ところが、人間以前の種と、人間という種の関係には過程の性格がある。ある日、生物学と人間科学の間に、国境に匹敵する明瞭な境界線が出現すると期待することはまったくの虚構である。このことによって、おそらく類人猿により近いと思われる祖先の種と、人間という種の中間に存在している全体的な領域が、仮説の領域としてさえも未探求のままとなる。かくしてまた、それによって人間の発展の特異性に関する理解を改善する可能性も取り残されてしまう。

三種類あるいは四種類の類人猿は別にして、この系統を引く、人間以外のいかなる仲間も生存競争に打ち勝てなかった。類人猿はむしろ不安定なかたちで生存競争を生き抜いているのに、人間はますます明らかに有力な種として地球上に出現している。しかし、進行中の生存競争内部における人間の地位を説明する特質は依然として少しも明らかではない。その特質は「知性」とか「精神」などの常識的な言葉によって、明らかにされているというよりもむしろ包み隠されている。その特質はまた、人間以外の種と、人間という種の中間段階のあらゆる代表者が生存しなくなったことによっても包み隠されている。人間のみの、また数種の類人猿の生存を可能にした競争の偶然性によって、むしろ人間の血統に関する、説明が短縮されてしまった。それは、人間により近い、さらに動物的な先祖は類人猿のように見え、類人猿のように行動した、という印象を生み出した。それは、幼い類人猿に人間の言語の一つを教える試みを誘発したが、その際、社会的に基準化された一連のシンボルによるコミュニケーションは、類人猿にとってコミュニケーションの一つとして役立っている、ほぼ遺伝的に決定された音に比べると、新しいコミュニケーションの技術を意味しているといった事実が完全に無視されている。動物の、既知のコミュニケーション能力の一部を形成しているほぼ生得的で、種に特有な音から始まり、個人的な習得過程のおかげで言語表現の能力の獲得を可能にする生物学的素養にいたるまでの中間的な進化の段階について、われわれは現在のところまったく知らない。他の種のコミュニケーションを助ける、通常はより種に特有である音と、人間的なかたちの具象的かつ社会的に基準化されたコミュニケーションとの中間段階をすべて代表する、生きた種が消滅したために、コミュニケーションの新たな技術がいかにして存在するようになったのかということすら推測するのが難しくなっているのである。これは確かに、生存競争における強力な地位を人間に付与した唯一の新しい技術ではない。それが暗に示しているのは、類人猿のような生物から始まって人間へといたる比較的短い血統に関する通常の説明が誤解を招きやすいということである。記憶に留め、もし必要であればそこから個人的経験を思い起こす人間の計り知れない能力——それは言語を使用するようになる条件の一つである——はたぶんその進化のために、生きている類人猿の種とよく似た生物から人間が発生したという現在までほぼ常識化された説明になっているものによって代表される血統よりも、さらに長くて複雑な血統を必要とした。

中間物の消失は確かに人間の先祖に限定されてはいない。それは動物の血統に共通する特徴である。馬の血統——その現代の、蹄《ひづめ》をもつ代表者より先には、つま先のある四本足を備えた動物がいたが——は中間物の消失の有名な例である。このようなかたちで能力を与えられた生物は中間的段階を代表する生物よりもうまく機能した。この最適な段階でこの特別な過程が止まったのである。最適段階にある生物よりも生存的価値の少ない中間段階の代表者は、より長い、あるいはより短い生存競争の後に消失したのである。それゆえ、後の観察者にしてみれば、最適以前ではあるが継続中の進化過程の代表者は容易に、突然の飛躍の代表者として、おそらく絶対的な始まりとして感じられる。しかし、こうした印象は単に、多くの場合——必ずしもすべての場合ではないが——最適な機能性に向かっている最適以前の段階の代表者は、そのニッチ（それはより小さいかもしれないし、より大きいかもしれない）内部の進化過程がいったん最適な形態に達すると、消滅してしまうかもしれないという事実によって生み出されているだけである。中間物の消失はたぶんしばしば生じている進化過程の側面であろう。こうした状況では、最適な機能性という概念は、注意を要するのは進化過程がいくつかの条件下で起こるという事実だけでなく、そうした過程はしばらくの間、特定の方向へ動き続け、それからある段階を超えて進行を終える可能性があるという事実でもある、といったことに注意を喚起するのに役立つ。われわれが知っているようなかたちの言語コミュニケーションはおそらく、それが最適な形態に到達したときに止まる長くて継続的な進化過程の一つの側面であろう。終わらなかったのは言語の発展である。言語の習得および発声能力は、人類のすべての正常なメンバーに共通する特性である。人間社会、およびその成員としての人間が経験しうる変化には二つの明らかに違うタイプがある、ということが長い間受け入れられてきた。

人間という種の、さらに特定化すれば、その言語上の特質の進化過程が継続するのか、あるいは止まってしまうのか、ということはここで議論されるべき問題ではない。注意に値するのは、進化の生物学的過程と特定の言語の発展との違いである。後者は生物学的過程ではない。それは種に特有ではなく、集団に特有の言語上の変化であり、それは、そこに関与する人間のすべての生物学的特徴が変わらないままでいるのに、起こるのである。人間の現在の言葉は、観察可能な自然および社会過程の複雑さや多様性を十分に扱えるほどふんだんに与えられてはいない。言語の発展そのものが例として役立ちうる。それはある局面からずっと継続する発展で、つまり、おそらく性格上、進化的であると同時に発展的である長い過程の後で、進化的刷新によって可能になる非進化的過程である。人間の音声装置がこの複雑さを説明できる。それは、新しい非進化的なタイプの過程――言語の発達――を生み出した生物学的進化の一部である。現段階では多くの言語上の変化は、純粋に社会的なものであり、性格上、遺伝的、かつ進化的ではない。しかし、われわれはヒト科の動物が進化する際に生物学的、社会的側面がそれぞれ協同し合ったもっと初期の段階を想像することができる。

子供の成長過程が依然として継続的な進化過程のこの長い局面の残滓的な痕跡を示しており、その間に、習得された言葉による新たなコミュニケーションの技術が、大部分は生来の合図によってなされていたコミュニケーションより優勢になった。カエルへと進化するおたまじゃくしの変態は、水棲動物から陸棲動物への継続的変化の名残を依然として含んでいると言ってもいい。そして、それとちょうど同じく、依然として大部分は動物的である人間の赤ん坊（生まれながらの非言語的合図でコミュニケーションを図っている）の、新生の人間（言葉によるコミュニケーションをまさに習得しようとしている）への変化も継続的な過程であり、その場合、おそらく動物が進化して人間になろうとするときの名残を留めているのであろう。

進化による変化は時々、直線的な過程として表現される。それは真実かもしれないが、いつもそうとはかぎらない。継続的な進化過程がまったく新しい生物学的構造の出現に帰着したり、海洋動物が陸棲動物に、爬虫類が鳥類に進化する場合がそうであるように、新しい生活様式の出現に帰着したりすることもありうる。ここで提示されている、生物学的進化と社会的発展の違いがもう一つの例である。諸変化の発展的性格は言語に限定されない。社会的であるあらゆるものが発展的なタイプの変化に従う。しかし、現在のところ二種類の過程、つまり進化的なものと発展的なものは、概念的に明瞭に区別されてはいない。われわれは新しい構造への飛躍的発展について語るかもしれないが、一見すると突如として、不連続的に出現しそうな進化的新機軸も単に、前にも述べたように、より良く機能する生物が同じ環境で出現した後で、中間段階が消失した結果にすぎないのかもしれない。より類人猿に似た先祖から人間への推移がこの種の過程であったかもしれない。中間物の消失は、もし人間自身の想像力の中で人間がより類人猿に似た先祖と比較されるなら、人間によって代表される生物学的新機軸の度合いを容易に隠してしまうのかもしれない。

人間と類人猿を区別する最も顕著な革新的特徴は、類人猿の社会や類人猿のコミュニケーションの場合には、遺伝的に決定された形態が依然として、習得によって獲得された局地的変異よりも支配的であるという事実である。人間の場合には後者が明らかに前者を支配してきた。人間の社会や人間の言語は、類人猿の社会やコミュニケーションの手段には到達できないほどの度合いで変化しうる。後者の構造は依然として大部分は固定化されているか、あるいは、換言すれば種に特有なのである。人間の社会と人間の言語の場合には、柔軟性、変化の可能性が非常に大きくなり、社会生活の、したがってまた、言語の広範な変化が同じ種の生物学的存続期間の範囲内で起こりうる。人間の社会は、人間の言語と同じく、類人猿の場合には依然としてほぼ閉塞されている過程を経験できるのである。われわれがもし、まさにさまざまな種類の類人猿と同じように、人間が種として出現したタイプの過程を表す言葉と、人間の社会のみが経験しうるような社会の過程——それは性格上、非進化的であり同一の種の内部で起こる過程でもある——を表す言葉が違うということに同意すれば、それは有益であろう。

わたしの提案は、繰り返せば、最初のタイプの過程——遺伝的構造に依存する生物学的過程——のために進化という言葉を取っておき、さらに、人間の集団だけが経験でき、類人猿の集団には経験できない非進化的な種類の過程のために発展という言葉を取っておくことである。進化的大躍進は、同じ生物学的技術における改良のみならず、まったく新しい構造の出現に帰着する。

鰓《えら》のついた、水中呼吸の海洋生物から、肺を備えた空気呼吸の陸棲動物への進化過程がその例である。大部分は種特有の合図によって伝達をする類人猿に似た生物が、集団特有の習得言語で主に伝達をする人間へと変化したことがもう一つの例である。そうした大躍進の過程は何千年も、おそらく何百万年も起こっていたのかもしれない。他の場合にそうであるように、中間段階の代表物はほぼ消失してしまった。ある特定の段階において、より高度な生存価値をもつ生物学的な能力の出現がおそらく、こうした能力を欠いた関連種の絶滅につながったのであろう。

言語によるコミュニケーションに必要とされる生物学的構造の進化は、言語以前のコミュニケーションの手段を完全に破壊したわけではない。笑い、うめき、苦痛の叫びなどのような後者の例はコミュニケーションの人間的な関係において、依然として生き生きとした機能をもっている。しかし、それは補助的な機能である。これらのより自発的な合図は、笑いの例がそうであるように、いくつかの場合には、個人の計画的な支配に従う。そうした合図は、一部は計画的に抑制可能となった、完全に自動的な反応パターンの伝来物であるかもしれない。とはいえ、全般的に見て残余の、人間の言語以前の反応パターンは、種特有ではなく、集団特有の、さらには習得によってのみ獲得される言語のシンボルを手段として行われる人間の主要なコミュニケーションの形態を支える役割を果たす。

継続的過程の中からまったく新しい構造が出現することを理解する際にわれわれが経験する困難は、われわれの現在の思考様式、われわれのカテゴリーの構造が比較的短時間の距離に順応しているという事実にある程度、起因する。人間の生の比較的短い時間範囲が人々の主要な準拠枠となって人々に機能するように思われる。何千年、何百万年という時間的距離は人間の想像を超えるものかもしれない。しかし、そうした順序の時間的距離は多くの進化的変化の不可欠な準拠枠になっている。構造上の革新と過程的継続性の一致は、構造上の変化が、こうしたより大きな順序の時間的距離にしっかりとはめ込まれていないかぎり、理解されないままなのである。この種の時間的距離の暗示はまた、人間にとって関係のない、無益な憶測ではない。この種の時間的距離への言及なくして、人間は自分自身を理解することはできない。それがなければ、人間の自己像は、誤解を生じやすい二つの選択肢を提唱する人々の戦いの中で阻止されたままになりがちである。

その一方は、生物学者たちに支持されているものであるが、人間は他のすべての動物的な生き物と同じく動物である、という見解である。それは、動物実験から引き出される結論を安易に人間に移すことを正当化し、かつ生物学を基本的な人間科学にとして正式に認めることになる。それは直線の、おそらくは着実に前進していく線の進化過程を暗に意味している。二番目の選択肢は明白であろうとなかろうと進化過程の存在論的不連続性を前提としている。その提唱者たちは進化の理論と、それを支える証拠を受け入れるかもしれないし、受け入れないかもしれない。それがどちらであれ、彼らは、肉体と精神のような二つの存在様式に分裂する二元的世界を暗に示すような方法で話し、考える。この見解によれば、人間は、部分的であれ全体的であれ、進化過程からの完全な独立に源を発しているのである。換言すれば、この概念は動物と、魂や理性のようないくつかの人間の側面との絶対的不連続性を暗に意味している。進化的変化に必要とされる時間尺度への言及がなければ、人間が継続的過程を経て動物の祖先から姿を現し、それでいていくつかの点で特異であり、かつ地球上のいかなる他の動物とも似ていないことを理解するのは難しい。さらに、人間のユニークな特質は人間の動物的遺産から生まれ、それに完全に統合されている。

多くある言語のうちの一つを使ってコミュニケーションを図ることがこうしたユニークな人間の特質の一つである。他の種の支配的なコミュニケーション形態と比べると、人間が有している言語習得の生物学的能力は柔軟である。人間の言語の流動性は、すべての動物的なコミュニケーション形態の相対的固着性――それは比較的小さな集団特有の変異をもつ全体の種にとって一般的に同じである――とは著しく対照的である。人間の特異性には別の例がある。イギリスの生物学者ジュリアン・ハクスリーはそのエッセイ「人間の特異性」の中でそうした例を集めた。[11] ところが、人間の最も重大で顕著な性格の一つが、人間の特異性に関する議論において一般的に欠けるように、彼のリストには欠けているのである。そうした省略は社会科学の現況の典型である。言語の特質として前にも述べられた柔軟性は、人間のコミュニケーションの手段に限定されない。それは人間社会一般にも当てはまるのである。動物社会は概して、種に特有の型にかなり厳しく固定されている。ゴリラの集団生活はチンパンジーやテナガザルのそれとは違ったパターンに従う。

局部的な変異は観察できうるが、種の集団生活の基本的なパターンは非常に小さな範囲内で変化するだけである。われわれは、二、三百年もしくはそれ以下の時間範囲内で起こる封建的構造から資本主義的構造への変化、絶対王政から多数政党の共和国への変化と同じ範囲の変化を動物たちの間に観察することはできない。社会の成長と衰退、部族から帝国、帝国から封建制の崩壊のように長い線となって続くあるレベルから別のレベルへの統合は、生物的進化の点からすれば短い時間範囲のうちに観察される。実際、これらすべては同一の種、すなわちホモ・サピエンスという種の内部で起こる社会変化の例である。動物社会の主要な変化は生物学的に基礎づけられている。それは遺伝的変化の徴候である。人間の社会の場合には、部族から帝国への変化のような大きな社会変化は、生物学的変化などなくても起こりうる。社会発展の異なった段階の代表は異種交配させることができる。しかし、進化主義のような表現がしばしば生物学的進化や社会発展に関して無差別に使われている。発話というかたちでの人間のコミュニケーション――それは人類が出現する以前のコミュニケーション形態と比較されるが――の特異性は、わたしがすでに指

(11)〔エリアスによる註〕Julian Huxley, 'The uniqueness of man', in *The Uniqueness of Man* (London: Chatto & Windus, 1941), pp. 1-33.（ハクスリーの本は、一九二七年から一九三九年までのさまざまな年に書かれたエッセイ集であった。その表題は冒頭のエッセイ 'The uniqueness of man' から採られ、それは元来 *Yale Review* 28:2, 1939, pp. 473-500 に掲載された――全集編者）

し示したように、その具象的な機能に集中する。それは類人猿の中にも、あるいは哺乳類の中にも発見されない。わたしは予備的なかたちでそれをごく簡単に処理し、より包括的な扱いを後のテキストのために保留しておくことにする。

人間は、今ここで挙げた例を手段にするだけでなく、特定の時間に縛られることがありうるが、しかしそれに縛られる必要のないシンボルを手段にして世代から世代へと知識を伝えることができる。かくして、人間は世代から世代へと経験を、換言すれば、習得によって獲得可能な、均一に認知されたコミュニケーションの手段が存在しないという理由だけで以前は伝達不可能であった知識を、伝えることができる。これがもう一つの、人間的なコミュニケーション形態の際立った特徴である。言語によって人間は、世代から世代へと知識を伝達し、かくして人間の知識が成長することが可能になる。他のいかなる動物種も知識を増大するための自然の手段をもたない。

ここでいくぶん強調して示された、生物学的進化と社会発展の明確な概念上の相違は、明らかであるように思われる。ところが、この違いが依拠する証拠の多くはかなり最近のものである。一九世紀には重要な証拠を見つけ、二種類の過程の明確な違いを可能にする関係のある規範を選別することはさらに難しかった。さらにまた、人間の願望や要求にしたがっていつも作用する情け深い自然に、両種の過程を帰する傾向が依然として強かった。自然な進歩への信仰にともなう衝撃的失望はまだ到来していなかった。それが到来し、社会過程と自然過程の相違の認識への道を開いた。社会秩序は独特の（*sui generis*）秩序であるということが明確に確立されるまでいくぶん時間がかかったし、これからもいくぶん時間がかかるであろう。ここで最終的にわれわれは、人間が明らかに動物を祖先としながらも、人間は他の動物のような動物などであるはずもなく、人間というかたちでの継続的な進化の過程が何か新しいもの、特異なものを生み出した、という認識が非常に重要であることを知るかもしれない。

こうした事実を認識することが社会科学の地位に関係がある。それは、生物学、したがって自然科学との関係で社会科学が相対的に自律しているという主張の堅牢な基礎を与えてくれる。(12) 人間の動物的遺産は、社会科学と自然科学を結ぶ固いきずなを与えてくれる。生物学は、進化過程への言及がなければ、比較的自律した科学の集団として自らの存在を正当化できないが、この過程そのものが異なった種類の過程、遺伝的種類の進化的変化をともなわない社会過程——つまり、人間という種における社会発展——を生み出した。自然は母体を供給したが、母体は認識可能な

(12)「相対的自律性」(relative autonomy) はエリアスの知識社会学における重要な概念であり、他の二〇世紀の数多くの社会学者やマルクス主義者によって異なった意味で使われてきた概念でもある。これらの著者は、エミール・デュルケム、ジェルジ・ルカーチ、ルイ・アルチュセール、ピエール・ブルデュー、ジャン=ポール・サルトル、ジェフリー・アレクサンダーを含む。エリアスは、彼が *What is Sociology?*, p. 59〔『社会学とは何か』六二—三頁〕で「相対的自律性」の概念を使う場合には、その三つの意味を説明している。次の文献も参照。Norbert Elias, 'Sociology of knowledge: new perspectives' [1971], in *Essays I*, pp. 1-41.

限界のない変化を考慮に入れている。あのおびただしい集団特有の言語は母体の柔軟性の一例である。それぞれから連続的な順序で、発展というかたちで出現する、異なった構造を備えたあのおびただしい人間社会が別の例である。進化的順序とは対照的に、発展的順序はある限定された意味で、逆転可能である。進化の産物である、海の生活に再順応する哺乳動物は、発展の初期段階で自らを水中呼吸する魚に変容させはしない。それは肺呼吸の哺乳動物としてとどまる。他方、国家、およびあれこれの理由で衰退する、社会発展の比較的後期の他の代表者は、より早い段階で自らを社会単位に変容させることができる。その代表者の崩壊の旅は必ずしも、それが発生したのとまったく同じ条件へ自身を導かない。崩壊しつつある国家が部族的状況に回帰することはありえない。崩壊しつつある国家は国家的存在の特質をいくつか保持するかもしれない。崩壊しつつある国家は、部族集団へ変容しないで、たとえば、封建的なタイプの大小の社会単位集団に変容するのかもしれない。軍事的指導力を有する人々は、おそらく防衛に向いた川もしくは陸標のある大小の領土を自分たちのために分割しようとするかもしれない。社会的崩壊には多くの側面があり、それはこの文脈では議論ができないほど多い。

集団特有の言語を使ったコミュニケーションは、継続的な進化過程の中から出現する特異な人間の構造物の一例である。それと密接に係わっているのは、時を経て進化過程から出現したもう一つの人間の特質であり、それはコミュニケーションの手段としての音の使用である。この場合でもまた、人間は昔のもっと動物的な祖先から続いている線の中に位置する。同時に、人間がコミュニケーションの手段として音を使う方法は、動物がこの目的のために動物独自の音を発する方法とはまったく異なる。種に特有の動物の音声とは対照的に、人間の言語は、コミュニケーションの手段として動物が音声を使うやり方とはまったく違ったやり方でも使われることが可能である。言語の音は、たとえそれが動物によって出され、コミュニケーションの手段として使われる音に似ていても、言語の音がこの機能を果たす方法、あるいは換言すれば、人間のコミュニケーションの技術は、音をコミュニケーションの手段として使う動物のそれとは異なる。ある種の言語として使われる動物の音には、人間の言語特有の自己距離化する側面が欠落している。その主な機能は動物の瞬間的な状況、動物の即刻の状況を指し示すことである。それは即時的な現在と密接につながっている。動物の音はこの機能をある言語以前の人間の音と共有している。うめき声、ため息、苦痛の大きな叫び声のように、動物の音は、そこに習得によるヴァリエーションの範囲があるかもしれないが、生物の状況を指し示す。動物がお互いに発しあう合図の実質は、習得によって獲得されるものではなく、遺伝的に決定されているのである。その上、概して動物がお互いに発しあう音の合図は、合図として仕える他の肉体的動きと密接な関係がある。人間がその言語というかたちで使うコミュニケーションの技術は、われわれが理解できるように、音を手段とする動物のコミュニケーションとは非常に違っている。われわれは前者が後者の血を引いていることを疑う必要はない。それはわれわれがまさにここで遭遇する問題である。それは明確に示される価値がある。問題は、継続的な進化過程がどのように結果的にまったく新しいものを、しかも先例がないまま生み出すことができるか、である。

人間の言語の特異性については後でもっと言及されるであろう。知識の現段階では、人間流のコミュニケーションの発生を説明する方法はない。多かれ少なかれ生来の音のシグナルによるコミュニケーションがどのようにして、社会的に標準化されたシンボルによるコミュニケーションに変容するかを想像することは難しい。人間の言語によるコミュニケーションによって提示される問題を明確に理解することはともかく、たとえその問題が解けないとしても、いくぶん重要である。可変的な言語による人間のコミュニケーションの生物学的特異性に簡単に触れるだけで十分に違いない。おそらくより動物的な人間の先祖と人類との進化論的な距離が、人間の動物的系統に言及される場合にたいてい暗示される距離よりもかなり大きかったのであろう。その上、実際に存在する世界の事実や機能の象徴的表示としての言語とわれわれが呼ぶ、人間が作った音の性格や機能は、人間的なコミュニケーションのきわめて特異ないくつかの側面の一つにすぎない。それは人間流のコミュニケーションの、もう一つの特異な性格、つまり、その可変性、ある特定の人間集団の言語は集団の構成員の遺伝的構造に何ら明白な変化がなくとも変わりうるという驚くべき事実と密接な関係がある。一八世紀の英語は二〇世紀の英語とまったく同じというわけではない。またそれは、二〇世紀のアメリカ英語とも――たとえそこにイギリス英語の系統がはっきり見られるとしても――同じではない。われわれはここで人間社会と他の種の社会を区別する、多くの珍しい特徴に遭遇する。ゴリラの音のシグナルが経験できうる変化範囲は人間のそれに比べて小さいばかりではなく、その全社会生活の変化範囲も小さい。ゴリラは、チンパンジーやテナガザルのやり方とは質的に異なるやり方でそれぞれ混じり合う。

生物学的な言葉を使えば、人間社会は、その成員の明白なる遺伝的変化がなくてもその構造を変えることができるということが、人間社会の驚くべき特異性なのである。人間社会は、ある種から別の種への遺伝的変化の場合、きわめて短いと見なされるかもしれないような時間的間隔のうちにその構造を変えることができる。都会化の変化、あるいは産業化の変化などの主要な社会構造の変化は、数百年以内に起こった。おそらく、われわれが人間社会の相対的柔軟性を、動物社会の相対的固定性や不変性と比較しさえすれば、ここでわれわれが直面している問題の完全な重要性をわれわれは意識できる。動物社会は進化的変化を経験するかもしれないが、それは社会的発展を経験しはしない。人間の言語ばかりでなく、人間社会の全構造もまた発展を経験する。道具の製作を、人間の特異な性格の一つとして数えることはまったく普通になってしまった。人間は道具を使用するのみならず道具を変えることもできるという事実を、人間の際立った特性と見なすことは依然として、普通であるなどとは言えない。要するに、人間の道具装備の発展が、人間の特異性の徴候と見なされることはずっとまれである。

生活様式を変える非常に広範な能力は、人間という種の生物学的資質の一つである、とわれわれは一般的に言うことができる。たぶんその基本的な側面は、シンボルというかたちで新しい経験を吸収し、貯蔵し、摂取する人間集団のほぼ無限と言える能力であろう。特定の明白な対象もしくは機能のシンボルとして社会的に確立される人工の音のパターンが、人間にとって、人間の主なコミュニケーションの手段として役立つという事実のみならず、神経組織を含む人間の音声装置が音声パターンの一定の基本を拡張したり、変化させたりすることを容易に許す、といった事実もまた注目に値する。もし集団の成員のシンボル装置における適切な変化によって、集団に関して集団の成員が情報を伝達できなければ、人間集団の新機軸が人間集団の機能に奉仕すると想像するのは困難である。人間は、生物学的に人間の社会生活の方法を変えることが可能である。その進化的資質のおかげで人間は社会的に発展できる。

第二章　習得された音声パターンとしての言語、および「五次元」としてのシンボル

　言語を媒介として人間はコミュニケーションができ、知識をある世代から別の世代へと知識を伝達できる。言語は、一定の社会において、人間世界の明白な側面のシンボルとして作られ、認識される音のパターンから成る。かくして、「テーブル」（table）は英語を話す人々には特別な家具の一品のシンボルとして役立つ。これらの本来は音声的‐聴覚的であったシンボルに対して、後の発展段階で、視覚的シンボル——今現在あなたがたが読んでいるシンボルのように表記されたり、あるいは印刷されたりするシンボル——が加えられたのである。とはいえ、今日の類別表では、言語はしばしば文化の項目として記録される。現在の話し方、考え方によると、文化は、反自然としてではないとしても、非自然として容易に理解されている。これが誤りであることを言語の例は指し示す。人間は生まれつき、言語の音声シンボルを作り、理解する能力を特別に備えているのである。人間の音声装置のみが計り知れない柔軟性をもった自然の技術的装置である。

実質的には同じ物理的装置がアダム以来、移り変わってきた非常に多くの言語を生み出せるのである。

人間の子供は、その成長過程の初期段階で、他の人間と言葉のやり取りを行うために必要とされる神経の、そして運動の装置を発展させる。ところが、種特有の成長・成熟過程は人間の子供に、自分が話し、かつひとから話しかけられるための可能性しか供給しない。新しく作られたラジオ局のように子供の音声・聴覚装置は今や使用の準備が整っているのである。ラジオ局とは違って子供は習得の過程を経験しなければならない。子供は、そのコミュニケーションの可能性を活性化する手段としての習得の過程を経なければならない。子供がもし活発な言葉のやり取り、記憶の蓄積によって種特有の言語——子供の面倒を見る年長者が使う言語——の使用法を身につけないなら、その成熟していく種特有の装置は休止状態になり、おそらくそのまま使えなくなるであろう。子供の器官装置は、それが活発になるには、他の人間が話す言葉の明確な音声パターンによって、パターン化されねばならない。換言すれば、特別な組み合わせのどの音声シンボルが最初に子供の成熟する大脳皮質や音声装置に刻み込まれるかは、子供が成長する社会の言語による。人間に言語を手段としてお互いにコミュニケーションをとることを可能にさせる肉体的条件は、人間が作ることができるあの豊かで多様な音の組み合わせに関するかぎり、動物界では比類がない。

人間の性質は、これまでわたしが指し示したように、一定の言語の、ネットワークのような音声パターンを再生したり、音声が象徴的に指示するデータを理解したりするための可能性しか供給しない。言語を獲得するには、人間の遺伝形質を部分的にかたち作っている言語能力を活性化する必要がある。おそらくそれは子供の成長過程の適切なときに活性化されなければなるまい。必然的に子供は、子供が成長する社会の知的蓄えの諸相——それは自分自身の経験を通して子供が獲得すると思われるような知識と絶えず交じり合う——を自身の言語によって獲得する。しかし、特別な子供の直接経験として獲得される知識と、社会の知的蓄えの一部を構成する知識は、密に編み合わされ、解き離すのがますます難しくなる。それゆえ、初期の時代からすべての個人の経験は言語という側面を有するのである。人間は、他の多くの人々の諸経験に由来する知識の宇宙へと統合される。われわれ自身の諸経験にはこの知識が染み込むのである。われわれは言語の核を習得することによって、自分自身の一定の文形や語形を作ることによって、この宇宙へと組み込まれる。言語の獲得はどのようにして新来者を、宇宙の知識の次元に参入させるのか？言語の存在の様式、および言語が象徴的に表示するものと言語との関係について考えてみることは非常に価値がある。

かくして、生まれながらにして成熟していく人間は、ともにコミュニケーションが可能な他者と一緒に生活する用意が、つまり社会生活への用意ができている。すべての子供は、年長者が使用する音声パターンを、年長者のさまざまなコミュニケーションの中で再生する個人的な努力をしなければならない。子供はこれらの音声パターンが象徴的に何を表示するのか、あるいは、われわれがもう少しより謎めいた感じで言うように、これらの音声パターンが何を「意味する」のかを覚えておかなければならないし、また記憶された音声シンボルを「正しい」やり方で、つまり大人の社会で標準化された方法で使うことを覚えておかなければならない。したがって、言語を習得する性質は人間という種の共通の特質である。それは種に特有なのである。しかし、この生物学的特質には、音声パターンそのもの、同じく、音声パターンがそのつど象徴的に表示するもの、それらの並外れた多様性を受け入れる余地がある。そのため、一つの人間集団の言語が他の人間集団にはまったく理解できないこともありうる。したがって、子供が実際に習得する特定の言語は、種に特有なものではなく、人間の性質によって前もって決定されているのでもなく、社会特有なもの、つまり、子供が成長する社会集団によってあらかじめ決定されているのである。言語の習得によって子供たちは社会的データを個人化するのである。同時に、彼らはこの習得の過程を経て特定の社会の、コミュニケーションの過程に接近する。人間のまさにこうした性質によって、人間がどれほど社会生活に合うように作られているかは、何らかの理由で適切なときにある種の言語を取得できず、そのために会話ができなかったり、もしくは他人との意思疎通が十分にできなかったりする人間が、言葉の完全な意味で人間にならないという事実から判断される。

子供の言語習得方法に関する最も簡潔で、容認可能な考察は、かくして、われわれ自身の発話や思考の方法を支配するようになった分析一辺倒の傾向とは反対の証拠を提供する。「自然」や「文化」や「社会」のような概念は、問題をはらんでいる分野を、高次の統合段階で、それぞれ分離した個別の実体として扱う傾向の有効な例であり、それは、イデオロギー的潜在要素を有する霧のような霊気によって取り囲まれている、異なった名詞で象徴的に表示される。そのような概念は、まるでそれが、相互に分離しているこの世界の諸相を指し示しているかのごとく使われている。したがって、われわれは、言語は自然の側面なのか、あるいは文化の側面なのかと尋ねるかもしれない。この種の知的アパルトヘイトの提唱者たちは、この種の対照的な問題を、彼らが相互に分離して存在していると見なしているものの関係を調査もしないで、飽くことなく議論できるのである。「自然」と「社会」が結合している証拠を探すのは、もしわれわれが、子供が最初に言語をどのようにして自分のものにするのかをしばらく見てみれば、難しいことではない。ところが、現在の支配的な関心は二者択一の方向を向いている。関係についての問題、あるいは換言すれば、総合の問題は、わりと周辺的であると見なされたり、ほとんど認識上の価値がない問題として扱われたりするのかもしれない。しかし、言語能力を獲得したり、言語を使ったりする過程のいずれにおいても、自然や社会の影響が皆無であることなどはない。

われわれは自然と社会の結合について触れてみたいという気持ちになり、あるいは、ついでに自然と文化の結合について——もしわれわれが幼い子供による最初の言語の獲得について考察するなら——触れてみたいという気持ちになろう。しかし、それでさえもその証拠を公平に評することはなかろう。というのも、そういう発言は、ある人間の人生のある時期に人間性と人間の社会が別個に存在し、特定の時期に相互作用をし始めたということを暗に意味するからである。

言語を通じてコミュニケーションを行う人々の生活の中には、人々の自然存在が未定の状態であるようなときなどない。それでもなお、われわれは言語をただ単に人間性の特質と診断することによって、証拠を公平に評することができないであろう。そうした手短な調査が明るみに出すものは、人間性であるとか、ついでにまた、文化であるといった概念のぞんざいであいまいな使用である。「自然」という言葉は今日ではしばしば自然の物理的レベルを著しく強調して使われるが、それは明らかに生物学的なものを抑えることであり、人間という種のユニークな性格の純粋に推論的な使用も控えることである。結果として、人間の言語の自然な側面への強調はしばしば唯物論的であるとしてしばしば退けられる。この場合、「自然」という言葉は単に、物理的科学の問題をはらむ分野と同一であるとされる。文化同様、社会もまた今日ではしばしば存在論上、自然とまったく対立するものではなくとも、自然から切り離されたものと見なされる。いずれにせよ、言語習得のための生物学的な人間の潜在能力は、これもまた誤りであるということを示しうる。

多くの動物は音声パターンによるコミュニケーション能力を生物学的に身につけている。人間の場合のみ、コミュニケーションの手段として役立つ音声パターンは、言語という性格、あるいは、換言すれば、人間の生物学的能力の一部ではないが、集団のどの成員によっても個別的に習得されねばならない社会的シンボルという性格をもつ。動物の中でも人間に一番近い生きた親戚である、類人猿の間でさえ、集団の個々の成員には、生来の音声パターンのかなり広範な備蓄が生物学的に備わっている。音声パターンは習得によって変わることもあり、したがって、集団ごとにいくぶん異なる。しかし、それは、個人的な習得によって獲得される局部的変化を超える、習得によらない音声パターン——それは種のすべての成員が共有している——をそこなうほどのものではない。人間の場合には、進化の過程は新しい方向をとった。その過程において初めて習得による音声パターンと習得によらない音声パターンが前者に都合よく逆転した。習得による音声パターンが支配的な役割を演じ、習得によらない音声パターンや合図は一般的に補助的役割を占めるようになった。習得された音声パターンを作り出す能力のみが遺伝的に固定されており、これらの音声パターンそのものはそうではないというのが、われわれが言語と呼ぶ人間的音声パターンのネットワークの、際立った特徴の一つである。人間にとってコミュニケーションの主要な手段として役立つ言語の音声パターンは、習得によって獲得されなければならないのである。それは種に特有ではない。以下のものは、人間の音声パターン、およびその言語を、他の生物の支配的な合図の方法と区別する側面の三つである。(a) それは個人的習得によって獲得されねばならない。(b) それは社会の移り変わりによって変化しうる。(c) さらに、それは時がたつにつれてまったく同じ社会内部でも変わりうる。

人々が相互にコミュニケーションを行う支配的な音声パターンが習得によって獲得されなければならず、しかも、それが、動物の場合にとってその主要なコミュニケーションの手段として役立つ、大部分は習得されない一連の合図の一部にはならないということは、言語の音声パターンをシンボルの性格に付与する基本要素の一つである。そうした表現は、象徴作用を行う音声パターンが、音声パターンによって象徴される対象もしくは機能に類似していることを意味するのではない。言語の音声パターンはデータを表示するが、その類似物ではない。「スター」(star)という音声パターンを例に挙げてみよう。英語が話される所ではどこでも、それはだれもが知っている夜空のあの光る物体である。しかし、「スター」という音声パターンはまったくこうした物体とは違う。それがこうした物体を表示しているという事実は社会的伝統に基づいているだけである。もしこうした伝統がなければ、われわれは「スター」という音の組み合わせを特定の宇宙の物体に結びつけている約束をまったく恣意的だと呼べよう。実際、フランス語を話す人々の間では、まったく違った音声パターン、「エトワール」(étoile)という音声パターンがこうした物体を言葉で伝達するシンボルとして役立つ。ドイツ語を話す集団の間でも「シュテルン」(Stern)という音声パターンがそうしたシンボルとして役立つ。幼少の頃より言語が統一されている国で成長する人々は、自然の必要性が、あるデータを象徴的に表示する音声パターンをこれらのデータそのものに結びつけている、と感じるようになるのかもしれない。実際、こうした必要性は、したがって、ある言語の音声パターンが所与の言語の支配する種族もしくは国の個々の成員に対してもつ強制力は、性格上まったく社会的、人間的である。人間がもし同じデータのシンボルとしての同じ音声パターンの使用に慣れていないなら、人間はお互いにコミュニケーションを図ることはできないのである。

われわれはここで、人間性と人間社会、したがってまた自然と文化は二つの存在論的に異なった世界に属するものであり、その世界は言わばそれぞれ独立していると思わせる支配的な伝統が、どれほど根拠の薄弱なものであるかを示す事実の一つに出会う。実際、われわれは、言語は自然と社会もしくは文化を結ぶ主要路の一つであると発言するための好例を示すことができよう。健全な人間の子供はだれでも遺伝的にすでに決定された、つまり、自然の成熟過程を経験し、その過程は、ある段階からずっと、言語の独特の音声パターンによって他の人間とコミュニケーションをとることを習得する性質を作り出す。子供の神経・運動・感覚装置は、明瞭な音の波によってメッセージを他者に発信すると同時に、他者からメッセージを受け取る用意をする。これらの音の波は自然な、あるいは、われわれが時々言うように、物理的なデータである。その明瞭な発声——音の波に、成熟していく聴覚・音声装置によって可能となる言語という性格を付与する——は社会的に作られ、決定される。

自然なものと社会的なもの、人間存在の社会的な様式と個人的な様式は不可分である。それらは密に編み合わされる。その相互依存性は進化過程の、無計画で予期されない技術的独創性によるのである。言語による人間的なコミュニケーションは、習得によらない生物学的成熟過程と、社会的であると同時に個人的でもある習得過程の、独特な編み合わせである。動物の場合には、遺伝的に固定されていて、そのために種特有の、かつ未習得の連合のパターン、同じくコミュニケーションのパターンが習得によるそれよりも優勢になるので、自然と社会のつながりはいかなる問題も提出しない。アリや象やチンパンジーが相互に、異なった局地的条件にわずかに適応して形成する社会は、いつも同じである。それらの動物は種に特有であり、生物学的構造、換言すれば、関連する生物の性質が変化を経験するときにのみ変化する。思考をめぐらす観察者にとって、自然と社会のつながりが人間の場合に提出する問題はもっと難しい。なぜなら、とりわけ、人間の言語のみならず人間の社会は、人間という種の遺伝的変化がまったくなくても、非常に激しく変化することがありうるからである。問題の解決が難しそうに見えるのは、根深い思考の習慣が、とりわけ古い哲学的、常識的方法に従って世界を、自然や文化のように、無関係で対極的な範疇に配列しようとする習慣が、一方ではしばしば観察者を妨げ、明白なるものを見させないようにするからである。

人間の言語は、それが特有の音声パターンというかたちになるにせよ、あるいは体全体の動きというかたちになるにせよ、人間とは無縁な——したがって、言語による主要な人間のコミュニケーションの様式と、大部分は一連の合図による支配的な、コミュニケーションの動物的な様式とを区別する構造的性格を突き止める可能性から切り離された——特別な事項としてしばしば研究される。言語が断片的な語から成ることは明らかである。それにもかかわらず、言語には結合を分離と同じく明瞭に表示する能力がある。われわれは、言語が人間から人間へとメッセージを伝える音声パターン、さらにまた、結合と同様分離のシンボルを生み出せる人間という種特有の器官的構造物によって生産され、受け取られる音声パターンから成るという明白な事実を容易に見過ごすかもしれない。機能的になるために、これらの構造物は幼少期に習得の過程によって活性化され、パターン化されなければならない。共通言語をもつあらゆる集団の中では相互に連絡可能な、大きな一群の音声パターン、あるいは、換言すれば、発話形式が、この集団の成員が相互にコミュニケーションをしたいと思うような明確な対象、出来事、機能、またその他のデータのシンボルとして、社会的に標準化されてきた。人間が自分自身にとって適切であると理解するその世界のシンボルとして、特有の音声パターンをこのように社会的に標準化しなければ、人間はコミュニケーションができないし、あるいは、人間が依然として所有している進化の初期段階の弱められた残滓を通して――つまり、うめき声、笑い声、苦痛の叫び声のような大部分は習得されない、より状況に限定された伝達形態を通して――しかコミュニケーションができないであろう。後者は人間という種全体に共通している。それは人々が明確な状況においてほぼ自発的に作り出すものである。前者、つまり、言語の習得された音声パターンによるコミュニケーションもまた種全体の共通の特徴である。しかし、音声パターンそのもの、つまり、言語はそうではない。

言語は、過去であれ現在であれ、より多様性の大きい生存単位、より多様性の小さい生存単位(1)に人間が分割されることに従う。生存単位のほとんどはそれ自体の、通信用音声パターンのネッ

(1) 本書一七頁、註(8)参照。

ワークをもち、それはしばしば他の人間集団の成員にはまったく理解できない。したがって、人間は、より動物的な言語以前のコミュニケーション形態の、しばしば弱められた残滓とともに、独特である言語によってコミュニケーションを行う能力をもっているが、それは動物にはなく、動物以後の進化段階を表している。というわけで、人間は自分自身の体に進化の過程の証拠を発見できる。伝統によって、人間は、人間と動物の関係一般について、両方の言葉がまるで多かれ少なかれ静止した存在論的状況を指しているかのごとく考えたり、それについて語ったりするようになった。それは伝統的な先見的観念のごとくふるまう。つまり、それはきわめて強い圧力を行使して、動物と人間の関係を、まったく同一なものとして、もしくはまったく矛盾するものとして提示しようとする。その結果、動物と人間の関係の問題に対する明確な答えは、一見すると克服できない困難を提示するようである。われわれは静止した二者択一による答えに立ち戻らされる。われわれには、人間的な状況を動物の状況にすべて還元するか、動物的状況から部分的にもしくは全面的に切り離された存在様式にすべて還元するか、この二者の選択しかないように思われる。人間世界を自然と文化、あるいは精神と肉体に分割するといったような一般的な二元論的概念のほとんどは、この二番目の二者択一を代表している。精神、文化、あるいはついでに言語は、存在論的地位もなく、観察可能な世界でのより所もなく、相変わらずそのような例にとどまっている。それらは言わば空中にぶら下がったままなのである。これら両方の二者択一、つまり、生物主義的な還元主義や、人間を存在論的に自然界の外に立つものとして高めることは、継続的な過程における段階としてのみ適切に表現できることを、止まっている状態として表現することに基づいている。人間は、換言すれば、新しい段階へと向かう進化の過程の新機軸を表している。「動物以後の」という表現は重要な言葉である。動物から進化したとはいえ、人間は、地球の生存共同体の中で、人間のみがもっている能力を生まれつき備えているのである。

そうした変化をわれわれは、いくつか条件をつけて、爬虫類の段階から鳥類への段階への大躍進にたとえることができよう。その場合、爬虫類の前脚の翼への変化、およびそれを超えた有機体全体の適応は、生物の新しい次元を切り開いた。非常に長く続いた進化の過程によって、かなり体の重い動物も、より広い大空という空間へ接近できたのである。人間の場合には、遺伝的に固定された――あるいは換言すれば、習得されない――経験や行動の形式から解放されたために、また、個人的習得によって獲得される経験や行動の形式が、両方のバランスを保ちながら、ますます優勢になったので、変化する条件への適応力が、動物的な人間の祖先にはとても及ばないほど増大した。それを明らかに説明しているのは、鳥類と人間では、新しい領域に適応する形式が違うことである。鳥類は、数多くの異なった種に生物学的に分化することによって、生活様式(2)を与えてくれる大空という空間のあらゆるニッチに生息したのである。人間は、異種交配ができない、異なった種に生物学的に分化することなく、主に習得というかたちで生活を可能にさせてく

(2) つまり、生活手段ではなく、生存手段を供給する。

れるこの大地のあらゆるニッチに生息したのである。最小限の遺伝的適応性があるとはいえ、人間は単一の種としてとどまることになった。すべての男性や女性は、その遺伝的違いが何であれ、生育可能な子供を作ることができる。

人間というかたちで、計画されず、目的もなく進行する進化の過程によって達成された大躍進の一つの重要な側面は、新しいタイプのコミュニケーションであって、それは人間の生物学的組織化によって可能になった。それは、人間の場合には習得された知識や行動による適応性が獲得した支配力、同様にこの支配力が生存競争において人間に与えた優越性を反映した。習得された言語によって、換言すれば社会的に決定されたシンボルによってコミュニケーションを図る新しい技術は本質的に単純であった。

人間の伝統的なイメージは、諸過程を、それとは正反対の静的状態に還元する傾向に支配されている。要するに、人間は過程還元の所産、つまり、流動状態でしか観察されない本質的に動的な一連の出来事を静的状態に概念的に還元することによって産み出されるものである(3)。一方の選択肢に従うと、人間は二つの異なる構成要素から成り、肉体と、精神もしくは霊魂のように、一方は目に見え、手で触れることができるが、他方は目に見えず、手で触れることもできない。一方の構成要素、つまり肉体は自然の対象という存在論的地位を有する。他方の精神もしくは霊魂は、存在論的地位が不明確なのである。多くの場合、それらは想像上の霊的世界に帰せられる(4)。そもう一方の選択肢は、人間を、肉体、つまり物理的出来事の静的状態に還元することである。その場合、人間は単に他のいかなるものとも同じく動物として表現される。詳しく言えば、これらのモデルは変化し、多くの中間的な形態がある。ここで示唆されているのは本質的に、観察可能で理解可能な過程の回復である。

われわれの思考様式に生まれつき植え付けられたと思われている範疇である伝統的な先験的観念は、世界が天国と地獄、自然と文化などの数多くの対立物として適切に考えられうると暗に示している。とはいえ、数多くの静的対立物というかたちで世界を象徴的に表示することが本当に現存の世界を表示する最も適切なかたちであるかどうか、だれも完全に検証したことはないように思われる。もっと詳しく調べてみると、いかなる対立物もその主題を補足的な統合なしには、そしてほとんどの場合、過程的統合なしには適切に表示しえない、ということをわれわれはただちに発見するかもしれない。自然と文化という対立物が例として役立ちうる。両方の言葉は正確さを欠いている。それでも、そうした言葉がなければ、何が語られなければならないのかわれわれには言えないかもしれない。というのも文化や自然という言葉は非常に高度なレベルの統合を

（3）エリアスは、彼が言うところの「状態還元」（*Zustandreduktion*）をより完全に議論している。それは次の文献では「過程還元」（process reduction）と訳されている。*What is Sociology?* (London: Hutchinson, 1978 [Collected Works, vol. 5]), pp. 111-16.［『社会学とは何か』一二八―一三一頁］

（4）エリアスは「体」（body）という言葉を、そのすぐ前で彼が使った生物学的な人間の体という意味よりも、むしろ「物体」（object）という意味で使っているように見える。

表現しているし、そのような概念は扱いにくい。それらの多くは事実の表示ではなく、事実に関する推測、もしくは事実と幻想の混合の表示である。

たとえば、自然という概念は、しばしば拡散的で相容れない統合物の全体的塊を象徴的に表現することが可能である。[5]それは人間にとって、頼りがいのある、有益なものだけを生み出す偉大で優しい母親を表すこともある。「自然」という言葉は誉め言葉として使われ、それは、人間によって作られる人工的で自然ではないもの、したがって、自然の永遠なる善にあずかることのないものと比べると、高くて肯定的な価値を有することを暗に意味している。肯定的な意味でもまた、自然の概念は自然科学の主題の象徴的表示として使われうる。「自然の永遠の法則」という表現はしばしば耳にする誉め言葉である。物理学の主題との一致は、自然を、法則のような秩序正しさ、量化、原子もしくは物質と同一視することにつながった。しかし、こうして自然を物資と同一視することはまた否定的な含みも有していた。自然に高い価値を帰することは、自然それ自体の生物学的側面を含む存在するものすべてを、物質に還元することだと理解されるようにもなった。このような意味で使われると、「自然」という言葉は、いわゆる唯物論の全体的見方を意味することになりうる。したがって、自然なものと、自然によって与えられず人間によって作られるものとの対立は、その価値の強調を変えることにもなる。ある意味では自然物という対象は人間によって作られた対象よりも優れていると言われた。別の意味では、自然の対象は人間が作った対象よりも劣っていると言われた。

二〇世紀の言語は非常に高度な統合の、混乱したシンボル、混乱を招くようなシンボルに富んでいる。換言すれば、全体的なイメージや範疇――より事実に関するデータがその使用に依存している――は不明確なままである。自然の概念によって代表される事実に基づく対象が、宇宙の概念によって代表されるそれとほぼ同一――ほぼ同一であるというのは、宇宙の概念が、自然の概念よりさらに確実に人間を含むからである――であるということに気づいているひとはおそらく比較的少ないであろう。しかし、今日しばしば抽象のタイプと呼ばれている統合のタイプは、二つの事例において異なる。自然の概念は、われわれが生活している世界の、静的な全体的イメージを伝える。宇宙の概念はもっと容易に過程という状況に合致する。宇宙はしばしば進化している宇宙として特徴づけられる。この過程の一部は、それが進行するうちに新しい種類としての人間が、その動物的な祖先から出現した、というものである。現在のところ、社会がわれわれに自由に使わせてくれる概念装置は、宇宙の過程の中から人間が出現したことをコミュニケー

（5）「自然」（nature）の概念は、一九二一年に書かれた彼の最初のエッセイの一つである 'On seeing in nature' in *Early Writings*（Dublin: UCD Press, 2006 [Collected Works, vol. 1]), pp. 5-22 から一九八六年に書かれた最後のエッセイの一つ 'On nature' in *Essays I: On the Sociology of Knowledge and the Sciences*（Dublin: UCD Press, 2009 [Collected Works, vol. 14]), pp. 53-65 にいたるまで、エリアスの著作において繰り返し扱われる話題であった。その際、エリアスは自然の概念が、絶対的な価値判断によってどのようにして広まったかという議論をさらに展開している。

ションの気楽な話題にしてくれるほど十分に発達していない。しかし、われわれはおそらくこれがある例、多くの例の一つ——それは、認知された解決に対して、過程還元的二元論というかたちで執拗に抵抗している問題が、もし外来的評価が放棄され、過程的性格が復活されるなら、どれほど解決に近づくかということを示す——であるということを認識するかもしれない。そのような発展のための認識上の圧力は今のところ十分強くはない。さしあたり宇宙進化の過程という枠内で、人間を新しい種類の動物以後の存在として説明することで十分である。そのような意味でわれわれは人間／動物という対立物に、それらの関係を新たな見方で捉えることで補足を加えることができる。習得された言語によってコミュニケーションをとる人間の技術の特異性を認識することは、人間を動物の段階に還元することでもなく、また人間を進化の状況から取り除くことでもない。

人間が類人猿のような生物から派生したということは陳腐である。しかし、この過程の長さ、つまり、一方における長さ、類人猿と人間の共通の先祖、他方における人間との間にある進化の距離は、いつも認識されているとはかぎらない。われわれは出発点と到達点(6)について非常に鮮明なイメージをもっているかもしれないし、類人猿、およびいくつかのより類人猿に近い人間の祖先の構造的特徴についてもかなり鮮明なイメージをもっている。ところが、類人猿から人間にいたった道筋についてわれわれはほとんど知らない。人間と動物を区別する特徴のいくつかを記録することはさほど難しくない。しかし、生存競争あるいは適者生存、またそうした条件が偶然の突然変異にもたらす選択的作用などのように、変化の梃子として表現される一般的なメカニズムを別にすれば、主に種特有の合図で伝達を行うより類人猿的な原始人を、コミュニケーションの主要な手段が言語であるような人類へと変えたその特別な条件について、われわれはほとんど知らない。言語の使用、さらに広い意味では、数多くのシンボルの使用・操作・保管が特別な生物学的手段を前提としていることは、容易に見過ごされる。

そのひとの母国語となるものを生物学的に正しいときに習得し始めたひとは、後の段階で、一つもしくはそれ以上の外国語を習得するかもしれない。ところが、最初の言語、音声パターン、そのシンボル機能などが、言語の受容を生物学的に決定する人間の初期時代の間に——つまり、子供の生物学的な成長過程が言語獲得のために最初にその準備をする時期に——記憶に刻み込まれていなければ、言語は後の段階で適切に習得されない、と考える理由がある。そのような時期に子供は、他者から理解されるには、声を使う能力を整えなければならないこと、年長者の共通規範である話すという社会規範に合わせて声を使う際に、自分の快楽をおそらく規制しなければならないことを学ぶのである。あれやこれのシンボルとして社会的に標準化されている音声パターンを使うことによってのみ、子供は、受け取り手がこれらの音を、音を発している主体と同じコミュニケーションの対象として経験することを確信できる。そのような場合のみ、子供は他

（6）*terminus a quo*「出発点」、*terminus ad quem*「到達点」

者と話の通じる対話を開始する。他者との対話の中で、またそれを通してのみ子供は個人へと発展するのである。

　人間が作った音声パターンのシンボルとしての機能は、広い領域に及んでいる。シンボルの機能をもつ声のパターンは、ポットやテーブルのような簡単な対象を指すことができる。特別な音声パターンは、話し手が、神や自分自身、話し手によって話しかけられるひと、会話がなされているときその場に居合わせないひとに言及していることを示すために、社会的に刻印づけられているのかもしれない。多くの現存する言語は、とりわけ人間の活動をそれぞれ調整し、かつそれを自然の出来事に合わせる手段として使われるシンボルの役割を果たす音声パターンの有する。要するに、成文化された社会的言語というかたちでメッセージを発信したり受信したりする技術を獲得することによって、人々は特に人間的である宇宙の時限に接近する。人々は、人間以前のあらゆる出来事のように、空間‐時間の四つの時限に位置しつづけるが、加えて、人間として、五番目の次元、つまりコミュニケーションや自己同一性の手段として人間に奉仕するシンボルの次元にも位置している。人々は、すべての可能な話し手自身を含むあらゆることが、シンボルの機能をもつ特別な音声パターンによって表現される——生存者の間では表現されなければならない——世界に住む。換言すれば、人々はシンボルを伝達する主体であると同時に客体でもある。ところで、そうしたコミュニケーションは、(7)コミュニケーションの受信者に、メッセージの中で言及されているすべての人間の位地について、通信形態の範囲内であるいはそれに対応して、はっきりと伝達する。メッセージの中で述べられているいかなる出来事も、いかなる活動も発信者もしくは発信者集団そのものに、受信者に、あるいは今のところ伝達形態の外部に位地している第三者に関係する、ということを疑う余地もないほど明らかにするシンボルが必要とされる。多くの現代の言語においては、あの一連の「わたし」、「あなた」、「彼」もしくは「彼女」、「われわれ」、「彼ら」という人称代名詞はこの機能を象徴している。したがって、対話では、人々は適切なシンボルによって、空間と時間における四次元の人間として、また社会的な人間として、さらにまた五次元に存在する――人称代名詞や、その次元における他の数々の象徴的な位地表示語

（7）このテキストの多くの個所で使われている「形態・関係構造」（figuration）の概念は、一九六〇年代の後半にエリアスによって、「円形になって」相互に依存している人々――彼らの相互関係が変化し、不均衡な権力バランスを構成する――のネットワークを説明するために導入された。エリアスは、「諸形態」（figurations）という言葉を、人々が自分たち自身の間で作り出している「きずな」（bonds）に、さらには、「相対配置」（configurations）というより一般的な言葉を、星や動物や植物の、特定の型をもつ様式に当てた。生物の相対配置はたとえば、生物学的に固定されており、それゆえ、そこに遺伝的もしくは他の生物学的変化がなければ、生物の中に変化はない。状況に係っている人間の形態（関係構造）は変化し、発展し、諸段階を経たり、あるいは逆の方向に向かったりすることもありうる。このような相違は、『シンボルの理論』で詳しく追求されている。*What is Sociology?*, pp. 127-33; p. 175, n. 1〔『社会学とは何か』一五三―九〕も参照。さらにエリアスのエッセイ 'On nature'（本書一〇三頁、註（5）を参照）加えて次の文献も参照。Norbert Elias, 'Figration' in *Essays III: On Sociology and the Humanities* (Dublin: UCD Press, 2009〔Collected Works, vol. 16〕), pp. 1-3.

によって——人間として位地することができる。

人間世界の現状を前提とすれば、対話形態内部の人間の位置を象徴的に表す音声パターンは、たいてい社会ごとに変わる。したがって、フランス語では話し手は自らをあるいはその集団を「ジュ」(*je*)または「ヌメーム」(*nous-mêmes*)のような音声パターンで確認する。一方、英語を話すひとは象徴的に、「アイ」(I)もしくは「アワーセルヴズ」(ourselves)のような言葉を用いて、同じ機能を象徴的に表現するであろう。その特有の生物学的な組織化によって、人間は、人間社会の中でコミュニケーションの対象になりうるものをすべて、独特の音波によって表現できる。そして、その音波を人間は個人的に生産でき、それはまた、コミュニケーションの特別な対象のシンボルとして社会的に標準化されてきた。特定の社会におけるシンボルのない対象は、その社会では認識されないし、認識不可能である。しかし、知らないという状況から知るという状況への過渡的段階、およびその逆もある。コミュニケーションの特別な対象については、シンボル形成の過程、つまり知るという過程が、あるいはもう一方では、シンボルと知識の衰退という過程が起こったのかもしれない。

体系化されたメッセージとして人間が発し、かつ受け取ることができる明瞭な音波は、人間によって作られる出来事であり、それは人間特有の神経的、音声的、聴覚的装備のおかげである。この装備によって、人間はメッセージの原料として音波を作り、受け取ることができるのみならず、人間自身が発する音波を明瞭に表現でき、もっと一般的に言えば、多種多様な方法でそれを作り上げることができる。その多様性は、物理学的にも生物学的にも無限と思われるほどであるが、社会的標準化と統一化——それがなければ人間が作る音声パターンのシンボルは特定の社会内におけるコミュニケーションの手段としての機能を果たすことができなかろうが——によって特別な境界の内部で社会的に保たれる。どの社会においても一定の時代に、以下のような事実によって、コミュニケーションの範囲が制限される。どの人間社会であれ、そこで利用される知識の社会的蓄え、つまり、その社会内のすべての可能な経験を象徴的に表す標準化された言語は、非常に明確な境界——たとえその社会の成員の何人かがこの境界を拡大するために働いたとしても——をもつ。とはいえ、知識の範囲、換言すれば、社会の中で利用され、かつその言語——それはコミュニケーションの明白な、あるいは暗に示されたすべての話題に及ぶ——によって象徴的に表示される経験の領域はさらに、一定の社会の構造、とりわけその権力関係によって限定される。それは、一定の社会内でコミュニケーションの象徴的手段として標準化されていることにおいてのみならず、多くの言語シンボルと結びつく感情的、評価的な潜在要素においても、また一般的には標準化の様式においてもかなりの、またしばしば決定的な役割を果たす。

言語とは、特定の人間集団の中で発展し、誤解を避けなければならないために、主に音声パターンそのものの使用を通じて、コミュニケーションの特別な話題のシンボルとしてそこで標準化されるようになった人工的音声パターンの織物である、とわれわれが言うなら、現在ではそれは依然として少し馴染みがないように聞こえるかもしれない。音とシンボルの両方は、何らかの継続性がなくなることはまれとはいえ、集団の運命や経験における変化との関連で、時を経て変わりうるのである。

第三章　進化の新機軸としての「シンボルの解放」

人間が作ったこれらの音声パターンのシンボル機能に言及するもっと親しみやすい方法は、その機能を、文や単語のような言語的要素の意味として表す方法である。とはいえ、意味の概念は決して単純ではない。二〇世紀の学問的な議論において、それは哲学的な神秘性のキーワードとして使われるようになった。そうした意味で、意味は、発話のそれであれ、その他の行為のそれであれ、しばしば、まるでこの言葉が個人の存在の究極的な、完全に自律した領域を指すかのごとく扱われている。われわれはある行為が個々の行為者にとってもつ意味をマックス・ウェーバーが強調したことを考えるかもしれない。[1] しかし、個人の行為がそれ自体で成立することはまれである。個人の行為はたいてい他者の行為に向けられる。概して、他者に対するある行為の意

（1）本書五九頁、註（4）を参照。

味は、それが他者にとってもつかもしれない意味によって、ともに決定される。人々の相互関係は追加的ではない。社会は砂の堆積と比べられるような個人的な行為の積み重ねという性格をもたないし、またそれは機械的共同作業のためにプログラム化された個人の蟻塚という性格ももたない。社会はむしろ多種多様な方法で相互に依存する、生きた人々からなる織物に似ている。一人の人間の衝動や感情、基準や行動は、他者の衝動や感情、基準や行動を強化したり、あるいはそれらを初期の目的からそらせたりするかもしれない。彼らは同じ行動規範を分かち合うこともあろうが、敵対者になるかもしれない。言葉による論争が例として役立ちうる。もし論争者たちが同じ言語を話さなければ、彼らは言葉による論争に従事できない。彼らはお互いになぐり合ったり、殺しあったりすることもできる。しかし、言葉という武器を使って行われる戦いは、解釈者になりうるだれかが、両側の使う言葉を話すことを要求する。

すべての言語が、さしあたり話され、人間という種の、一部の限定された集団によってのみ理解される、ということが人間の主要な伝達方式の際立った特徴の一つである。しかし、これらの制限的境界は、知識の領域が増大すれば、無限に広がるように思われる多くの言語の拡張能力、表現上の刷新能力をあいともなう。両方の点で、言語による人間の主な伝達方式は動物の主な伝達方式と鮮やかな対照を成す。後者ははるかに高い度合いで遺伝的に固定化されており、それゆえ、局部的変化が存在するとはいえ種全体にとってほぼ同一であり、かつあまりに柔軟性にとぼしいので、刷新を実現できない。習得された言語による人間の伝達方式は、他に類のない進化による刷新を代表している。動物界全体にはそれに似たものはまったくない。それは、習得された行動様式と、習得されない遺伝的に固定された行動様式のバランスにおいて、前者が有利となる最終的な刷新に依拠している。このバランスにおける最終的変化は、同じ方向に向かう非常に長い予備的な進化による変容に先導され、かつそれによって明らかに可能になった。しかし、その過程で個人的習得によって獲得され、人間の記憶の領域に蓄積された経験に照らし合わせて変わり行く状況にその行動を順応させる生物の能力が着実に増大したとはいえ、未習得の、遺伝的にプログラム化された行動様式——かくして、伝達の様式——が支配力を保持していた。結局、それらは生存している類人猿の自己調節(したがって変わり行く状況に対する順応)を依然として支配している。人間の場合、言語というかたちをとる習得された種類の伝達様式が支配力を増したこと——それはたぶん人間の脳の場合では皮質の、大脳の支配力として知られるものと同一である——は、それを演じるのに必要である進化上の刷新という点で、たとえば以前、陸棲の爬虫類を、空を飛ぶ鳥へと導いたようなことほど偉大でないにしても、それに匹敵する偉大な刷新を象徴するものであった。

言語によるコミュニケーションは、人類に特徴的な多様性の統一の例として役立ちうる。すべての人間はその主要な伝達方式として言語を使用する。人間が使用するそうした言語は人間が成長し、生活する社会に依存する。現在のところ言語の多様性は相当である。より小さな社会単位がより大きな社会単位へ統合される現在の傾向がもしそのはずみを保持するなら、それは決して確かとは言えないが、言語の多様性は減少するかもしれない。世界の言語、つまり人間の共通語（*lingua franca*）が出現するかもしれない。しかし、それが起ころうが起こるまいが。言語によるコミュニケーションは人間という種の際立った特徴の一つである。言語によるコミュニケーションの構造と発達についてのより明瞭な見解は、大部分は生来の、言語以前の合図の優位に依然として固く縛りつけられている人間の先祖から、人間を隔てているものに対するより現実的な評価へと向かう一助になりうる。現在のところ、人々は一般に人間性と人間の社会を、まるでこれらの言葉が人間存在のまったく別個の部分に言及しているかのごとく扱いがちである。社会的シンボルの理論の欠如はまた、人間とより動物的な人間の祖先との進化的距離に関する誤解を促す重要な要因の一つである。

人間の言語によるコミュニケーションを簡単に見てみると、言語の獲得とその使用における生物的要因、社会的要因の編み合わせが十分明確に示される。人間の赤ん坊がもし完全に成長した人間になるとすれば、赤ん坊は言語を習得できるだけでなく、言語を習得しなければならない、という事実はすでに述べた。そういうわけで、人間が生物学的に他者との言語によるコミュニケーションに、したがって社会生活に向いていることは事実である。もし多くの哲学、そして相当数の人間科学の理論を支えている人間のイメージが、すべての人間は生まれつき孤立した人間として一人で生活することに適しているという印象を与えるなら、現代のより発達した社会で有力な社会的ハビタス、およびそれに結びついた思考の基本的な範疇が、明白なものを見えなくさせても当然であろう。

多くの熟語的な句は不均衡な「われわれ‐わたし」のバランスが「わたし」に好都合に傾いていることを証言する。かくして、実際、赤ん坊は特定の社会におけるコミュニケーションの媒介である言語を習得する。しかし、「言語を習得する」という句は、たいてい幼児段階を越えた、第二、第三言語を学ぶ人々のために保留される。もし赤ん坊に言及するなら、子供が言語を習得しているとは言わない。「赤ん坊は話すことを習得している」という言い方をわれわれは好む。自然の成熟と社会的習得の混交はこの場合、さらに強くバランスが、前者に有利に保たれる。あるいは、「言葉の意味」という表現をある言い回しとして捉えてみよう。それは厳密には正しくない。というのも、音声パターンは、もしそれに意味がなければ――あるいは違った言い方をして、もしそれがコミュニケーションの特定の話題のシンボルとして社会的痕跡を受け取っていなければ――言葉ではない。音声パターンを「わけの分からない言葉」と見なしてみよう。そうするとそれは言葉ではない。なぜなら、それは、その集団全員にそれを、特定の対象もしくは機能のシンボルとして理解させる人間集団の痕跡を帯びていないからである。それは無意味な音な

(2) 次の文献を参照。'Changes in the we-I balance', Part III of Elias, *The Society of Individuals* (Dublin: UCD Press, 2010 [Collected Works, vol. 10]), pp. 137-208.〔「われわれ＝われのバランスの変化」、『諸個人の社会』第三部、一七五―二六二頁〕

のである。習慣的に「言葉には意味がある」ということで、われわれは、結果的には、意味が備わった音声パターンには意味がある、と主張しているのである。われわれは、言語の構成要素のシンボル機能を、その構成要素の、ある種の属性として、さらにまた、おそらく、ある言語を話すすべてのひとが、その文章や単語にそれぞれ先験的に与えた属性としても提示するのである。そのような説明では、言葉と意味と、その言葉の意図された対象もしくは機能との関係はまったく曖昧なままになる。伝統的な、したがって明らかに慣用的な言い方によって、われわれは言語とその構成要素を、一方では文章や単語として、他方ではそれらの意味として、さらに三番目には、コミュニケーションの意味された対象もしくは機能として区別せざるをえなくなる。このことが、とりわけ、言語というかたちでは、「自然」と「社会」あるいは——われわれが好めば——「自然」と「文化」は相互にしっかりかみ合っている、という事実を完全に理解する道を閉ざしてしまうのである。

もっと完全に理解するには小さいが、不可欠の段階が必要とされ、それはたぶん難しいかもしれない。言語構成要素と、人間が作るその意味を区別しないで、われわれは——われわれが最初にまず分析のメスを、音声パターンとその意味の間に入れるときにのみ——より現実適合的な軌道を追求できる。ところで後の段階では、われわれは、これらのシンボルと、それが象徴的に表示するコミュニケーションの対象もしくは機能を検証するかもしれない。

言語構成要素の音声パターンは物理的な現象である。それは最初にまず、メッセージを他の人々に送る手段として、たいてい人間によって生み出される。人間が作る音声パターンはメッセージの物理的な伝達者である。それにはほぼ同じ機能がある。電話線装置のように、あるいは発信人から発せられ、無線発信局にいる人々が受信機をもった聞き手に伝達したいと思っている何らかの音声パターンに再変形される電波のように、言葉の音声パターンを、メッセージの実際の伝達者と見なすことがより正しいかもしれない。無線メッセージの発信の例は、だれの無線装置も無線メッセージが発信された波長に合せられなければ、むだであろう。メッセージを他者に送る人間が、明瞭な音波をかき乱すことで、自分のメッセージが他者に受け取られるということをどれほど確認できるのか？　自分のメッセージが受信される機会をもつのは、発話されたメッセージを送信する人と、そのメッセージを受信することを期待されている人が同じ言語を話す場合のみ、あるいは言い換えれば、メッセージの送信者が作る音声パターンが、そのメッセージの受信者に同じ対象もしくは機能を象徴的に表示する——それはメッセージの送信者にも同じ対象もしくは機能を表示するが——場合のみなのである。かくして「バファローの小集団がおまえの右手の古い木の方にやって来るぞ」という叫び声によるメッセージが、もしその役目を果たすなら、メッセージの発信者と受信者は、コミュニケーションの同じ話題を、「バファローの小集団」もしくは「おまえの右手の古い木」というような音声パターンと連合させなければならない。個人が、かつてのあるいは今の生存集団全体にわたって同じ音声パターンを、コミュニケーションの同じ話題の象徴的表示として用い、かつ理解するような場合にのみ、言語は機能できるのである。

　これは教育によって均一に達成される。概して、子供たちは人生の早い時期に、自分たちの社会の特定の音声パターンが、コミュニケーションのどの話題を象徴的に表示しているかを記憶するようになる。子供たちは、自分たちの発話行為、また実際、自分たちの行動一般を、他者のためのメッセージとして、また他者からのメッセージとして明瞭な音声パターンを作り、かつ受け取るという共通規範に従って、調整するようになる。これは、人間の言語の構造における、自然と社会の相互連結の決定的な側面である。コミュニケーションを目的として、声による音（純粋に有機的で物理的な現象）はもはや主として、あるいはもっぱら、種の固定化という結束には従わない。その代わりに、声を出すという有機的な現象は、大きな度合いで、声の規制の、習得された社会規範に従ってパターン化される。その社会規範を、言語社会のほとんどの成員は若いときに自分のものにするし、それによって、彼らは同じ音声パターンをコミュニケーションの同じ対象、同じ機能のシンボルとして理解するのである。おそらくわれわれは人類によるシンボルの解放に言及できよう。それは、つまり、大部分は未習得であったか、もしくは生来的であったシグナルの束縛から人類が解放され、コミュニケーションを目的として、大部分は習得された人間の声のパターン化が支配的になる方向に人類が移行したことを意味する。

　現在のところわれわれは、社会的に標準化されたシンボルによるこのコミュニケーションへの大躍進がなされた条件や、それがいかになされたかについてはほとんど分かってはいない。われわれが理解できるのはただ、それがなされたという事実、爬虫類の前脚が翼に変形したことと同じく偉大で、重大な（爬虫類の前脚が翼に変わったことより重大であるとは言えないまでも）進化論上の刷新をそれが意味していたという事実だけである。ヒト科の動物のホモ・サピエンスという類型において、言語コミュニケーションが達成したあの相対的な完璧性は、単一の突然変異的な勢いの結果であるとはとても言えない。われわれは、長い過程、つまり、同じ方向への一連のより小さな勢い（その一つ一つが、種の継続的な闘争のための利点という点で、それに恵まれた種にそれ自体の報いを与える）について考えてもよかろう。もしわれわれが今、動物の間に支配的である主に未習得のコミュニケーションのタイプから、人間の間で支配的な主に習得された言語コミュニケーションへの変化を、まるでそれが単一の出来事でもあるかのごとく振り返ってみると、このような利点のいくつかをついでに認識することはさほど難しくはない。未習得の動物のシグナルは、それが声のシグナルであれ体全体のシグナルであれ、シグナルを送る動物の一的な状況にさらにもっと固着している。闖入者として受け止められているだれかにまるで怒りを感じているかのごとく、吠えることを犬に教えることは、もし犬がその状況を、吠えるシグナルを要求する状況だと受け止めなければ、非常に難しいであろう。類人猿は生来、非常に多様な体の姿勢、体の動き、音に恵まれているかもしれない。類人猿は生まれつき固定されたそのシグナルの多様なかたちを、類人猿相互のコミュニケーションを変化する状況にもっと緊密に調整する方法として、習得するかもしれない。類人猿のいかなるシグナルも、バファローの小集団が右側に向かって目に見える何本かの古い木の方へ近づいている、という情報のごとく、念入りに詳しく、変化する状況に対応することはない。人間の発話行為は、一つ以上の点で、自分自身の瞬時の状況から自身を距離化するための比較的高い能力を前提としている。人間は、月が出ていなくても、月について語ることができるし、まだ目に見えないバファローの小集団についても語ることができる。文章や単語の手助けによる方位設定のおかげで、変化する状況に応じた人間の対応力の柔軟性が、動物の及ぶ範囲をはるかに超えて可能になる。というのも、動物の遺伝的体質は、特定の状況に対処する優れた方法を供給しながらも、種が遺伝的に備わっていないかたちで仕事が変化する場合、そうした状況から生じる要求への対応能力を阻むかもしれないからである。

第四章　習得された音声シンボルによるコミュニケーションの高度な生存価値

前に述べた『人間の特異性』というエッセイ——それは一九四一年に刊行され、再読の価値がある——の中で、ジュリアン・ハクスリーは、動物の間での人間の位地に関する世論の変動がどちらの方向にもきわめて大きくなってきたことを認めた[1]。人間の動物との関係がかすかにしか認識されていなかった時代の後に、生物学者たちが、動物と人間の類似点のみ理解し、その違いを見逃しがちであった時期が続いた。動物の生来の行動が比較的硬直していることについて彼が示した例の一つがこの脈絡では役立つかもしれない。母鳥は、その子供が巣の中で口を大きく開けたり、チューチュー鳴いたりするときに、子供に餌をやるかもしれない[2]。しかし、子供がカッコ

（1）〔エリアスによる註〕Julian Huxley, 'The uniqueness of man', in *The Uniqueness of Man* (London: Chatto & Windus, 1941), pp. 1-33.（本書七九頁、註（11）を参照——全集編者）

ウの子供によって巣から追い出されると、その母鳥は自分の子供を飢えさせ、巣の中でカッコウの子供を育てる。母鳥の遺伝的構造によって母鳥は、巣の中で大きな口を開けてチューチュー鳴いている雛鳥に餌をやる準備をするが、開いたくちばしに地上で餌を入れてやらなければならない不慣れな状況には対応できない。同様に、子供が死んでしまった雌のヒヒは、その子供の死体が腐乱するだけでなく、ミイラ化するまでそれを運ぼうとするのである。これは接触刺激のためであると思われる。つまり、ヒヒの母親は適度に小さくて、毛皮に覆われているあらゆる物に同じく反応するのである。このような例は人間に代表される進化的刷新、人間が代表する新しい領域への大躍進に関する——適応や行動の方向づけの手段としてのシンボルに関する——より優れた理解への手助けになるかもしれない。人間にできて、われわれが知るかぎりにおいて、動物にできないことは、慣れ親しんだ状況における変化の象徴分析と統合、およびそれに応じた行動の変化である。巣の中で雛鳥に餌をやる衝動を遺伝的に備えている雌鳥は、カッコウの子供によって巣から退けられた自分の子供が、今や土の上で口を開いてチューチュー鳴いているのを理解するのに必要とされる象徴分析や統合ができないのである。雌鳥の行動の方向づけもまた、シンボルによる新たな状況分析や統合を考慮しながら行動を変えるほど十分多才、かつ柔軟ではない。

人間相互の、また人間自身とのコミュニケーションの手段がもつシンボル的性格はこれまでそれにふさわしい注目をほとんど得ることがなかった。これはいくぶん、人間のコミュニケーションの手段が有する音声パターン的側面が取るに足りないものとして扱われたり、しばしばまったく完全に無視されたりする、という事実による。しかし、それはまたいくぶん、世論に支持される常識的な理論にもよる。この常識的な理論がさらなる質問を沈黙させるのに十分な根拠を支配している。その理論によると、概念は、抽象化や一般化の精神的過程によって形成される。というわけで、特定の木もしくはテーブルを異なったものにしているあらゆる特質を抽象化することによって、またすべての木、すべてのテーブルが共通してもっているそうした特質のみを保持することによって、テーブルや木などの概念にひとが到達するように見えるのである。概念形成の問題への取り組みとして、それはその単純さによってだけではなく、とりわけそれが、概念形成を、個人として独立した人間の適切な精神過程として提示するという事実によっても、推奨される。そのようなものとして、それは容易に有名なパターンと一致する。概念形成は、時間の過程において確固とした始まりをもち、ことによると終わりをもつ個人の精神過程として見なされるのである。

このコミュニケーション理論の難しさの一つは、それが容易に観察と調和させられないことである。もしわれわれがそれを試みるなら、抽象化や一般化の個人的な精神過程による概念の説明が、多くの人々の行為や精神過程の編み合わせによる説明を要求するデータの個人還元の典型

（2）〔エリアスによる註〕*Ibid.*, p. 20.（このパラグラフにおける動物の行動の描写は、綿密に意訳しながらハクスリーのテキストに従っている。ハクスリーが言及している母鳥はマキバタヒバリである——全集編者）

的な例であることを、われわれは間もなく認めることになる。個人の抽象化の精神過程によって、人間がまったく新しい概念を打ち立てることができるということは、確かにわれわれがそれほどたびたび遭遇するような出来事ではない。たとえそれが実際起こるとしても、そうした個人の精神過程だけでは、言語の中に、特定の音声パターンに付着するあらゆる概念が存在していることを説明するのに十分ではない。それがこうした性格に到達できるのは、ただそれが多くの人々の精神活動を巻き込み、編み合わせるような対話の厳しい試練を経たときだけである。集団の多くの成員たちの活動をこのようにして編み合わせることは、人間的な表現によれば、したがって社会学的には、あらゆる特定の言語における概念が有する財産の重要な面であり、これらの活動が圧倒的に抽象化や一般化の性格をもつかどうかはむしろ疑問である。多くの場合、一見して、より高い段階の抽象化や一般化への推移として現れそうなものは、より詳しく見ると、より高い段階の統合として現れる。

ここでわれわれは伝統的な哲学のアプローチと社会学のアプローチの基本的な違いに、とりわけ、知識の哲学と知識の社会学の違いに出会う。ヨーロッパ的な知識の哲学の本流に横たわっている人間の基本的モデルは、一人で、また自分自身で知識を獲得する人間のモデルである。ところが、このモデルに基づく概念形成のあらゆる理論が同じ困難に出会う。コミュニケーションの手段として役立つには、特有の音声パターンが同じ意味で集団全体の人々によって理解されねばならない。人間集団内部における言語の相対的認識がどのようにして、ある程度の社会統合や社会規制がなくても保証されるのかを想像するのは難しい。

　概念（ひとが音声パターンによって、さらにもっと最近では視覚パターンによって他者に伝える概念）を個人的に、あるいはすべて自分自身で作るひとは、感覚パターンがメッセージを受け取る側の、記憶の蓄えの中で、同一の休止した像——それをメッセージの送信者はこれらの音声パターンに結びつける——を活性化するということを一体どのように確信できるのか？　言語というかたちで知識を獲得する人間の形式は、メッセージの受信者と送信者を考慮に入れる場合のみ理解できる。哲学的伝統は知識に、送信者の独白の様相を与えがちである。その場合、知識の主体としての個人は対象の謎に一人で直面し、他の人々——その個々が同じ状況にいるように見える——に言及することなく、それを解決しようとする。これから先の仕事は知識にその性格——知識とは、それぞれの人間によって個人的に見られている対象についての知識であり、また同時に、人々の間でなされる言語コミュニケーションの対象についての知識でもあるということ——を回復してやることである。人間は生まれつき、集団内部におけるコミュニケーション可能なあらゆる対象のシンボルとして役立つ音声パターンを作り出したり、受け取ったりする能力を無限にもっている。特定の人間集団の、シンボルの織物によって表現されえないものは、その成員たちには知られない。言語のシンボルによって世界で自分自身を順応させる能力を生まれつき与えられているため、彼らはまたシンボルを必要とするのである。彼らは集団のシンボルを、その感覚上のパターンが何であれ、獲得しなければならない。彼らは、言語を習得することなしには、その行動を調節できず、要するに人間になれないのである。

今日知られているようなことをすべて知ることはできなかったであろうわが祖先たちは、もしその性質のもう一つの特異な傾向——記憶の蓄えの中にある感情や経験から何かを思い起こし、今現在も、またおそらくいずれのときにも存在せず、決して存在しなかったかもしれないような物事や出来事を象徴的に表現するためのきわめて広範な能力——が彼らを助けてくれなかったならば、耐えがたい境遇にいたことであろう。彼らは、現実に適合するいかなるイメージも間近にない対象を表現する幻想的イメージをかたち作ることができたのである。

人間が太陽に関する知識を、人間的知識はかなり現実に適合しているという点まで発展させたのはようやく二〇世紀になってからであった。[3] わが祖先たちはしばしば、その知識のギャップを埋めるために太陽に関する幻想的イメージをかたち作った。幻想的知識をより現実的な知識によって置き換えることは独特の問題を提示する。感情的な面で幻想的知識は人間集団の生活に深く根を張りうる。幻想的な知識は、現実に適合しているという印象をあまりに与えてしまうことがあるため、より現実に適合したシンボルの探求を阻止する。知識に関する哲学理論それ自体が例として役立ちうる。孤立した個人の精神過程を知識の問題の中心に据えることによって、また、概念形成が、抽象作用や一般化の過程のような個人の精神過程に端を発すると宣言することによって、知識に関する哲学理論は、問題——その解決が心の底から感じられる、人間の要求になっていた問題——の答えを探すことができるのである。多くの哲学者たち自身が、この問題に答える必要性は、先験的な人間の知性の中に、あるいは換言すれば、すべての個人の経験に先立って、したがって人間の性質そのものによって用意されている、と信じがちである。

問題となっている必要性は、原因によって、またしたがって、端緒によって出来事を説明する必要性である。抽象作用や一般化による概念形成の理論がこの要求を満たす。その理論は、概念はどのように始まるかということに関する答えを、また、概念はどのようにして説明されうるかという問いに対する最終的な答えの希望を与えてくれる。たとえば、「病原菌」(*bacillus*)[4]という概念はミュラーという名前のドイツの科学者によって一九世紀の前半に創られたと言える。ミュラーは顕微鏡の下でまるで小さな杖のように見えたいくつかの対象を、病気の発端になるものと見なした。自分自身の経験を一般化しながら、彼は、多くの病気は小さな杖のような見えた存在によって引き起こされるという仮説を提出した。ラテン語からの借用語によって彼はbacillusという単語を作った。それは間もなく結果として分かったのだが、すべての病原菌が小さな杖のよ

(3)「現実適合性」の概念については、本書二九九頁、註(13)を参照。

(4)オットー・フリードリヒ・ミュラー(Otto Friedrich Müller, 1730-84)はいくつかのバクテリアの種類を分類しようとしたデンマークの生物学者、博物学者。彼はまた今日でも使用されている数多くの新しい専門用語を作った。その中には、ラテン語*baculum*の縮小詞を語源とする*bacillus*(小さな竿や棒を意味する)が含まれている。*bacillus*という言葉は、ドイツの植物学者フェルディナント・コーン(Ferdinand Cohn, 1828-98)によって一八五三年に細菌学の発展的分野に導入された。

うに見えたわけではなかった。しかし、その言葉はほとんどの現代語に根づき、それ以来、適応の手段としてかなり役立ってきた。それは、いくつかの種類の病気がどのように始まるのか、何があるいはだれがその原因なのかという質問に対する新しい答えを意味していた。簡単に語られてはいるが、その物語はまた、どのようにして概念が生まれるかを説明するものとしての、抽象作用と一般化の理論にいくらか確証を与えてくれる。

概念が人間集団の中で流通するようになる方法がいくつかある。「父親」(father)という言葉を取り上げてみよう。それは、始まりのない過程についての、取るに足りないとはいえ、刺激的な例である。オックスフォード辞典によれば、その主な語源の一つはチュートン系の共通語である。辞典はそこでこの単語の由来や始まりなどに関する問題を無限に(*ad infinitum*)提出している。それは、動物社会では他の諸関係からほとんど区別されないかもしれないような人間特有の関係に触れている。そのようなものとして、父親という語は、おそらく近親集団がより大きな男性支配組織からより小さな男性支配組織へと変化するに応じて、人間の元祖として社会的に基準化されるようになった。子供たちはこの音声パターンを、個人的な精神過程の結果として、個々の子供が個人的に自分自身の男親に対して位置しているのと同じく、他の子供たちもその父親たちに対して同様の関係に位置している、という観察に基づく抽象作用を通して使うのではない。この言葉が使われるのは、子供たちが早い時期に、「父親」という表現、もしくはそれに対応する表現が社会の中で人間同士のこの特別な関係に関連して使われていることを習得するからである。回顧されるかぎりでは、その言葉は特別な義務や権利に関連して使われていた。同じことは「太陽」(sun)という概念にも当てはまる。その言葉を、英語圏の社会では子供も天文学者も使うことができる。連想の雰囲気はこの二つの場合では異なるかもしれない。しかし、この音声パターンがそのような社会内部であるひとから別のひとに伝える核心もしくはメッセージは同じであろう。なぜなら、この音声パターンはこのようなメッセージでもって社会的に刻印づけられてきたからである。両者がもし *le soleil* を見てごらんと尋ねられれば、彼らは困惑するかもしれない。

概念の発展にとって標準的となる例は「発展する」(to develop)という言葉である。(5) それは概念が発展しうる主要な方向の一つを簡潔に表している。今日われわれは当然のこととして包括的(6)な意味を含んでいて、いかなる具体的な事象に対してもその意味がすぐには明らかにされないよう

(5) エリアスは『発展』という概念の発展」を次の文献で詳細に議論した。*What is Sociology?* (London: Hutchinson, 1978 [Collected Works, vol. 5]), pp. 145-52.〔『社会学とは何か』一七四―一八一頁〕次の文献も参照。Eric Dunning, 'The concept of development: two illustrative case studies', in Peter I. Rose (ed.), *The Study of Society: An Integrated Anthology* (New York: Random House, 1969), pp. 879-93.

(6) エリアスはここでは「グローバル」(global)という言葉を、数々の項目の総和に関連する、そのより古い、分析的な意味で使っている。つまり、彼は、一九七〇年代にその起源があり、それ以来、社会科学で広く使われるようになった意味である「全世界的な」(worldwide)とか「グローバル化」(globalization)のどちらとも同じではない言葉としてそれを使っている。次の文献を参照。Richard Kilminster, *The Sociological Revolution: From the Enlightenment to the Global Age* (London: Routledge, 1998), ch. 6.

な名詞を使う。そのような音声パターンを調べてみれば、それがもっと限定された範囲の音声パターンのシンボル——それはより直接的に接触できる対象や事象を指している——から派生していることがたいてい発見される。後者はしばしば「具体的概念」と呼ばれ、前者は「抽象概念」と呼ばれる。ところが、具体的概念は存在しない。ポットやなべは「具体的概念」と呼ばれるかもしれない。しかし、「ポット」という概念が具体的であるとは言えない。それはまた抽象的でもない。概念に適用されるとき、具体的／抽象的という概念的両極性は使えない。観察されるものはより低いレベルの統合を表す概念であり、他のものはより高いレベルの統合を表す。今日の最も高い発展段階にある社会の言語においては、「抽象概念」の発展は、しばしばより低いレベルの統合からより高いレベルの統合への発展ということの性格を表す。「発展」という概念そのものが例として役立ちうる。一七世紀になってもまだ、「発展する」(to develop) という音声パターンの標準化されたメッセージは、赤ん坊のおむつを脱がせたいと言えば、理解されていたようである。(7) 一九世紀の終わり頃にはその言葉は依然として中程度の統合を表すことができた。それはたとえば、攻撃するために軍隊を徐々に散開させることを意味することができた。より大きな分化へと向かう継続的で段階的な成長の概念的表示を伝達するための社会的要求が明らかに増大した。思考の社会的過程は、徐々に展開し、継続的でしばしば永続可能な内部からの分化過程のための共通のシンボルが必要とされる——同じ方向に向かう変化のいかなる外的手段が内的力学と結合しようとも——段階に到達していた。「発展」(development) という言葉はこうした機能を前提としていた。その例が効果的であるのは、「発展する」(to develop)という動詞の反対語である「包む」(to envelop)という動詞が、それに対応する変化を経験しなかったからである。それは非常に特殊化されたかたちでそのより低い統合形式を、たとえば、手紙の封筒に言及される場合、依然として保持している。今のところ「発展」(development)という概念はほんのわずかしか発展させられていないので、ある概念が明確な方向へと発展する条件についてはまだ多く知られていない(「後退」(regression)という言葉も反対方向への変化のシンボルとしてのその意味を完全に受け入れてきたわけではない)。しかし、「発展する」(to develop)ということばが一つの特殊な分野で、つまり写真の分野で、そのより古いかたちで依然として使われていることは、おそらく注目に値するであろう。われわれはフィルムを発展させる(現像する)のかもしれない。

「発展する」(to develop)という言葉における社会的機能の変化は特徴的なパターンを示す。それは、多くの構成要素が高度なレベルで統合された言語においてしばしば見られる。すでに言及されたように、そうした言語はすべてより低い統合段階にある音声パターン、もしくは、好んで言われるように、さほど抽象的でない何か、あるいはより具体的な何かに由来する。専門的であろうとなかろうと、高度な統合、分化、現実適合の段階にある概念を扱うことに慣れている人々は、この能力をしばしば自分自身の知性の特質のみに帰する傾向があり、その特質がそのような

(7) つまりそれは「包む」(to envelope)とは反対の言葉になる。

概念を扱う彼らの能力において役割を果たしていることは間違いない。これらすべての点で高度な段階にある概念を操作する可能性が、その社会における全体的な概念の発展に依存していることは見過ごされるのかもしれない。

われわれは、前古典時代、古典時代の古代ギリシャ人の間で、その方向への大きな勢いが生まれたという印象——われわれの知識はあまりに不完全で、それ以上のことを言えない——をもつ。その場合もまた、概念の統合、分析、現実適合性における前進が並行した。何が起こったのかを正確に知るには、われわれは、エジプトやバビロニアの言語、ほとんど知られていないような同時代の言語、とりわけフェニキアの言語との比較研究をしなければならないであろう。同じことは今日たいてい中世後期、ルネサンスと呼ばれている時期についても言える。その代表物は古代ギリシャ・ローマの概念上の刷新から恩恵を受け、かつそれを乗り超えた。[8] 一九世紀、および特に二〇世紀においては、概念の発展は以前にもまして、いくぶん永続可能な知識の発展といった性格を帯びている。その時期よりも前には、その成員が自分の社会もしくは社会一般の発展について相互に話し合う必要性を認識する局面を経験した社会はさほど多くはなかった。結局、その言語の発展や性格に反映されているには、いつもある社会の運であり、その変化する社会構造であり、多くの社会の間での、その社会の変化する地位である。ある民族の言語それ自体は世界の象徴的な表示であり、それを、その社会の成員は自らの運命が連続的に変化する間に経験するようになったのである。同時に民族の言語は民族の認識、したがって民族の運命にも影響を及ぼすのである。

われわれはここで、他の種と比べて人間がその世界を経験する方法の最も奇妙な特性の一つに遭遇する。人間はそれを、対象に直面している主体として提示されるような古い知識の理論として経験するだけでなく、家、山、植物、太陽などの対象それ自身の物理的世界に直面する主体として、また同時に人間相互のコミュニケーションを媒介として、人間の言語を媒介として経験する。というのは、言語の基本的な機能はコミュニケーションの手段という機能であるが、言語によるコミュニケーションは人間の経験の全体的様式を採るからである。われわれは、ここでわたしが伝統的な知識の理論の状況に似ているようなかたちで言及している、基本的な人間の状況を表現したいという気持ちになるかもしれない。ところが、言語は除去しがたいベールのように主観と客観の間に入り込むということがここで提示されているのではない。一日の早い時間に地平線の上に昇る太陽は、人間が光や暖かさとして感じ取るものを発散している本当の太陽でもある。同時にわれわれは日の出や日の入りを言語によって、人間相互のコミュニケーションによって経験する。その手助けによって、太陽が目に見えようが見えまいが、われわれは太陽に言及することができる。同時に人間は、太陽という概念と太陽そのもの、シンボルとそれが象徴するものを

(8) エリアスは再構築された序章において、ピタゴラスの定理を使いながら、さらなる考察のためにこの問題を選び出す。本書四六頁を参照。

区別することができるのである。二極化や還元に向かう傾向は観察者を誤らせやすいかもしれない。

過程としての言語は流動状態にある。シンボルの感情もしくは幻想の内容と、シンボルの現実適応性のバランスはいずれの方向にも変化しうる。言語の構成要素のシンボルとしての性格は、音声パターンによって、対象もしくは事象——それが喚起されるとき、それは存在していない——に関する記憶の像を喚起する人間の能力が大いに拡大されたこと密接な関係がある。音はそのような像を、それによって表されるコミュニケーションの話題が今この場で起ころうが起こるまいが、そのこととは無関係に喚起することができる。言語は特有の音声パターンを、その存在もしくは不在を象徴的に指し示しながら供給する。人間が通常ある特有の言語、つまり母国語とともに成長するにつれて、人間はたいてい強い感情をともなった自然のつながり——社会的な音声パターン、社会的なシンボル機能、およびそれらが象徴的に表示するコミュニケーション自体の対象を相互に結びつけるある種の必要性——を発展させる。実際にはこの種の必要性はまったく存在しない。英語の音声パターンであるsunとフランス語の音声パターンである*soleil*、さらに異なった言語の数多くの異なった音声パターンは同じく容易に同じ物を象徴的に意味する。自然の事象の音楽的摸倣を意味するかもしれない、「ママ」(mama)、「カッコウ」(cuckoo)、「ざわめき」(murmur)、およびそれと似た言葉など少数の例を除けば、音、シンボル、象徴される対象もしくは機能はまったく偶然と見なされうる。実際のところ、この種の自然な必要性などまったく存在しないが、ある種の社会的必要性は見つけられうる。その結びつきには多くの場合、昔にさかのぼるが、われわれが理解できるかぎりでは始まりのない祖先がいる。それは社会の長い発展の現在的結果である。そのつながりを断とうとするひとはだれでも同胞から理解されないであろう。そのようなひとは外国語、あるいはわけの分からない言葉をしゃべっているように見えるかもしれない。

諸言語の配置、同じ言語のさまざまな異形がある社会の、あるいは一群の諸社会の権力構造を反映する。もし異なった諸言語、あるいは同じ言語のさまざまな異形が同一社会で話されるなら、たいていそれらは、関連する諸集団の権力と地位の機会に応じて、その位置を占める。しかし、それがすべてではない。言語それ自体は個々の話し手に力を行使する。言語にはそれ自体の力があり、それは多かれ少なかれ、その言語の話し手全員が、話す際の個人的な自己調整を、その言語に共通する言語規則に従属させる強制力をもつ。どうしてそのようになりうるのか？　言語とは発話行為の、したがって、集団を構成する個人の発話における自己調整の単なる総和ではないのか？　答えは簡単明瞭である。共通の言語をもつ集団の諸個人はたいてい、集団における発話行為を支配する伝統的な調節上の習慣から逸脱するある余地をもっている。この余地が言語を流動状態に保つ。それはある集団のシンボルの備蓄における限られた変化への道を開き、したがって、新しいシンボルが新しい共同体の経験に呼応して発展する機会を提供する。新しいシンボルは集団の構成員間のおびただしい、かつほとんど絶え間のない対話の中から、言語の流れの継続を断ち切ることなく出現しうる。しかし、音声シンボルの伝統的な因習からの個人的逸脱の余地があまりに大きくなると、関連し合う諸個人はもはや同胞からまったく理解されなくなるであろう。それが、なぜ独自の言語を話すあらゆる集団の中で諸個人が発話において個人的な調整をその共通言語の社会的規則に従属させなければならないか、という問いの答えである。諸個人がもしそうしないなら、言語による相互のコミュニケーションの可能性は停止させられてしまう。言語はその場合、かなりよくあるように、コミュニケーションの手段というよりむしろその障害になる。

個人の言語上の逸脱が制限されることはまた、言語が集団内における個人の発話行為の総和ではないということを思い出させてくれるものとしても役立ちうる。それはまた断じて、特定の社会における正しい話し方、間違った話し方を指し示す規則や法則の体系ではない。

編み合わされた音声パターンのネットワーク――それは特定の社会において伝達可能なもの、認識可能なものをすべて象徴的に表示する――は実体的で実質的な事項である。言語のシンボルネットワークが、現在の人間集団の、祖先たちの間に見られたより動物的で、前言語的なコミュニケーション形態から出現するようになったのかという問題、さらに、それがどのようにして数多くの異なる言語に発展したのかという問題は、人間的知識の今日の新分野を代表している。

言語の音声パターンによるコミュニケーションの能力には高い生存価値があると推測される。言語によるコミュニケーションを十分に備えていない人間の祖先のあらゆる種類は消失した。現存する人間集団の間では、伝達可能なあらゆることを含む広範な音声シンボルの組み合わせは世代から世代へと伝達される。また、それは、大部分は無計画で長期的な過程の一環として伝達されながら変化するのかもしれない。そこから、文法として知られる一式の規則もしくは原理がたいてい抽出されうる。しかし、それは、あたかもそうした言語法則が、バベルの塔のような周辺の言語的無秩序にうんざりした一群の立派な市民によって社会契約のようなかたちで確立された、ということを言わんとしているのではない。ある種の言語上の立法化を目指す試みは確かに時折なされてきた。フランスではかつて特権を与えられたアカデミー[9]、ドイツでは、権威的として広く容認されている書である、ドゥーデン辞典[10]がその例である。しかし、それは言語の基本的な秩序の最も副次的な補助策である。言語の基本的な秩序は単に、特定の社会単位内部における、コミュニケーションの手段としての言語機能に帰すべきである。言語の規則性——その中でも文法と呼ばれるものが例である——は、絶対的な始まりが知られず、想像さえもされない社会的発展の、無計画の過程の一環として、最初にまず実践的な使用において、また実践的な使用を通して確立されたのである。

（9）一六三五年に創設されたアカデミー・フランセーズ（Académie Fransaise）は、フランス語において何が適切なものなのかを公的に管理する。

（10）一八八〇年に設立されたドゥーデン（*Duden*）は、ドイツ語の綴りを公的に標準化する辞書である。

きわめて長い間、人間の言語は、さほど多く顧慮されることなく自明の手段として発展してきたに違いない。大多数の人々は、人間社会の中でコミュニケーションの明白な対象のシンボルとして役立つ音声パターンを当然のこととして受け入れている。せいぜい専門家が対象とその音声シンボルの関係を再考すべき問題と見なすのである。ある言語を母国語とする人々は、コミュニケーションのあらゆる対象を表示するその音声シンボルが正しいもの、「当然な」ものであるとしばしば感じざるをえない。その上、太陽のようなさほど論争にならないような対象でさえ、違った言語では違った潜在的要素をもちうる。かなり長い経歴をもつほとんどすべての名詞には、特定の言語では特有の霊気がある。フランス人はたいてい何の苦もなく「太陽王」(*le roi soleil*)という熟語を理解する。(11) ドイツ語や英語への逐語訳は少し奇妙な感じがするかもしれない。翻訳者はこれらの違いがどれほど大きくなりうるかを知っている。自国の言語ではない言語の熟語的な用法は多くの落とし穴を呈する。

ある対象のシンボルとして役立つ音声パターンと、この対象それ自体との関係は、すべての場合ではないにしろ、ほとんどの場合、因習の問題であり、偶然であるということを認めるには自分自身を距離化する努力が必要とされよう。しかし、それにもかかわらず、われわれの母国語における両者の関係が必然的である、といった感情はすべて根拠がないわけではない。「必然性」という言葉がしばしば、物理的な種類の必然性もしくは自然的な種類の必然性の連合によって前もって占有されている人間社会のような社会では、自然的な種類の必然性と社会的な種類の必然性を明確に区別することはいつも易しいとはかぎらないかもしれない。「太陽」という音声パターンと、その言葉が象徴的に表示する空の物体を結びつけるいかなる自然的必然性もないが、その二つを結びつけるある種の社会的必然性はあるかもしれない。もしわれわれが別の言葉を使えば、われわれは理解されないかもしれない。われわれが今ここで進入する問題の領域は、多くの再考や研究を必要とする領域ではない。とはいえ、メッセージの物理的伝達者としての言語の音声パターン、コミュニケーションのシンボルとしての音声パターン、およびこれらの対象それ自体との三角関係に注意を向けることによって、大きな見込みのある問題領域への扉が開かれる。今のところそれは依然として長年の因習によってある程度まで阻まれているが、それによると、関連する諸問題はたいてい主観－客観の関係によって議論されるのである。

(11) フランス国王ルイ十四世（Louis XIV, 1643-1715）を指す。実際は、英語でも「太陽王」という表現は馴染みがないわけではない。

第五章　話すこと・考えること・知ること

——現実適合的なシンボルの社会発生と心理発生

言語の習慣はわれわれが住んでいる世界についての知識や理論の進歩に対して最も強い反抗を惹起することもある。今日では言語、理性、知識について、まるでこの三つの名詞の個々が人間生活から分離し、独立した領域でもあるかのごとく語るのがまったく通常である。あたかもその名詞の個々が他の名詞を顧みなくても探求できるかのごとく、研究を続ける専門家がいる。言語の理論や知識の理論は、たとえば、しばしばそれらの主題が異なった世界に存在していた、という印象を与える。それらの関係は、明確な議論として脚光を浴びることがあまりない未解決の問題である。しかし、これらの事例の個々において実詞形[(1)]が動詞形に変化すれば、また「話す」、「考える」、「知る」と呼ばれる三組の人間活動の関係が考慮されれば、これら三つの個々が分離

（1）これは名詞のことである。

され、独立させられることはさらに多くの問題をはらむ。より詳しく調べてみると、これら三つの行動がシンボルの操作と関連があることが理解されるかもしれない。それらを分離したままにするのは難しい。もっと詳しく調べてみると、これら三つの活動がシンボルの操作に関連していることが認識されよう。それらを分離しておくことが難しいのである。言葉を発する人々は、共通の言語のモデルに合わせて明瞭に表現される音声の波によって他者にメッセージを送るのであるが、彼らはその言語に対する知識を、メッセージを受け取りそうな人々と共有することを期待する。思考は今日、非常に個人化された人間の活動と広く見なされている。注意はしばしば、単独の人間によって静かに、またたぶん孤独になされる思考活動にもっぱら注がれ、一方、今日でもなお思考活動は、議論や集団での思考というかたちで、頻繁に発生する出来事である。子供たちには大人たちに比べると声を出しながら考える傾向が多くある。実際、静かに、またははっきりしたかたちで話さないで思考することは習得されなければならないのである。それが成長した人間の標準的な要求であるのかどうか、どの程度そうなのかは人間が成長し、生活する社会の発展段階に依存する。より初期の段階にある社会では、集団での思考が結局のところ個人的な独白よりも優勢になるように思われる。明白な発話行為のない思考へと向かう傾向は、識字率の広がりによって大いに強化されてきた。より発達した社会では、音声を生み出す筋肉を実際に使わないで読む能力が大人の標準的な要求である。わたしは、当時、大英博物館の読書室であった所で、(2) 教養のあるかなり年配のアジア人紳士のとなりにしばらく座っていたことを覚えているが、彼は自分が読んだことを低い声で自分自身に語っていた。まさにそうした記憶に残る重要な経験の一つのおかげで、わたしは、声を出さないかたちの思考や読書が社会や個人の明確な発展段階に符合するということに気づいたのである。

長く続いた伝統とそれに関連する言語上の習慣は、思考・知識・言語が言わば人間の異なった区分に存在していた、という印象を創り上げてきた。したがって、思考の――あるいはお好みしだいでは理性の――研究と理論、および言語の研究と理論は二つのまったく違った研究分野、異質の、独立した専門家集団の専門的作業のように見えるのである。少なくとも中世に、あるいはおそらくそれ以前にさかのぼる伝統的な学問的分業に従って、思考という人間の生来の性質――それは理性、精神、合理性、内省、知性といったさまざまな装いで現れる――は広く人間の普遍性と見なされている。それはすべての人間集団において、また人間が存在するかぎりあらゆる時代において本質的に同一であると考えられている。理性、精神、あるいはこの不変と思われてい

(2) 以下の文献でエリアスは、一九三〇年代、四〇年代の間に大英博物館の静かな雰囲気の中で数年間、毎日、自分の研究に従事していた経験の重要性についてさらに語っている（一九七三年まで大英博物館は英国国立図書館として機能していた。一九九七年に分離した英国図書館の建物が開設されて以来、大英博物館の歴史的に有名なあのリーディング・ルームはもはや元来の目的のために使われていない）。Norbert Elias, *Reflections on a Life* (Cambridge: Polity, 1994). これは次の文献に収録予定。Norbert Elias, *Interviews and Autobiographical Reflections* (Collected Works, vol. 17), p. 55.

る人間の特性を表すために選ばれるあらゆる名称は、それゆえ、言語とは食い違っているように見えることになる。というのも、言語は社会や時代によって異なることがあるからである。理性もしくは精神はまた知識と異なるように見えるかもしれない。つまり、知識は時代を通じて成長可能であり、事情によって衰退することがあるからである。言語上、概念上の遺産が分断され、いくぶん混乱した人間のイメージをここでわれわれに残す、とわれわれは感じざるをえない。言語の習慣のおかげで、他の点と同じくこの点でも、統合をともなわない分析にあまりにも安易に満足することになりうるのか？　また、言語・精神・知識などの分類された名詞を人体の異なった側面のために——その個々が自分自身の区分の中では適した機能を果たしているように見えるということで——使用することに、あまりにも安易に満足することになりうるのか？

その三つの名詞の分離は、もしそれが三つの異なった研究分野——それは異なった専門家集団の専門的作業によって探求される——のシンボルと見なされるなら、まったく容易である。もしこれらの名詞が、人体の全体的な準拠枠の中で相互に関連している、異なった組み合わせの機能のシンボルと見なされるなら、分離はさらに難しくなる。前者の場合であれば、理性もしくは精神の研究などのような研究が容易に思索のための活動的な場になるかもしれない。理性が依然として流行の言葉であるような時代では、カントはそれをあらゆる経験に先立つ構造、したがって言語の知識を含むすべての習得された知識から独立した構造に帰した。レヴィ＝ストロース[3]もまたすべての習得された知識に先立つ構造を精神に帰した。もし人間の経験の普遍的な性格のような特別なタイプの関係ではなく、そのようなものとしての諸関連の形成に注目するなら、混乱はおそらく減少できよう。もしわれわれがそれを超えて進めば、われわれは、実際にはコミュニケーションや適応の手段としての共通の社会的機能に帰すべき、明白なる未習得の性質（アプリオリな性質）、構造を精神に、あるいは実際、言語や知識に帰する危険性に直面する。

現代オランダ語、フランス語、ドイツ語あるいは英語において一連の代名詞によって果たされる社会的機能を例に挙げてみよう。[4] 人間の言語はたぶんどこでも上記の言語の代名詞によって果たされる機能を司る文法形式をもっているし、あるいはもっていた、とあえて言えるかも

（3）クロード・レヴィ＝ストロース（Claude Lévi-Strauss, 1908-2009）はフランスの人類学者で、一九五〇年代、六〇年代フランスにおいて構造主義として知られるようになった知的運動の創始者のひとり。構造主義は、通時性（過程）よりも共時性（構造）を優先した。彼は、人間の精神に組み込まれた不変の二項対立によってすべての文化――それは言語・神話・近親関係のパターンを含む――が形作られると主張した。彼の多くの著作のうち以下のものがエリアスが議論している問題と特に関連している。*The Savage Mind* (London: Weidenfelt & Nicolosn 1976 [1962]).〔『野生の思考』大橋保夫訳、みすず書房、一九七六年〕

（4）エリアスは、機能の概念を、構造機能主義者が使う意味で、ある制度の機能として、たとえば、社会制度全体の維持における機能のようにここで使っているのではない。むしろエリアスは、人称代名詞が人々にとって社会的機能を果たすという事実に注意を喚起している。この違いのさらなる説明として次の文献を参照。Johan Goudsblom, *Sociology in the Balance* (Oxford: Basil Blackwell, 1977), pp. 175-80. 人称代名詞については本書九頁、註（3）を参照。

しれない。しかし、これらの言語が、こうした機能を果たすために「われわれ」、「あなたがた」、「彼ら」などの一連の特別な言葉をすべて使っていたわけではないことは、間違いない。たとえば、ラテン語では特別な動詞形がこの機能を果たした。第一人称に言及していることを示すとき、古代ローマ人は、現代イギリス人なら「アイ・ラヴ」(I love)というところを、「アモ」(*amo*)と言った。しかし、その象徴的形式――それによって言語を話す人々は機能を果たそうとするが――が何であれ、機能そのもの、したがって、言語のこの構造的要素は、その根源をそのようなものとしての言語もしくは精神にもつのではなく、集団を形成してともに生きることが、人々に(彼らは相互に生活するためにシンボルによってそれぞれコミュニケーションができなければならない)ある基本的な要求、さらにまた同様の要求をするという事実にもつのである。したがって、第一人称「わたし＝I」もしくはそれと同等のシンボルは会話においては、動詞によってほとんど代表される行為が、話者自身(彼もしくは彼女自身)によってなされてきた、なされている、なされることになる、を示すために使われる。「われわれ」という形式は、話者を含む集団が係わっていることを示し、一方、第三人称の陳述は、会話のときには不在であるか、関係していないか、あるいはとにかく話し手でもなく話しかけられているひとでもない人間を指す。

コミュニケーションをとっている人々にとって、メッセージの項目が彼ら自身に言及しているのか、話しかけられているひとに言及しているのか、単数もしくは複数の第三者に言及しているのかを明確に表現することが必要となる社会状況は、人間集団の生活、したがって人間集団の経験において何度も生じる。言語の構造はこの場合、人間の性質ではなく、孤立した状態で見られる個々の人間でもなく、社会の中の人間を非常に鮮明に反映している。言語の構造は、社会的に標準化されたシンボル形式によって、メッセージの発信者と受信者に関連する立場――メッセージはそれに言及している――を明確に表明する必要性が繰り返し生じることを反映している。この場合では、したがって言語が、メッセージの発信や受信に係わっている人々の形態《フィギュレーション》によって、またその形態内部での人々の立場によって、まさしく明らかに構造化されているのである。言語や思想やあるいは知識に、それらがまるでものを話し、考え、あるいは認識する人間から独立して自分自身の存在を得ているかのごとく、構造を求めることは十分ではない。これらすべての場合には、われわれは言語・思想・知識の構造の特徴を、集団的な人間の生活の中で、またそのためにそれらが有している機能と結びつけることができる。

　もし社会的な準拠枠が回復されれば、それら三つの名詞が指し示す三つの機能を別々に理解するすべての傾向の非現実性に気づくことがさらに簡単になる。話すべき知識がなければ言語はどうなるのだろう？　言語の音声シンボルによってひとからひとへと知識や思想が伝達できなければ、知識や思想はどうなるのだろう？　ものを考えるという人間の性質はおそらく、諸関連を考慮しないで個別化し、諸関係を吟味しないで分割する傾向によって最もひどい害をこうむっているかもしれない。何世紀もの間、言語の用法――それによって人々は、理性もしくは精神のような名詞を具体化することで、人間の思考能力、およびそれに関連する脳の機能に言及することができる——は学者たちの間に混乱を生み出してきた。それはどちらかというと風変わりな神話を数多く創り上げ、そこではこのようなシンボルが、より古い神話の中で神々や霊が果たした役割を演じた。実際、ドイツ語の「精神」(*Geist*)という言葉——それはおそらく英語の「幽霊」(ghost)という言葉と関係あろうが——は、同じシンボルによって両方のタイプの神話を表現することを可能にする。ヘーゲルの名声は、「精神」の発展を中心にした彼の非常に想像豊かな、実際、きわめて知的な哲学に依存している。英語では「精神」(mind)という言葉はドイツ語の「精神」(*Geist*)という言葉の同意語として広義に用いられる。オックスフォード英語辞典はその用法の一つとして「意識、思想、意志、感情の源」に言及し、「精神は感じ、考える神秘的な何かである」というJ・S・ミルの言葉を引用している。学者仲間の間では、「魂」(soul)という言葉を使うことは流行ではなくなった。[5] ほぼ同じようなことを言いながらも、この言葉を避けるために多くの代用語が使われている。とはいえ、人体内部の非肉体的な実体や事物に言及することは言葉の上では矛盾である。そのような言葉によってただ人間という有機体の独特の機能が指し示されているだけである。

かくして、「思考」という言葉の機能の一つは、将来起こりうる一連の行為を、いかなる行動もせず、予測するシンボルの力量を試す人間の能力を指すものである。隠せないことを隠そうとするようなタイプの科学は混乱以外に得られるものは何もない。要するに、理性、精神、その他の魂を表す代用語は、人間社会の非常に高度で広範な統合段階を指している。それはとりわけ、かなり長い連続的段階を経て可能な結果を見通すことによって行動を操作する人間の能力を指している。[6] それらは独自の実体ではなく、器官に結びついた機能である。本来的な実体としてそれらに言及するのが便利かもしれないが、理性もしくは精神のような馴染みのある架空のシンボルの伝統的な使用は、ときたま起こる大変動に対処できる。われわれは非事実的事実、非実体的実体について述べてもさしつかえなかろう。多くのレベルからなる一連の機能は、人間の変化する目的と、あわただしく変化する世界——人間はそこに位置している——の間を柔軟に調整してくれる、意識として比喩的に表現されているレベルから、より自動的な、それゆえ、さほど柔軟でない衝動および衝動規制のレベル（フロイトはまた具象化名詞を使いながらそれを無意識と呼んだ）へと及ぶ。

いわゆる精神とは一つ以上のレベルにおける脳の機能の構造であり、しばしばそれが思想として表現されているという事実を説明するには、簡単な例が役立つかもしれない。人間白身がものを考えているのを見つけるのは容易ではない。もしそうなれば、われわれはすぐに、省略されて

（5）John Stuart Mill, *A System of Logic, Ratiocinative and Inductive*, 2 vols (London: John Parker, 1843), I, p. 1.

（6）以下の文献を参照。Norbert Elias, *The Civilizing Process*, rev. edn (Oxford Blackwell, 2000 [*On the Process of Civilisation*, Collected Works, vol. 3]), 'Spread of the pressure and self-constraint', pp. 379-82.〔エリアス「長期的視野への強制と自己抑制の拡大」、『文明化の過程』改装版、下、波田節夫他訳、法政大学出版局、二〇一〇年、三五八—六二頁〕

いる思考形態を、公的言語による段階的な思考レベルの下に発見することになる。実験を通じていくつかの中間駅が思考の奔流の中で飛び越され、人々は、勢いよく流れ出る圧縮された推理を、コミュニケーションに要求される段階的な言語に置き換えるのに困難を経験する。言語シンボルの力量を試す圧縮された方法がしばしばイメージによる思考と結びつく。しかし、それはここでは十分に違いない。コミュニケーションの手段としてのみならず、知識や推理というかたちで、また、それらの、言語以前の衝動や幻想の複雑な下生えとのつながりというかたちで適応する手段としても、言語シンボルの使用を明確にするためになされなければならない多くの予備作業がある。こうした状況では、われわれは、今日、推論、知識、言語によるコミュニケーションをそれぞれ分離する傾向がある概念的障壁の除去に自らを限定することができる。それをできるだけ率直に言えば、言語のない人間はまた知識や理性のない人間ということになろう。人間が自分の所属する集団の成員とともにコミュニケーションをとり、効果的に活動できることを保証する媒介である言語は、適応の手段としての言語シンボルというかたちで知識や推論を駆使できる人間の完全な発展にとって不可欠である。それはすべてあるひとから別のひとへ向けられる人間的機能である。それは可能にさせられ、また同様に人間が集団としてともに生きるあの特有の方法を可能にする。

疑いもなく、言語はこの世界を小さな断片に分解する。たとえば、辞書はある言語のすべての単語を寄せ集め、それをアルファベット順に並べるかもしれない。しかし、もしわれわれが個別化された単語を判断することによって古典物理学の方法で作業を継続しても、言語の研究はほとんど前進できないであろう。出来事のシンボルとして社会的に確立されている音声パターンは、それが文のようなシンボル構造の一部を成してようやく、あるいはそのシンボル内容が「こんにちは」(Hello)とか「さて困った」(Good God)のような間投詞の場合に見られるように、状況によって決定されてようやく、発信者から受信者にその音声パターンを伝達する。言語は単に一定の話し手がその時々の要求に合わせて、特定の音声パターンを選び出す知識の宝庫ではない。それはまた音声シンボルの構造のモデルを供給する。それは、集団の手の届く範囲内であらゆる経験の個別の名称、個別のシンボルを提供する。同時にそれはそれらの関係のモデルを提供する。精神の力、因果関係の力による説明が明らかな例である。それゆえ、一定の言語、とりわけ母国語はいくぶん個人の思考を先取りする。しかし、自分の言語の中に暗示されている範疇から自分自身を解き放つことは、制限があるとはいえ不可能ではないし、この論文はそのことを示すかもしれない。知識、言語、思考を独立したものとして──おそらく、それらの関係についてあれこれと思い煩うこともなく、個別に存在する事項としてさえ──扱う今日の傾向は、それ自体で例として役立ちうる。伝統的な言語では、それは分析と統合の関係において前者が有利な状態にある不均衡の徴候と言えよう。こうした不均衡を是正することがこのシンボルの理論がもつ目的の一つなのである。その問題はもっと範囲が広がると思われるので、ここで分析と統合の複雑な関係の不均衡についてさらに詳しく説明することはできない。(7) この例の範囲内に留まり、さらに、人々のこれら三つの行動や所産がシンボルの三つの視野に言及していることを簡潔に示すことで十分に違いない。つまり、知識は主に適応の手段としてのシンボルを、言語は主にコミュニケーションの手段としてのその機能を、そして思考は主に探求の手段としてのその機能を——普通、高い統合段階で、またより低い段階での行動にはいかなる言及もなく——指し示している。(8)

この三つはすべて習得され、蓄えられた記憶のイメージに関連している。わたしはこれまで、記憶のイメージのシンボルを熟考のために結集するとき、他者との、想定される言語コミュニケーションにおいて、それらが並べられなければならないのと同じかたちで、必ずしもそれらを一項目ずつ並べる必要はないという事実に言及した。それは圧縮されうる。シンボル操作が言語コミュニケーションの機能をもつならば不可欠である記憶のイメージの条項は、シンボルが熟考のためにその力量を試されるとなると、省略されるかもしれない。記憶のイメージは違った段階の統合で操作されうる。中央駅までの最良の道をあなたに尋ねる、見知らぬ人々の例を簡単な例として挙げてみよう。見知らぬ人々が通過せねばならない全地域について、あなたは完全に明らかな記憶のイメージをもっている。しかし、今やあなたはその記憶のイメージを言葉で表して、この見知らぬ人々にそれを伝達しなければならないし、同時に最も都合のよいルートを彼らのために選ばなければならない。なぜなら、彼らは急いでいて、容易に汽車を逃してしまうこともありうるからである。というわけで、あなたはそのイメージを言葉で表し始める。「わたしの示す方向へ行きなさい。そうすると、右側にある三番目の曲がり角に着きます。そこに中華料理店がありますが、あなたが歩くべき道は、バーベキュー・ストリートと呼ばれています。道路を渡って反対側に行きなさい。すると大きな広場に着きます……」。あなたは、広場の名前を忘れたことに気づく。しかし、見知らぬ人々の道路に関するあなたの記憶のイメージは完全に明瞭であり、そういうわけで、あなたは彼らに手短に、間接的に説明して、おそらく彼らを駅の方へ行かせられるだろう。

かくして、わたしがここで関係しているシンボルは記憶に蓄えられ、機会の要求に応じて、呼び起こされる。そのシンボルは休止した記憶のイメージかもしれないし、行動や感情を導くいくらかの知識として活動的になり、それから再び休止するのかもしれない。それは特定の言語の音声パターンと結びつくことも可能である。一言で言えば、それは伝達可能である。わたしはここで、一定の言語の音声パターンとほとんど結びつかない個人的な種類の記憶のイメージに係わっ

（7）分析と総合の関係はエリアスの著作では繰り返されるテーマである。彼の最も詳細な議論は次のテキストに見られる。'Problems of involvement and detachment' (1956), in *Involvement and Detachment* (Dublin: UCD Press, 2007 [Collected Works, vol. 8], pp. 94-5〔『参加と距離化』一〇八―一〇頁〕; 'The sciences: towards a theoty' (1974) と 'Scientific establishments' (1982). 両方とも次の文献に収録。Norbert Elias, *Essays I: On the Sociology of Knowledge and the Sciences* (Dublin: UCD Press, 2009 [Collected Works, volume 15]), それぞれ pp. 80-1 と 120-2. *An Essay on Time* (Dublin: UCD Press, 2007 [Collected Works. Vol. 9]), pp. 142-3.〔『時間について』一八四―五頁〕

（8）フロイトの無意識の概念に回帰する言及。本書一四九頁を参照。

てはいないし、あるいはそれに係わっているとしてもほんのわずかである。両方の場合とも幻想の性格をもちうるが、一方の場合にはそれは個人的な幻想であり、他方の公的もしくは社会的な幻想は異なった個々人と共有される。その二種類の、記憶のイメージの間には厳然とした固定的な境界はない。そのことは、実際に存在する何かのシンボルとしての言語使用、存在しない何かのシンボルとしての言語使用の両方が、人間という種を他のあらゆる種と区別する素養を特徴づけているという事実を理解するのを容易にさせるかもしれない。比較すれば、非常に現実に適合していると見なされるようなかたちで使われる社会的シンボルは通例ただ、合理的で筋の通ったものとして類別されてしまう。幻想を表現するためのシンボルの使用は、まったく人間に特有であるということで依然として大いに過小評価されている。

幻想のシンボルはしばしば知力に関連するものではなく、非合理的なものと見なされる。しかしながら、実際、存在しないもの、起こらない出来事を想像し、かつそれについて適切なシンボルを駆使しながら理解し合う人間的能力は、動物界では同等の能力の痕跡はせいぜいほんのわずかしかない。それは芸術の父母であるだけではない。それはまた、習得された知識によって生物学的に適応し、伝達する素質を備えた種が誕生したとたんに、人間の生存にとって不可欠となったし、相変わらず不可欠なのである。人間たちは、想像上の知識を確立したり、それについて理解し合ったりする能力がなければ、彼らが大部分は知りもせず、知ることもなかった世界で滅ぼされていたことであろう。人間たちはその現実に適合する知識のギャップを幻想の知識によって埋めたのである。人間たちは現実に適合する知識をまったく欠いていたわけではなかった。人間生活の比較的狭い範囲内での細部に関する知識はたいてい広かった。しかし、人間生活に影響を及ぼすより広い諸関係についての適切な知識は必然的に欠落していた。そのために、現在の段階——それは依然として非常に不適切である——にまで成長するのに数千年を要した。それは社会発展の一要素であった。それは種の生物的進化によって可能にさせられ、おそらく不可欠にさせられたのであろう。つまり、それによって種の適応手段は弱まり、和らぎ、さらのその種は適応とコミュニケーションのために、徐々に増大していく、社会的に伝達されるシンボルの蓄えに依存するようになっていた。人間たちは、何が原因で硫黄の中で火が燃えるのかを近くの火山から知ることはできなかった。火を吐く龍が山の中に座っているという知識、あるいはまた、そこに悪魔の鍛冶場が存在しているという知識によって、彼らはこの霊を静めるために適切な行動を取ることができた。火山という自然に対するより現実に適合する知識を彼らがもたず、もつこともできなかったという事実認識は、出来事の過程に影響を及ぼすことができないという彼ら自身の告白に等しいものであったろう。神話が彼らの行動を指示した。

記憶のイメージは一瞬のうちにある出来事の位置を、他の出来事との時空関係の中で明らかにすることができる。記憶のイメージには統合的性格がある。自分自身以外に他の人々が存在している世界では、言語機能を、あるいはもっと明確に言えば、言語のコミュニケーション機能を知識の他の機能から切り離せると想像することは難しい。われわれが理解できるかぎりでは、シンボル、あるいは高度な現実適合性をもつ記憶のイメージから高度な幻想内容をもつシンボルへといたる連続体の中には、絶対的な構造的断絶はない。さらなる探究のためにわたしはいくつかのシンボルに備わる本来性の問題を未決定にしておこう。半球天井のついた建物は、急にそそり立つイスラム寺院の尖塔のような塔とは違った感情を人間の心にかき立てるが、それは、前者が女性の乳房のシンボルであり、後者が男根のシンボルだからである、といった見解を暗示する証拠がいくらかある。これは信じがたいことではないが、この見方が確信となる十分な証拠はない。それにはさらなる調査が必要である。いくつかのシンボルの生物発生的《バイオジエネシス》性格がたとえ発見されるとしても、生物発生のシンボルと社会発生のシンボルを対蹠的なものと見なすなら、そのような発見結果の適切な概念化は可能ではない、というのがわたしの指摘したい点である。特定の言語のシンボル組織を流動状態にある連続体として概念化すれば、それは人間生活をさらに適切に表す。その区分のいくつかは生物発生上、固定化されているのかもしれないし、そうでないかもしれない。ところが一方、他の区分が習得によって獲得され、経験あるいは経験の欠落に従って変化することがあり、かつ起源上、社会発生的であることはより確かである。音声パターンの獲得、および習得によるシンボル・パターンの獲得は、別々に認識される個々の人間に限定されてはいない。人々もまた集団として習得でき、あるいは忘れることができる。ヒトに似た祖先たちが、知識による適応が支配的な適応手段となった段階にいったん到達していたら、彼らは、自分たちが知らなかったこと――単刀直入に言えば、自分たちの無知の度合い――のより完全な意識を乗り超えることができなかったであろう。[9] そういうことであれば、われわれもそれを乗り超えられないであろう。

祖先たちの現実適応的知識は、そのより小さな範囲の中で、われわれのそれと比較すると多くの場合、より細かいものであった。しかし、初期の社会がより多くの細かい点を知っていたその範囲は狭かったし、比較してみると、一定のどの場合においても依然として狭いのである。何であれ知識なしにはもはや適応できなかったので、その結果、幻想的知識や神話や魔術が——しばしばそれが彼らを迷わせたとしても——また彼らにとって高い生存的価値を有していた。太陽を例に挙げてみよう。科学者をして太陽の適度に現実的な理論的説明を可能にさせた科学的知識の発展段階に人間が到達したのは、ようやく二〇世紀になってからであった。彼らは太陽のような星の進化のモデルを作り出すことができたが、それは星がどのようにして存在するようになった

(9)「ものを知らない」状態の人間集団の重要性についてのエリアスによるさらなる議論については、次の文献を参照。Norbert Elias, *Involvement and Detachment*, pp. 21, 34, 36, 117–18〔エリアス『参加と距離化』七八—八一頁〕; 'Technisation and civilisation' in *Essays II: On Civilising Processes, State Formation and National Identity* (Dublin: UCD Press, 2008〔Collected Works, vol. 15〕), pp. 58, 64〔『文明化の過程』改装版、上、赤井慧爾他訳、法政大学出版局、二〇一〇年、一三五—六、一四一—二頁〕; 'The retreat of sociologists into the present', in *Essays III: On Sociology and the Humanities* (Dublin: UCD Press, 2009〔Collected Works, vol. 16〕), pp. 118–19.

か、いかにしてまたなぜ星が発展したのか、どうのようにして星が衰退し、崩壊するのかを証明した。それはこの種の星の進化についての最終決定ではないかもしれない。しかし、このモデルのかたちをとれば、「太陽」という音声シンボルは確かに高度なレベルの現実適合性に到達していた。このレベルは、物理学という科学が、物質やエネルギーの性質について非常に適切な理論を生み出していないかぎりは、到達不可能であった。ところが、わが人間の祖先たちは何千年もの間、来る日も来る日もそれが何であるかを知る手段もなく太陽が東から昇り、西に沈むのを見た。

基本的には、種特有の合図の手助けによって、あるいは、かつてわれわれが述べたごとく、本能の助けによって適応する動物たちは「太陽とは何か?」、「空のずっと上にいるあれはだれなのか?」などのような質問をすることはないであろう。ところが、人間には生まれつき知る必要性が備わっていた。太陽は人間の日常生活である役割を果たしていた。太陽はコミュニケーションの可能な対象であった。人間の社会にはたいてい集団特有の太陽を意味する音声シンボルがある。知識の発展の初期段階では、このシンボルは本来、太陽に関連する集団の願望や恐怖のシンボルであった。それは、集団の成員たちに、太陽の活動の規則性と不規則性に関する知識の共通の背景に基づいて、太陽の活動についてお互いにコミュニケーションを行う可能性を与えた。とりわけ、それはこの世界の生物の間における太陽の地位や力を規定し、かくして、太陽に対する人々の行動、またお互いに対する人々の行動を導き、組織化する手助けになった。たいていの場合は予知的含みのあるこの種の知識がいくぶんなければ、人間は絶望的であろう。彼らは太陽を目の前にして何をしてよいのか、何をしてはいけないのか分からないであろう。今や人類は全体として徐々に「太陽」という音声パターンに、あるいは他言語におけるその等価物に、より現実的、より科学的な性格を付与するようになっている。

知識が水のように容易に入手でき、比較的、安価な社会では、生存のためにどれほど人間が知識に依存するかを完全に理解することは難しかろう。当然のことながら、知識の探究は、認識上の価値をともなって知識が正しいか、間違っているかという問題に先取りされる。比較すると、知識の生存機能はさほど注意を集めない。しかし、人間は本来、習得を通じて知識の全体的な社会的蓄えを獲得することなくしては、人間世界に適応できず、他の生物の中でも生活を維持することができないようなやり方で、組織化されている。現在のところ、知る必要性は人間の遺伝的構造の一面であるという事実にはおそらく十分な注意が払われていない。立ち現れる疑問に対する答えとして空想を生み出す人間の力には、かつて真実と言われたものを発見する人間の能力と同じような生存価値がある。

人間の可能な現実適応性は、こうした言語以前の、統合的な記憶のイメージを、白昼夢や夜の夢のような幻想イメージを区別し、そのことは、人間が生活する世界への適応やその統御の徴候というよりむしろ、衝動規制の徴候のように思われる。幻想の特徴とは、人間が現実に決して味わうことのない、眠っているときのみに生じる経験の結合である、というものである。実際、幻想は理性の双子の兄弟である。両者は明らかに同じ茎から出る人間の枝である。茎は、言語集団のあらゆる成員にとってコミュニケーションの同じ対象を象徴的に表示する音声パターンを形成する人間の能力である。そのような社会的に標準化された音声パターンを相互に送ることによって、また、次にそれをお互いに受け取ることによって、言語集団の成員はお互いに、おそらく世代から世代へと大量の情報――それは成員の行動を個別的に知らせるかもしれないし、知らせないかもしれない――を伝えることが可能になる。もしそれがより現実適応的であれば、われわれはそれを合理的と呼ぶことができる。もし幻想が現実適応性を上回れば、われわれはそれを非合理的な願望・恐怖のシンボルとして特徴づけるかもしれないし、あるいはそれに関連する多くの表現の一つを使うかもしれない。両方とも、人間が人間の性格によって、知識の届く範囲内であらゆるものの記憶イメージを形成するために獲得し、特有の音声パターンで強く固定した自由の証拠となる。この自由は、現在の知識からすると、実質的には制限がないのである。

しかし、あらゆる個別の言語、したがってそうした言語をもつ社会は、ある一定の段階で個々の成員が相互に伝達し、記憶の中に蓄え、あるいは別の方法でそれを処理できるものに制限を付す。したがって、合理性や非合理性のような言葉は絶対に対極的――それはしばしばそのように理解されているが――ではない。現実適合的である発見にいたる道は、幻想という支配的性格をともなって、全体へとつながる想像的な憶測を通過するかもしれない。幻想は里程標になりうる。証拠の吟味は、合理性と非合理性、シンボルの現実適合性と幻想内容の、数多くの混合や程度があるということを暗示する。単純な対極的パターンはコミュニケーションを貧困にするのである。

その上、一連の実験的な幻想から生じる現実適応的な発見、それが過程から出現することは、過程としてのシンボルという性格を明らかにするのに役立つ。シンボルの現実適応性の問題を克服しようとする際にわれわれが用いる二分法は、単純化されたものであることが判明する。それは、純粋な発見に近似するというニュアンスや度合いを正当に取り扱うことができない。それはわれわれの想像力を、それを正解と誤り、真と偽の二元論、同種の他の二元的思考に閉じ込めることによって、不毛にする。一方では想像力に富む、革新的な思想の概念を、他方ではその現実的実験を、出発の基本点として使ってみよう。

あらゆる想像力に富む思想、あらゆる幻想は純粋な理論のための出発点として役立つという提案にときたま出くわすかもしれない。しかし、それは誤解を招きやすい。それは、有望な軌道が見つかったか、あるいは見つからなかったかを示す幻想の現実的実験である。新しいシンボル表示が最初の概念化において完全な成功となり、完全に現実に適合することはまれである。それは実験によってまったく矛盾するかもしれない。そして、その場合にはその軌道を放棄することがおそらく賢明であろう。しかし、それはまた実験によっていくぶん確認されるかもしれないし、排斥されるかもしれない。幻想と現実適応的なシンボル表示との間のそうした混合物のための確実な概念を身につけるわれわれの能力は低い。しかし、この種の中間的表示はあらゆる科学上の文献に非常に頻繁に見受けられる。そのような場合には何がなされるべきなのか？ 欠陥はその軌道を断念するほど有害であるかもしれない。あるいは、欠陥はわたしがそこから逃れられるほど小さいかもしれない。願わくはわたしが提示したシンボルの編物を次のひとに改良して欲しいものである。おそらく、われわれは幻想と現実適応性の間に存在する中間点の象徴的決定を、さらに慎重に模索すべきであろう。

シンボルの理論それ自体を例として挙げてみよう。[10] わたしの見解では、それは抽象化や一般化のような伝統的な表現に比べると大きな前進を表している。その上、それは、言語や知識や思考といった人間生活の別個の、さらには独立した領域としてたいてい類別されるようなものの理論を統一する手助けとなる。しかし、こうすることでそれは、せいぜい不明瞭に、かつほんの少し尋ねられただけの問題、また、話すことと考えることの関係をめぐる問題のように、これまでわれわれが確固たる態度で真剣に取り組めなかったような問題をさらに研究するための可能性を切り開く。わたしは、われわれが思考と呼ぶその作業におけるシンボルを使いながら、話し言葉、もしくは書き言葉の圧縮に言及することによってその問題を開拓した。しかし、われわれが発話と呼ぶシンボルの正式な取り扱いと、思考作業におけるシンボルの取り扱いの関係が完全に明らかになったと見なされる前に、まだまだなすべきことはたくさん残っている。

その上、現実適合性などのような句における現実という言葉は、われわれがもし過程社会学的な視野を用いず問題に取り組もうとすれば、隠され、歪曲されたままになってしまう問題を提示する。[11] 現実適合的な知識の発展——とりわけそれは幻想的知識とのバランスで自然科学というかたちで優勢になるが——それ自体は、人々が一定の段階で何を現実と捉えるかという問題の共通決定要素である。したがって、たとえば、ニュートンの現実は、アインシュタインの現実よりも限定されていた。なぜなら、ニュートンの時代の現実適合的な知識の社会的蓄えは、アインシュタインのそれよりも限られていたからである。ニュートンが生きていた時代に知られていたような物理的宇宙との関係で、彼の法則はその現実適合性を、したがってその認識上の価値を保持できた、ということが暗示されよう。ニュートンの法則が後の時代の現実適合的知識（とりわけアインシュタインの現実適合的知識）との関連で捉えられてようやく、ニュートン理論の認識上の限界が明らかになる。わたしがすでに示したように、幻想的知識を生み出す能力は、現実適合的な、あるいは換言すれば、合理的な知識や思想を生み出す能力と同じく、基本的かつ特異な人間的資質である。人類の理論的モデルにおいて、幻想の占める位置を見定められないことは、文化の理論、したがってまた宗教の理論を、人間の他の側面、そのさまざまな表現に関する理論に結合することを不可能にさせる要因の一つである。

それらが他のどのようなものであれ、オペラ、絵画を展示する美術館、詩の朗読会、交響曲の演奏会、およびその他の文化的表現もまた人間が一体となって公的に成立させる共同幻想の形態

(10) それは本書で詳説されているエリアス自身の理論である。
(11) 本書五一頁、註（31）を参照。

である。人々は集団で生活する。個々の人間だけが成立させる個人幻想は、他者にとってのみならず、その人間自身にとっても危険になりうる。しかし、幻想が成立する必要性は非常に基本的、かつ差し迫った人間の要求である。あちこちに存在するゲームもしくはその他の文化活動、それらが役者や観客に与えてくれる元気回復や楽しい興奮がそうした事実の証拠である。これは話のついでに語られているのである。それは思考を刺激するのに役立つかもしれない。つまり、それは、合理的な知識に比べると幻想的知識が無視されていることを際立たせるかもしれない。[12] しかし、この脈絡では文化の社会的機能は副次的な問題であり、それは別の箇所でもっと十分に追求されることになろう。

言語と思考の類似性は、これらの機能が、人間のいる社会や自然界の統御へと非常に緊密に向けられる段階で、まったく直接的に明らかとなる。そこに見られる思考形態はしばしば原型的形態と見なされる。その中でしばしば見うけられる一つの行為は、行動の可能な方向を表示する音声シンボルを、その現実的な運用を見越して、実験的に操作することである。それは、いくつかある行動の可能な方向のうちどれが望ましい目標へいたる可能性が高いかを見つけ出すためになされる。ところが、別の段階ではこの一式の統御機能によって形成される構造は、白昼夢の、つまり言語以前のイメージの流れにもっと近いのかもしれない。統御が他の存在（つまり社会や自然の対象）へ向けられるこの段階では、思考は、無声の状態で作り出される音声シンボルの流れとして容易に認識できるのではない。それは、この段階では最も容易に話し言葉へと変えられ、話し言葉は最も容易に無声の思考言語――そのかたちでは、それはしばしば速記の性格をもつが――に変えられる。それは言語の可聴的使用の縮小版になりうる。しかし、普通の手書きであれ速記であれ、可聴的であれ不可聴的であれ、言語と思考は不可分である。言語を習得しなければ、つまり、音声シンボルを駆使して他の人間とコミュニケーションをとるようにならなければ、人間はある種の思考――それによって人間は、人間であれ人間以外の存在であれ、すべてのひとは他者と共存しているということから発生するような問題に真剣に取り組むことができる――を実際に使えないであろう。

繰り返して言えば、われわれがもしより発達した社会の中で大きな役割を果たしている非常に個人化された思考様式を、人間の資質と見なすことを止め、初期の社会では言葉の交換に助けられた集団思考がしばしば大きな役割を果たすということを思い出すなら、思考の輪郭をたどることはもっと容易になるかもしれない。発話や思考を、言わば個人の異なった機能の中で起こる、それゆえそれぞれ独立している人間的行為と見なす傾向は、現在のところ確かに非常に強い。それは、思考を人間性の一部として、したがって、習得されないものとして発話よりもさらに断固

（12）以下の文献を参照。Norbert Elias and Eric Dunning, *Quest for Excitement: Sport and Leisure in the Civilizing Process* (Dublin: UCD Press, 2008 [Collected Works, vol. 7]).〔エリアス、エリック・ダニング『スポーツと文明化』新装版、大平章訳、法政大学出版局、二〇一〇年〕

たる態度で類別する積年の伝統によって効果的に強化されている。この伝統は実際、思考能力を人間の最も高度な、独特のしるしとして、ゆえに人間のアイデンティティの核心として捉える。言語を使用する能力はもっと明瞭に、習得によって獲得されるとされ、こうして暗に示される価値基準において低い位置を占めることになる。なぜなら、その基準が人間性と見なされるもの、したがって、不変かつ永遠なものと見なされるものに最高位を与えるからである。自然の成長過程と、言語による人間相互のコミュニケーション能力の発展において重要な役割を果たす社会的な習得過程との編み合わせを理解するのはもっと難しい。それを、伝統的価値基準——それによると、変わることのない永遠のものが、変化の過程にあるデータを凌駕して最高位を占める——に適合させることはまたもっと難しい。人間性の一部として、かくして習得されないものとして捉えられる理性もしくは精神は、これ以前から存在した不変の側面として位置づけられ、それにふさわしい地位を得る。その一方では、習得されなければならない、また変化をこうむりやすい言語は、同様の価値基準に従えば、もっと低い位地にある。自明の理として広く捉えられている価値基準からすると、紛れもなく異なった位置を占めるものは、思考と言語を相互に連結する実際のつながりを理解するのに大きな障害の一つとなる。

非常に奇妙なことではあるが、理性もしくは精神と命名される人間の能力が人間性の一部として考えられている一方で、それらはまたよくあるように、人間の中にある非自然として考えられているものの中心物と見なされる。もし教義上の価値図式という申告されていない荷物を、論争によって不正にもち込もうとすれば、われわれはここで、たびたび生じる混乱の徴候の一つに遭遇する。何か同じようなことが、論理の法則と伝統的に呼ばれているようなものについて言えるかもしれない。[13] その法則を、形式論理の科学、つまり認識上の機能や価値が疑問に付されない、科学研究の疑似数学的形式と取り違える必要はない。伝統的な論理の法則はしばしば自然の法則と――実際、自然の法則の一部としてではないにしろ――比較できると見なされている。論理の法則はまた人間の精神の不変的性格として使われるが、それは、精神が、言語や知識の変化する条件とは無関係にあらゆるところで同じように働く人間の普遍性であることを証明するためである。それは大部分ほとんど認識上の価値をもたない同語反復であるが、次のような前提を支持する。個々の人間の内部に、おそらく脳の内部にある不思議な力が潜在しており、それは自らの法則に従い、習得によって、つまり言語もしくは知識によって人間が獲得するあらゆるものから独立して、機能する。

(13) 論理の法則の地位と普遍性に関する懐疑主義は、知識社会学に関するエリアスの著作の中でたびたび繰り返されるテーマである。特に次のエリアスのエッセイを参照。Norbert Elias, 'The sociology of knowledge: new perspectives', 'Scientific establishments', 'On the creed of a nominalist: observations on Popper's *The Logic of Scientific Discovery*' in *Essays I: On the Sociology of Knowledge and the Sciences* (Dublin: UCD Press, 2008 [Collected Works, vol. 14]), pp. 1-41, 107-60, 161-90; Richard Kilminster, *Norbert Elias: Post-philosophical Sociology* (London: Routledge, 2007), pp. 23, 161n. 10.

この状況では、言語といわゆる精神の関係、発話と思考の関係をよりうまく理解する際に立ちはだかる障害のいくつかをごく簡単に示しておけば、それで十分に違いない。これらの障害のうち最も大きなものは明らかに理性もしくは精神のような概念によって代表されるのである。そして、そうした概念によって、思考は、発話とは違って、あるがままの人間によって発話のごとくなされるのではなく、人間の内部の特別な力によってなされ、その力は人間がもつ他のすべての機能から独立しており、それ自身の法則に従う、というふうに感じさせられるのである。その結果、この特別な力の介在がなければ、まるでいかなる人間も世界が実際どのようなものであるか分からないというふうに思われるのである。さらに加えて、それは人間の性格の一部を成すものと思われているが、自然の他の表示とは違って、見えもせず、触ることもできないのである。多くの人々は、人間の精神もしくはこのようなタイプの他の作用への言及は一種の哲学的な見せかけであること、また、発話や知識と同じく思考は、人間の頭の中で見事に孤立しているどころか、多くの相互依存する脳の機能の一つであることを知らなければならない。ところが、それはめったに明確に述べられはしない。

すべてのひとをして「人間の精神」、「人間の理性」、「人間の合理性」について語らしめるような言語の用法は、これらの言葉を使っているひとはすべて自分が何について語っているかはっきり分かっているという印象を与えるかもしれない。が、それは実際しばしば事実――ひとはめったにあえて語ろうとしないのかもしれないが――ではない。ここには精神的惰性の奇妙な例が見られる。習慣に誘われてわれわれは小さな社会的なゲームに従事し、沈黙の陰謀によってそれを包み隠してしまう。人間の精神や理性は科学的な検査によって、人間の胃に接近するのと少なくとも同じくらい接近が可能である、とわれわれがすべて偽って主張することにしよう。すると次に何が起こるか見てみよう。もちろん、実際に起こることは、解けない問題としてそれを意識しているかぎりわれわれを悩ませたその解けない問題が、われわれを悩ますことを止めてしまったことである。それはただ絨毯の下に運び去られただけである。その問題は解決されたとただうそぶくことでわれわれはそれについて忘れることができた。理性、精神、合理性などの表現は、すべてわれわれの小さな偽りの主張を包み隠すために考案されたのである。そうした表現はすべて、その共通の始祖である「魂」という概念のごとく、人間は——人間の性質のおかげで——生物学的器官、実質もしくは力のあらゆる象徴的特質を有する特別な器官、あるいは機能をもっているという口実を代表していた。が、それは実質のないものであった。いかなる人間といえどもそれを見たことはなかったし、あるいは、別の状況でその非実質的な実質性を検査しはしなかった。しかし、多くの人々は、この触れることのできない器官の性質に関する確固たる主張に喜んで身を委ねようとした。人々がそれについて「魂」という名前の下で議論しようが、あるいは「精神」もしくは「理性」という名の下で、議論しようが、その存在論的地位、人間の他のより物質的な側面とそれとの関係は——人間がそうした問題について公然と議論しようとして、依然としてその触れることのできない器官を心の中で発見するかぎり——決して問題をはらまなくなりはしなかった。そうした問題はまた、人間がほぼそれについての議論を止めたときも、問題をはらまなくなりはしなかった。存在しない何かを存在するものとして扱うことによって、学識のある人々は、そうすることでもし彼らが問題の調査（現段階ではその問題は綿密な調査を必要とする）への扉を閉ざそうとさえしなければ、その知的なゲームでもって害をなすことはなかったろう。(14) 言語と思考の関係の問題はこの種の問題である。

わたしはしばらくの間、鍵をかけられ、かなり固く閉ざされた扉をただ開けようとしているだけである。こうした状況でわたしがそのようなことをしているのは、発話と思考の両方がわたしには音声シンボルの使用方法であるように思われるからである。この基本的な類似性、おそらく同一性が発話を思考へ、また思考を発話へ転換する可能性の根底にある、とわたしは思うのである。思考と結びついた、したがってまた精神と結びついた伝統的な人間のイメージは、孤立した個人のイメージなのである。すでに読者は気づいておられるかもしれないが、わたしはもはやその伝統には従ってはいない。人間の発話形式としてのコミュニケーション、言語による、あるいは換言すれば、社会的に標準化された音声シンボルによるコミュニケーションは、集団生活が正常な生活形式であるということを前提とする。われわれが思考と呼ぶ行為もそれを前提とする。発展の初期段階――思考する人々が専門化された集団（たとえば哲学者）の特徴をまだ獲得していなかった段階、実際に思考する集団が一般的に思考する集団と依然として同一であった段階（換言すれば、実際に思考していた人々が、専門化された方法ではなく、自分自身の思考をしていた段階）――にある思考と発話の関係の問題に立ち入ってみることがおそらく有益であろう。

学問的な研究からよりもむしろ狩猟集団から思考と発話の関係のための、最初の手がかりが得られれば、おそらくその方がうまくいくかもしれない。その偵察隊が、主として狩猟に従事している集団（実質的にはすべてが成人男子）に、すばらしい状態にあるバファローの群れが、西へ歩いて一日ほどかかる川の方へ近づいている、と助言した。食物として肉を調達する他の可能な選択もあった。食物の選択だけが結果を決めたのではなかった。狩猟に参加することによって人間はたぶん、われわれが思考作戦と呼ぶようなことに最も密接に関係している予備的行為のあの側面に、つまり予備的な戦闘計画の立案に参加する資格を得たのであろう。しかし、この場合でもまた、われわれが思考と呼べそうな集団の生存作戦は、思考という言葉の今日的用法を決定する標準化された思考作戦のイメージよりも、さらにもっと明白な人間相互の性格を有していた。人間が未来の状況のシンボルと戯れることができ、かつそれが自らの目的に適しているかどうか探究できるということは、この場合でもまた、象徴のレベルで動物の水準をはるかに超えてしまった。そういうわけで、共同で生活し、人間以外の自然を操作する新たな形態がそれから出現した。バファローの狩人たちは、それを実行する何週間、何年も前に未来の行動の詳細で正確な

（14）換言すれば、否定された問題は解決されないし、それは潜在的には、人間が今直面している決定的な困難の理解を阻むことがありうる。

計画を立案できた。その例は、シンボルの解放（つまり人間の行動が即時的刺激への圧倒的隷属から解放されること）がなぜここで重要な段階として——さらには地球の主要な動物種の地位へと向かう人類の行程の明らかにきわめて重大な段階として——提示されているかという理由をよりよく理解するための一助となろう。

この種の探究に関心をもっている人々はたいてい非常に分化した、個別化した社会に住んでいるがゆえに、彼らはこの種の社会に共通する、思考の非常に個人的な形態を、それがあたかもあらゆるところに存在するすべての人間の、通常のまたそれゆえ自然な思考形態でもあるかのごとく考えがちなのである。おそらくこれが間違いであることが受け入れられるときが来たのであろう。思考も発話と同様、社会的に標準化された音声シンボルに依存している。両方とも社会的活動である。思考は、理性もしくは精神のように、あらゆる人間の頭の中に包み込まれている目に見えない自律作用からにじみ出る、という悪夢のような考え方は、この種の社会に住んでいる人間の自己像に特徴的である。この自律作用の内部構造が、人間たちが認識することが真実であるのか、あるいは頭の中に存在している理性なるものの自律構造の単なる反映なのかどうかを知ろうとする人間の能力を妨げる、という考えは、非常に個人化された人々の恐怖幻想である。もしそれ以外に何もなくとも、人類が地球の生物のうちで支配的な種の地位に上昇したことは、生物界で自らを適応させる自然能力に決定的な欠陥があるという考えと矛盾する。非常に長い生存競争における人類の成功は、人間が生まれつき、自ら人間世界に現実的に適応するための並外れて優れた器官を備えていることを暗示する。人間の現実感覚のいかなる構造的障害もまだ現れていない。誤解に対する用心のため、おそらく明白なことが付け加えられるべきであろう。つまりそれは、人類自身の文明化は継続的な過程であり、可能な行動目標であるということである。現在や過去の経験における何物も、人類の人間化〔文明化〕は不可能な作業であるという仮説を正当化しない。それは非文明化よりも可能であると仮定する正当な理由もない。それは可能性がより高くもなく、可能性がより低くもない。文明化の過程と非文明化の過程に関して、また両者が相互に関係しながら作用する条件に関してより事実に近い知識を明るみに出すことは有益であり、実際、不可欠な作業である。(15)

---

(15) この話題については次の文献を参照。Jonathan Fletcher, *Violence and Civilization: An Introduction to the Work of Norbert Elias* (Cambridge, Polity Press, 1997), chs 4, 6, 7, 8; Stephen Mennell, 'Decivilising Processes: theoretical significance and some lines for research,' *International Sociology* 5:2 (1990), pp. 205-23. さらに次のエリアス自身のエッセイも参照。'The breakdown of civilisation,' in *The Germans* (Cambridge: Polity, 1996 [*Studies on the Germans*, Collected Works, vol. 11]), pp. 209-402.〔「文明化の挫折」、『ドイツ人論』新装版、青木隆嘉訳、法政大学出版局、二〇一五年、三五一―四七八頁〕

第六章　自然レベルとしての人間社会——観念論と唯物論を超えて

言語と思考と知識は、大雑把に言えば同じ統合段階の概念である。これらの言葉の今日的な使用を見てみると、それは異なった、別個に存在する事象グループ——それは魚や昆虫や哺乳動物について語る場合に言及される動物種にたとえられる——を指しているという結論にいたるのかもしれない。しかし、それは事実ではない。研究の習慣によって、異なる専門家集団はこれらの事項の個別的研究に係わることが可能となった。言語にわずかしか注意を払わない知識の理論、知識についてほとんど何も語らない言語の理論がある。ところが、言葉は疑いもなく人間の知識の一部であり、人間が習得するかもしれない多くの知識は——音声シンボルというかたちでコミュニケーションの手助けによって獲得される知識と、言語によるコミュニケーションなしで獲得される知識の配分が、異なった社会、異なった知識の分野でたとえ違おうとも——言葉によって獲得されなければならない。

主流派の知識理論、伝統的な認識論の奇妙な点の一つは、その多くが人間から人間への知識の伝達についてほとんど語らないこと、個人相互の知識の伝達、したがってまた世代間の知識の伝達を可能にさせる知識の構造的特徴についてほとんど何も語らないことである。この伝達では言葉によるコミュニケーションが重要な役割を果たす。言葉による知識の伝達と言葉によらない知識の伝達の割合は変化するかもしれない。しかし、まったく言葉を使わない知識の伝達は比較的まれである。個人相互の知識の伝達において言葉が果たす主要な、またいくつかの点で不可欠な役割が、伝統的な知識の理論の中でほとんど注意を払われないのは決して偶然ではない。それはこうした理論の根底にある人間のイメージに、さらにはこのイメージに従えば理論的に妥当であるように見える問題、また、そのように見えない問題に起因する。こうした理論は本質的にまったく独立した、孤立した個人に関連している。この種の想像上の人間は知識の主体と見なされる。それゆえ、言葉による個人相互のコミュニケーションは、それが何らかのかたちで注目されても、このような理論においてはせいぜいわずかな役割を果たすだけである。

さらにまたこのような理論において重要と見なされている知識はほぼ科学的な知識だけであり、多くの場合は物理学者の知識である。物理学者のみが有効な、もしくは「真の」知識を生み出す、というのがその議論のようである。知識の――かつ模範的で、モデルを設定する科学としての物理学の――主体としての孤立した個人という基本的な人間のイメージは、このような理論からすれば何が妥当であり、何が妥当でないかという限定された、妙に短縮された見解に帰着する。知識の伝達や成長が考慮されているとしても、注意は突出した個人の連続に中心的に向けられている。科学がどのようにしてニュートンからアインシュタインへと至ったかはモデルの問題なのである。概して、科学以前の知識は、たとえそれが、明らかに有効、かつ本当の知識――石工や金属加工者もしくは初期農耕者が有史以前にもっていたような知識――であっても、無視されるのである。

こうした理論において妥当と見なされる知識の領域は換言すれば、たいがい自己中心的である。準拠枠は人間性ではない。問題は人間がどのようにして普遍的に知識を獲得するかということではない。こうした理論の原型的な問いは、科学者はどのようにして自ら、科学者が他者から獲得したかもしれないあらゆる知識とは無関係に、自然に関する知識を獲得するかということである。こうした個人中心の枠組みを前提とすれば、言語と知識の関係、人間の個人相互のコミュニケーション手段と人間の順応の手段との関係はほとんど重要ではないことが理解される。人間的知識の独特の性格に関する問いも同様である。大雑把に言えば、デカルト以来その領域を支配してきた知識の理論は、人間的知識の全領域を包含する普遍的な理論といった様相を呈している。しかし、そうした理論は事実、狭い意味で選択されたタイプの知識とほぼ独占的に関係している。そうした理論はこの限定された領域をある人間のイメージの観点から理解するが、そのために、人々は社会をもたない個人のように、「われわれ」とか「あなたがた」ではなく「わたし」と言うことができる人間のように、また「閉ざされた人間」[(1)] (*homo clausus*) タイプの人間のように見えるのである。この種の術策は、知識の理論、言語の理論、思考の理論を言わば別個の仕切りに閉じ込めることを可能にする。その結果、それは知識の認識論的地位に関して、知識とは実際何なのかという問いに関して対してほとんど語らない。時間の場合のように、われわれはこの問いに対して、はっきりと対極化された答えを、つまり、自然あるいは社会、唯物論あるいは唯心論などの二者択一的な表現を使う答えを予想することになろう。ところが、言語の性質をさらに綿密に調べることによって、人間はいくつかの点でこのようなかたちでは概念的に分割され、対極化されえない、ということがすでに示された。言語は、自然と社会もしくは文化の間のミッシングリンクの一つであり[2]、そのことが浮かび上がってきた。人間は生まれつき文化や社会に適している、と言われよう。言語コミュニケーションと密接に関係している知識はこの種のもう一つの例である。

知識の理論は伝統的に、言語の音声パターンや脳の記憶のイメージというかたちをとる知識の物理的側面を顧みず、また、音声パターンが明確なコミュニケーションの対象のシンボルとして、あるいは換言すれば、概念として機能することを可能にさせる音声パターンの社会的基準化という物理的側面を顧みず、作り上げられている。言語についてこれまで述べられてきたことを念頭に置けば、知識もまたそのような伝統的な類別上の対極化に当てはめられないことが用意に理解できよう。脳の記憶のイメージといった概念は物質と観念、唯物論と観念論の両方に対して不信感をもつ。同じことは、シンボルとして社会的に標準化され、同じ言葉を話すひとからそのようなものとして認識され、それゆえ、一人の人間の口と他者の耳の間でメッセンジャーとしての機能を果たすことができる、音声パターンについても言える。同じ言葉を話す人々は明らかにその言葉で表明される見解においてはっきりと異論を唱えることができる。しかし、イデオロギー上であれ、その他であれ話者の意見の不一致に注視することで、同じ言葉の話者として人々がどれほど知識を共有しているかという意識がぼかされてはならない。われわれは因果関係の性質や普遍性については意見を異にすることができる。しかし、われわれは、自然科学の発達とともにこの言葉が帯びていた意味での因果関係の概念を共有しなければならない。実際、言語と同様に知識もまた自然過程と社会過程の編み合わせによって可能になる。言語コミュニケーションのない知識の伝達を想像することは難しいし、一つの世代から別の世代への知識の伝達がなければ、人間の赤ん坊は完全に成長した大人にはなれないであろう。現実問題として話すようになること、つまり言語習得そのものが知識の獲得の一形態である。

これにもかかわらず、さらにもう一つの存在上の境界線、たとえば物質と精神、もしくは自然

(1) 本書五九頁、註(3)を参照。
(2) ダーウィン的な進化の通俗的理解に由来する有名な英語の句。それは類人猿と人間との間の過渡的生物の化石の記録を指す。それは、チャールズ・ライエル(Charles Lyell)による、その著書*Elements of Geology* (London: John Murray, 1838) における造語。この共通の表現は、第一章と第六章におけるエリアスのより専門的な、前人間からの人間の進化における「中間段階の消失」に関する議論と結びつく。

と文化の境界線は確立されない。人間の社会は自然のある段階である。天文学者、生物学者、またおそらく他の専門的な科学者は、この驚くべき出来事、つまりこの太陽系の内部における人間社会の進化をもたらした環境の偶然性を当然ながら推測し、かつその推測を試す。われわれは依然としてこの出来事の特異性を適切に表現できる概念を欠いている。だいたい、そのような出来事について説明するとき、人々は依然として地球の条件における天文学的変化と、地球に住む生物種における変化の両方の違いを回避しがちである。(3) いくつかの点で人間の社会は他の動物の社会とは明確に違っている。わたしはすでに動物の伝達手段の硬直性とは違う人間の伝達手段の可変性に言及した。人間の知識が発展する可能性はこの範疇に属している。新しい知識を次の世代に伝達する可能性もそうである。新たな概念を形成する実現性は、人間の声帯装置が生み出すことのできる、音声結合の無限の可変性によって可能になる。

わたしがすでに指摘したように、人間以外の動物の場合には、社会変化は遺伝子の変化、生物学的変化と結びついている。人間の社会は遺伝子の変化がなくてもまったく根本的に変わりうる。同じことは人間の特殊な側面や表現についても言える。動物の言語に言及することはまったく普通のことである。しかし、実際いかなる他の動物も、種に特有ではなく、集団特有の習得言語によるコミュニケーションに必要とされる生物学的手段をもたない。ところが、人間はいくつかの点で他の動物とはまったく異なりながらも、多くの動物的特徴もまた保持しているのである。人間は動物のように食べ、消化し、生殖するのである。

ところが、人間と他の動物の違いは、もしそれが単に種の違いと見なされるなら不適切に概念化されている。人間と類人猿の違いはいくつかの点では異なる種の間の違いであるが、別の点ではその違いはもっと大きい。こうした違いは、その性格と大きさにおいて、種の異なった分類間の違いに近づく。習得されたシンボルによるコミュニケーション能力が一例である。それは類人猿にはほぼ完全に欠落している。人間の認識論的地位――それは動物の認識論的地位と関係する――の問題をわれわれが甘受できない理由は、この作業に利用できる概念が今のところ不適切であるからである。人間の特質は、動物にはない、目にも見えず、触れることもできない器官もしくは本質の所有によるものであるということを示唆する表現が、こうした状況ではたびたび使われるが、それはある意味での知的怠慢によるものである。そのような概念は扱いやすいし、顔を合わせるだれもがそれをある無言の精神的条件とともに使う。人間科学においてわれわれが作業をする際に使う諸概念の基本は、非常に堅牢で安定しているように見える。しかし、その広大な地下の建物が真剣な検査に従うことは今日ではまれである。多くのことが当然視されている。もしこれらの基礎が実際、結合していたとしても、それは今ではほとんど結合してはいない。最終的にわれわれは知識の空隙を狭めることができるかもしれない。われわれは、どうして、

（3）重要な点は、これらの種類の科学的な知識が人間社会を自然のレベルとして、さらに驚くべき進化の新機軸として理解するのに本質的だということである。

なぜ、どこで、いつ人間以前のわが祖先が人間の祖先へと変貌し、人間の自己文明化の過程を始動させたかを示す準拠枠へとさらに接近するかもしれない。幸運によって人々は、あの偉大な人間の前進が終わった時代に関する発見にいたるかもしれない。現在のところこれらすべてについてあまりにもわずかしか分かっていないので、知的な推量をしても価値がない。

そのような短い、予備的な下調べからでもまったく明らかに浮かび上がってくるのは、この研究を――崩壊しつつある静止主義的伝統がそれに強い影響力をもっていたときの状況と比べて――より有望で、生産的にしてくれそうな問題の根本における変化の方向である。再定式化と再考の必要性が明らかにある。もしこれがなされるなら、変化の基本的なパターンが出現し始める。問題はおそらくより一貫して、長い持続の連結過程の方へ向けられよう。今まで人間の支配的なコミュニケーション手段や適応手段の特異性がほとんど気づかれなかった、という事実は警告信号として役立つかもしれない。

人間には生物学的に二つの異なったコミュニケーションのタイプ、つまり、笑いなどのような種特有の言語以前の合図によるコミュニケーション、集団特有の言葉によるコミュニケーションが備わっている、ということを認めるのは難しくはない。さらに、両方の技術を備えた集団がたぶん数多く生き残ることによって報いを得たのであろう。状況が再び安定したとき、生物学的に両方の技術を備えた(しかも言語コミュニケーションが強調される)集団はさらなる発展の原型集団になった。ところが、より古いコミュニケーション技術の明白なかたちはまったくなくならなかった。そのいくつかが今の、ヒト科の動物の原型に取り入れられ、それに順応した。

人間にはさらに自動的装置が備わっていて、そのために、苦痛を感じると大きな声で叫ぶ。そして、このようにして人間は苦痛を同胞に伝える。赤ん坊の自動的な笑いもまた、もし赤ん坊が母親を目で見たり、母親を夢想したりしているとしても、より古いタイプの遺産である。他にも例がある。そうした例は多くの問題を提起する。こうした機械的動作は発展の新たな段階でどのようにして原型プログラムに留まるよう、またそこから消えるよう選択されるのか？　新しいタイプの神経接続に必要とされる神経の小さな通路はどのようにして確立されるのか？　加えてまた、ある集団の遺伝的反応プログラムの中にある新たな反応通路の統合が、こうした統合の調査に使用される研究言語の複雑さのレベルに近づいたり、あるいはそれを凌駕したりするような多くの事例もありうる。

さらにまた簡単な例が手助けになるかもしれない。もし新しい反応パターンが哺乳動物集団の新たな原型プログラムへ統合されたり、あるいはそこから二者択一的に排除されたりすれば、われわれはこのような刷新パターンを概念的二元論というかたちで、あるいは統合と排除というかたちで概念化しがちなのかもしれない。二つだけではなく、六つあるいは二〇ほどの選択肢があるのかもしれない。笑いを例に挙げてみよう。言葉によるコミュニケーションに慣れている人々は、笑いもまたコミュニケーションの一種であることをすぐには認めないかもしれない。しかし、それがコミュニケーションの本質なのである。この場合、ひとからひとへメッセージを送信するのに役立っているのは音声装置ではなくて顔である。人間の顔に浮かぶ笑いは、第一に合図、つまり送信者がメッセージの受信者に向けて送る幸福感や友好感情の合図である。大人の笑いの原型が、生存する唯一のヒト科の動物に見られるようなものより多様ではなかったということがおそらく仮定できよう。他の多くのより動物的なコミュニケーションのように、笑いは依然として遺伝的に前もって決定されており、即時的な状況と結びついている。ところが、人間の大人の場合には、笑いは、観察可能な証拠と比較してみると、獲得された行動形態、先天的な行動形態における通常の概念的二分法がどれだけ不適切であるかを非常に明確に示している。

笑いは、初期の段階に主に大脳皮質以前の規制下にあった古代の生物－社会発生的合図であり、それは、より多くの大脳支配への変化過程でいくぶん大脳皮質に規制されるようになった、と推測で言えるかもしれない。赤ん坊の笑いは依然として主に自発的、かつ自動的なもの、つまり器官全体の条件に依存する行動形態であり、明らかにまだ大脳皮質に規制されてはいない。店であなたをにこやかに迎えてくれる店員は完全に「よそおって」いるのである。世界中の人間たちの間で、本来的に和やかで、友好的な意図であると認識されている笑いのかたちに顔面の筋肉を再度整えることは、この場合には、店員の実際の感情とは無関係に故意になされるのである。赤ん坊の偽れない自発的な笑いと、自分の感情とは無関係に作られる大人のわざとらしい笑いとの間に、数多くの中間的なかたちが見つけられるかもしれない。大人も依然として自然に笑うことができる（たとえば、子供のこっけいな仕草で）。しかし、大人は不適切だと思えば、いくら笑いたくてもそれを抑えることもできる。違う国の成員は、その国の行動規範における違いに合わせて異なった場合に笑って反応するかもしれない。これらの変異は、笑いという行為の、大脳皮質とそれ以前の規制の異なった混交を指し示しているように思われる。要するに、こうした特別なかたちをした人間の行動をより綿密に調べることは、あらゆる種類の人間行動が人間有機体の地図に、あるいは換言すれば、時間と空間のどこかにその位置を突き止められるという事実をさらによく理解するための手助けになるかもしれない。それは、言語以前のコミュニケーションのみならず、言語によるコミュニケーションについても言える。

こうした例は、われわれが、これらの問題では、研究の非常に初期の段階にいるということを思い出させるものとして役立つかもしれない。人間科学においては、生物学的進化という問題の研究は、十分に定着してはいるが少しばかり古風な科学的教説といった雰囲気を容易に漂わすことになる。進化理論はその普及したかたちからすれば、確かにしばしばひどく単純化されたものになっている。何人かの人々は、進化の過程は自動的必要性でもってその過程を通過する、と信じているようである。彼らはたとえば、進化の過程は結果的に必ず現在の人間の種から超人間の種が出現するに違いないと仮定する。多くの他の種との関係で人間が支配的な地位に上ったことが人間たちの間の生存競争に大きく影響した、という事実にはどちらかと言えばほとんど注意が払われていない。実際に、いくつかの種は生き残り、さらにいくつかの種類は人間の行動の結果として滅びた。動物や植物が生息できる宇宙の広大な領域で人間が支配的な地位に上昇した結果として、進化の理論に要求される修正は、しばしばそれに値する注目を浴びてはいない。進化の理論は、古風であるどころか、現在の状況ではたぶんその作業の初期の一段階にあると言ってさしつかえなかろう。

同じことは、長期的な過程の理論モデルを作り、非常に高度な段階にある統合を目指す多くの他の試みについても言える。観念の発展を統合しようとするヘーゲルの試み、知識の発展の連続段階に関するコントのモデルは際立った例である。距離を置いて眺めてみると、知識の長期的な発展を統合しようとするこうした試みが言わば時期尚早になされたことがもっとはっきり見える。こうした試みは、人間の長期的な知識過程に関する全体的なモデルを構築するのに利用できる経験的証拠や概念装置が、むしろそうした作業にまだ不適切であった時代になされたのである。多くのすばらしい推測がこうした初期の統合モデルの形成につぎ込まれたのである。この先、数世紀の間この二人の人間の研究は、知識の領域では長期的な過程の統合の試みは必ず失敗するということを示す例を抑止する働きをした。

そうした経験は啓蒙的である。知識の長期的な発展の力学から目をそむけることによって、知識を、まるでそれが静止した自然科学の対象でもあるかのごとく扱う傾向が強化され、その結果、われわれの全体像の基礎は無関係な断片の寄せ集めのように見えるのである。自然があり、文化があり、科学的な知識あるいはそれとは違う知識があり、政治や経済もあり、またすべてを包括する言語というシンボルもあるが、それらがすべてどのようにお互いにつながるのかということはめったに尋ねられないし、またほとんど答えられない問題である。だが、無関係なシンボルのこの寄せ集めがいかに避けられないとはいえ、実際には、これらのシンボルが指し示す諸過程が相互に連結しており、しばしば非常に密に絡み合っていることはまったく明白である。自然と文化が効果的な例である。現在のところ、こうした概念はまるでそれが、人間が生活する世界のまったく無関係な部分を指しているかのように作られている。よくあることであるが、それはまるで正反対のもの、人間生活の対立的領域でもあるかのように使われている。同様に、知識は、まるでその存在様式が象徴的に肉体から分離した様式でもあるかのように議論され、この場合でもしばしば人間の生物学的組織と人間の知識は象徴的に対立物として表される。しかし、人間の器官の構造こそ、ちょうどそれが言葉によるコミュニケーションを、したがって世代間の知識の伝達を可能にしているように、知識を可能にしているのである。

類人猿や象のように人間は多量の知識を個人的な経験によって獲得することができる。しかし、これらの例の個々において、言葉を使わないで個人的な経験によって獲得される知識の領域はきわめて狭い。言語の獲得は実際、個々の人間に、社会的な知識の蓄えを利用させるが、それは単に量においても、言葉を使わない個人の経験だけからその人間が習得しうるものの倍はある。言語の蓄えは事実上、何世代もの過程の中で、多くの異なった個人によって蓄積され、そこにシンボルのかたちで保存された経験の沈殿物である。それは個々の人間自身によって築かれたあらゆる経験を彩るだけでなく、そのおかげで人間は他者の経験や考えを利用できる。要するに、人間が行動の拠りどころとする知識は、もし言語の獲得によって人間が社会の知識の蓄えに係わるようになるのであれば、爆発的な拡大を経験する。

そのように過去を仮定的に再構築する際にどの軌道に従おうと、いくつかの点でそれはすべて同じ結論にいたる。つまり、他者と一緒に生活することは、快楽を削減する一方、人間という種におそらく、他のどの種よりも多くの生存的利点を提供するのである。その理由は、まさしく人間の言語の手助けによって、また社会的に標準化されたシンボルの複合体の手助けによって、後の世代の人間は初期の世代の、経験の所産を利用できるからである。人間はまたそれを忘れることもできる。前の世代の経験や考えから結果的に生じる知識を利用できるこの能力は、他者との共同生活が、あるいは換言すれば、社会がその個々の成員にとってもつ生存価値を大いに高める。知識の吸収と知識の忘却の間でバランスをとる知識の共同的成長過程——それは何世代にもわたってなされる——は、まだ十分に研究されていない分野なのである。共同生活という要求に合致したわが祖先の人々のみが、容赦のない初期の生存競争の試練を乗り超えた、と推量的に言えよう。現在、社会における共同生活は人間性に反する生活であると思わせるような思考様式が優勢である。実際のところ、そのような仮定的な過去の再構築においてわれわれが目にする道標は反対の方向を指している。それは、人間がその性格からして共同生活に合うように、個人間、集団間の闘争、およびその処理を含む生活に合うように作られていることを指す。

しかしながら、道程は少なくとも反対の方向を指しているように見える。伝統的な分析形式、そこから生じるシンボル形成の様式のために、われわれは、実際には同じ徴候の異なった機能、および異なった視野を、別個に存在する人類の徴候として捉えざるをえない、というのが少なくともその部分的な理由である。それらのために、われわれは言語をあたかも知識から分離した対象のごとく、知識をあたかも思考から分離した対象のごとく、また思考をあたかもそれが言語やその他のものから分離した対象のごとく考え、語らざるをえないのである。われわれには、道標の認識を、それを別個に存在し、さらにはたぶん対極的に位置する人間的側面――それは実際には人間性と人間社会、もしくは言語と知識のように実質的に同じであり、機能的に相互依存しているが――として描くことによって、閉ざす傾向がある。

確かに母親ツバメは、巣から初めて飛び立とうとしてためらっている雛鳥のために例を示し、遠くから鳴きながら雛鳥をなだめることはできる。しかし母親ツバメには、自分が経験から得た、飛ぶための知識を子供に伝える手段はない。人間はもちろん類人猿も摸倣によって知識を得ることができる。類人猿は例から習得することが可能である。しかし、わたしがこれまで述べたように、まったく言葉がなくて習得された知識は極度に限定される。人間の神経組織、音声組織（それは音声パターン、思考イメージを記憶に蓄積するために、大いに拡大された人間の能力を含む）の特異性は、知識を蓄え、かつそれを移動させるための有機的基本を表すものであり、それはわれわれが知る世界では比類がない。現代の知的風土を前提とすれば、言語と知識のあらゆる理論に生物学的側面を含めることが唯物論として類別されたとしても不思議ではなかろう。[4]観察可能な証拠が探究の方向を、自然の成長過程と社会的な習得過程がどのように絡み合うかという問題に向けるのはまったく明白である。この問題は観察を対極的な方向で概念化する伝統的な習慣によってぼかされている。こうした問題を自然と文化のような個別的に存在する実体として概念化することによって、唯物論者と観念論者の闘争の場が開かれる。多くの場合と同様、この場合でも二者択一によって問題の定式化を要求するのは証拠そのものではなく、このようにして問題を定式化する人々の社会的伝統、知的様式である。

理論を唯物論かもしくは観念論として類別する習慣的な方法を取り上げてみよう。知識の手助けによる適応、言葉の手助けによるコミュニケーションの人間的形式は明確な生物学的構造を要求する。人間という種の大いに拡大された記憶領域、無限に多様な音声パターンを作ることができると思われる音声装置が諸例である。ところが、こうした構造は岩、あるいは水素原子などの物質の断片とはほとんど比較できない。前にもわたしが示したように、こうした構造――それはまったく社会と対立するものではない(5)――はその機能を、それが社会的にパターン化される場合のみ、果たすことができる。こうした構造のシンボルを知識の理論へ統合することは、観念の物質への知的還元をともなわない。ましてそれは観念の理想化に合致するわけでもない。観念を、時間と空間を超越した、肉体の分離した実体として象徴的に表現することは、いかなる認識論的価値もない幽霊のような理論に帰着する。知識の理論において、言わば一つのパラダイムの支配から別のパラダイムの支配へと推移する時期に生きることは奇妙な経験である。それはおそらく、唯物論と観念論の対立のような一般的な対立が、中世における唯名論と実在論の論争[6]のごとく無意味に見える時期、また人間科学の分野においてさえも知識の現実適応性がイデオロギー的教条主義に優る時期への変化を表しているのかもしれない。

進化の段階――それを経て現在の人間の祖先は、主として生来備わった合図によるコミュニケーションから主として言葉によるコミュニケーションへの道を歩んだ――は依然としてほとんど知られていない。同様に、社会的に標準化された音声パターンをシンボル――それは同じ言語集団の内部でコミュニケーションの同じ対象のシンボルとしてメッセージの送信者と受信者によって理解される――として使う生物発生《バイオジェネシス》についても知られていない。しかし、人間の進化する知識の空隙は、動物のコミュニケーションと人間のそれとでは何が違うか、この違いが人類の発展にとってどんな結果をもたらすのか、あるいはもたらしたのかを明確に述べる可能性を妨げは

(4) 本書におけるエリアスのアプローチと唯物論的な意識の理論との類似性(同一性ではない)の手短な議論として、次の文献を参照。Richard Kilminster, *Norbert Elias: Post-philosophical Sociology* (London: Routledge, 2007), pp. 21-3, 175, n. 12.

(5) エリアスは、自然と文化を対立するものと見なすアプローチから距離を置いている。

(6) 中世の哲学では、普遍物もしくは抽象的概念は世界で独立して存在するというのが実在論の教義であった。これに反して、唯名論は、普遍物は単に名前にすぎず、特別な対象に先立って、もしくはそれから分離して、いかなる独立した存在ももたないと述べた。

しない。こうした状況でわたしは、注意を促すために主にこれらの結果のうち二つを選ぶことにする。

第一に、人間の言葉と比べると、動物が自由に使えるコミュニケーションの手段は、比較的、未分化である。分化における進歩、およびそれに対応する概念統合上の進歩が、小さな段階——それは時折、進化上の変化の、同じ方向への急激な出現と交じり合っていた——で起こったかもしれない、というのが可能な推測の一つである。種特有のコミュニケーションをもった霊長類集団の社会的領域で、いくつかのより高度に分化した言語コミュニケーション形式を備えた一つの集団が現れ、その象徴的意義はこの集団の成員にしか分からなかった、と推測しよう。この種の分化は、原始的人間や動物の他の集団との闘争があった場合に、集団の成員のより分化した共同作業を結果的にもたらすことができただけではなかった。それは、そのような集団の行動の結合力をも強化することができた。この集団の成員だけが音声パターンにおけるこの分化の増大の意義を知ったのである。この集団の成員のみがそれに応じて行動できたのである。そのようにして習得による集団特有の分化の増大が、集団の結合力を増大させるのに役立つことができたのであろう。それは集団の成員の行動調節能力を増大させた。付け加えられた結合力がそのような集団に多くの利点を与えたのであろう。それは、狩猟や共同体間の敵対関係におけるその集団の成功のチャンスを増やすのに役立つことができた。ある集団は、敵がやって来る方向によって、あるいは予想される敵の種類によって、通常の種特有の恐怖や怒りの叫び声を、敵が接近する際にいろいろと変えるようになったのかもしれない。一言で言えば、コミュニケーション手段のより大きな可変性が集団に進化上の報酬を提供した。

第二に、体の姿勢によるコミュニケーションであれ、音声コミュニケーションであれ、また体全体によるコミュニケーションであれ、動物のコミュニケーションをしのぐ人間の言語コミュニケーションの最も明白な利点の一つは、人間同士が伝達する情報が比較的、正確度の点で高いことである。さらにまた、原始的な言葉の交換と比べると、言語コミュニケーションはより柔軟になれるし、非常に多様な状況により密接に適合もできる。生来の合図によるコミュニケーションから習得されたシンボルによるコミュニケーションへの変化の方向の一つは、コミュニケーションの対象とその主体、つまり送信者自身の両方からより多く距離を置く方向である。動物のコミュニケーションは、非常に高い度合いで、その主体、情報生産者の状況に関する情報を表現する。人間も決してこの能力を失ってはいない。しかし、集団特有のシンボルによって自分自身の状況を表現することは、人間以前の生物には欠けている、主体と客体の両方からメッセージを距離化する能力である。言語によるコミュニケーションは、動物のコミュニケーションよりも主体と客体の両方から多くの距離化を要する一方、その柔軟性のおかげで、より多くの主体中心からより多くの客体中心、さらにまたその逆へと切り替えが可能である。言葉によるコミュニケーションはより客体中心もしくはより主体中心になるように、より多く距離を置いたりあるいはより多く参加したりするように調整できる。(7) 「われわれは英語を話す」という表現を例に挙げてみよう。それは非常に距離化された、また事実志向のメッセージになりうる。それはまた、英語以外のあらゆる言語をあえて話そうとするすべてのひとを拒絶する複雑な表現にもなりうる。そのメッセージには、送信者の状況が意味に及ぼす影響を寄せつけない事実関連の側面がある。同時に、それは他者に送信者の状況を伝える手段として役立つことができる。それはネコの鳴き声以上に対象中心的であるが、他者に発信者の状況を伝えるには限界のある領域である。言語の基本的な観察でさえ、単純な両極化――「主観的」と「客観的」のような、あるいはついでに、「主観」と「客観」のような両極化――はもはや用をなさないということを示す。

実際、「われわれは英語を話す」のような単純なコミュニケーションをごく手短に調べてみても、知識の言語的側面を無視する知識の理論の不適切さが分かる。そうした理論は「わたしがここにいて――あそこに外界がある」という定式によって定義される認識論の風景に想像力を閉じ込めがちである。自分の内部でかたち作られる外界が、自分自身から独立して実際に存在している世界と一致することをわたしはいかに確信できようか？　もし適切な配慮が、メッセージはコード化されているという事実に、また、われわれがそれをどのように見ようが、コードは時が過ぎるにしたがって、特別な社会単位の中でそのコミュニケーションの主な手段として、その言語として発展したという事実に払われるなら、風景は変わる。その言語および知識の資源を新たに出現する世代に手渡すことによって、若者は完全な人間になることができる。若者は生まれつきコミュニケーションや適応の手段としてシンボルを吸収するように仕組まれている。若者の自然な成長過程は若者を、社会的生産物の統合へと準備させる。自然の成長と社会の成長の緊密な相互依存を見渡すのは難しい。それがなければ人間は適切な適合手段や自己調整手段を発展させることはできない。しかし実際、人間の場合には、自然過程と社会過程の編み合わせが無視されがちである。認識の遮断——その理由はここで追求する必要はない——は注意を、自然や社会がそれぞれそれなりに成立する場合に集中させがちである。

社会的シンボルの性格や機能に関する包括的な知識が欠落していることや、適切なシンボルの理論をほとんどまったく供給できないことが、現在の科学的知識におけるこのギャップを生み出す理由に含まれる。ところが、それを埋めようとする試みは、われわれの基本的な仮説における遠大な変化を要求し、次々にそれを刺激するかもしれないが、それは決して容易な作業ではない。それはたとえば、自然の問題への科学的なアプローチは個人的な源泉に逆戻りさせられ、社会や人類の発展、および知識の社会的蓄積から完全に独立した人々によっていつでも発見されるというふう思わせる伝統と決別することを要求する。この伝統はデカルト、カント、ポパーの系列に連なる主要な哲学者の基本的な前提の一つである。人間の場合には、さらに人間の場合のみ、社

（7）次の文献を参照。Norbert Elias, *Involvement and Detachment*（Dublin: UCD Press, 2007〔Collected Works, vol. 8〕）〔エリアス『参加と距離化』〕; 'Sociology of Knowledge: new perspectives', in *Essays I: On the Sociology of Knowledge and the Sciences*（Dublin: UCD Press, 2009）, pp. 1-41.

会的シンボルを手段とした知識の伝達によって後の世代は初期の世代の知識を積み上げ、修正し、拡大することができる。言語コミュニケーションと同様、世代間の知識の成長は人間に特有である。それは動物の世界から伝えられたものではあるが、動物の世界には先例がない。それが、他の進化上の刷新——大脳の支配力、知識がシンボルのかたちで蓄えられる、非常に拡大された、おそらく再構造化された記憶の領域など——を相ともなうということをわたしはすでに示した。

人間を養ってくれた言語はまた新たな知識への接近を妨げる障壁にもなりはしないか？　継承された知識の蓄えは、言葉の使用者である人々と、世界の出来事そのものとの間に割り込みはしないか？　継承された社会的シンボル——それがなければわれわれが生活している世界は未知のままになる——の固い壁の背後にわれわれは閉じ込められてしまわないか？　これらの問題の答えを探そうとする場合にわれわれが遭遇する困難の一つは、全体的な理解を容易にしてくれる空間的イメージのほぼ自動的な探求である。われわれはたとえば、言語や知識には窓やカーテンのような性格があるのかどうか尋ねたい気持ちになるかもしれない。ところが、ここでは空間的な比喩は手助けにはならない。シンボルは絵、あるいは世界を写す鏡ではない。シンボルは窓でもカーテンでもなく、むしろ具象的な機能なのである。シンボルは言語共同体内部のコミュニケーションの対象を表示するが、その理由はまさしく、成長する子供に共同体の言語を印象づけるための準備をさせようとする人間的性格があるからであり、特別な音声パターンにコミュニケーションの特別な対象を表示させてきた社会的伝統があるからである。

意味の概念はそのような問題に迫る有用な非空間的な方法である。言語という状況では、それは言語コミュニケーションの手段として使われる音声パターンのシンボル機能を意味する。言語の社会的性格を知ること、つまり複数の人間の間でのコミュニケーション手段という言語の機能を知ることが、言語のシンボルとしての機能の理解、したがって、「意味」という言葉の理解にとって不可欠である。言葉には意味がある、ということは、もし孤立した個人が準拠枠として役立つなら、容易に謎めいたものに見えることになる。もし人間が孤立して生活できるなら、言葉など必要なかろう。人間が孤立しているという仮説に基づくなら、言語の音声パターンが象徴的に同じデータを表示すること、あるいは換言すれば、異なる個人にとって同じ意味をもつことは、説明不可能に見えるであろう。現段階では、この種の探究の出発点は、孤立した人間として認識される個人自身ではなく、複数の人間によって、個人自身と同じく他者によってかたち作られる社会的構造・形態であることを認めるには自己距離化の勢いを必要とする。それがもし理解されれば、意味の性質は神秘であることを止める。

人間の喉や口で作られる音波は別の人間の耳に届くよう定められ、それを受信できるだれか他の人間がいなければ、無意味となる。言語共同体の成員たちが具体的に経験し、相互に伝達するであろうあらゆるものが彼らの言語の中に見つけられる。それは彼らが経験する全世界を表示する。時間や空間と同様、シンボルの組織はすべてを包含する。わたしが示したように、それはたぶんもう一つの次元と見なされるであろう。知られるあらゆるものがその名前で知られる。名前のない出来事は恐ろしい。もし万一、言語のシンボルがいくぶん現実と、つまりシンボルが表示するデータと適合しないとなると、人間は生存できないであろう。人間の適応性には欠陥が生じ、人間のコミュニケーションは誤解で満ち溢れるであろう。しかし、言語はまた共通の誤謬も含む。したがって、言語は非常に正確な現実の表現として、また、誤った解釈としても機能することになる。誤った解釈は言語のいくつかの分野では、とりわけ物理的世界を表す言語の分野では大いに減ってきたが、われわれはそれを根絶しようとすることもできる。しかし、現実適合的な表現と並行して、共同幻想が過去および現在の言語の中に満ち溢れている。

何かを表示する音声シンボルと、音声シンボルが表示するものとの関係を、これらのシンボルが人間のためにもつ機能に言及しないで、解明することはできない。伝統的な手順、つまり、「テーブル」という音声シンボルと、われわれの居間にあるテーブルとの関係を、一般的な陳述と特別な事例の関係として説明することは間違いではないが、それだけでは十分ではない。それは、シンボルを一般化する解釈がどうして人間に役立つのかを解明する手助けにはならない。それは、注意がシンボルの機能に払われる場合のみ明らかになる。(8)「テーブル」の一般概念は、それを使用する人々には方向づけの手段として役立つ。人々の記憶の蓄えから活性化されて、一般概念は人々が特別な対象を吟味し、その性質、および世界の多様な出来事の間でそれが占める位置を決定する際に手助けになる。それはまたコミュニケーションとしての機能ももつ。そのおかげで人々はお互いに特殊な対象の問題について、たとえば特別なテーブルについて、それがここに今存在しなくとも、議論することができる。一般概念は言語がもつ共通の蓄えの一部をかたち作る。敵対者でさえもそれを共有するかもしれない。

われわれは自らのコミュニケーションと適応のために完全に共同体のシンボルに依存しているという事実を認めることが、閉所恐怖症的な感情を引き出すのかもしれない。シンボルの軌道から離れ、人間から、あるいは人間世界一般から独立して存在している出来事と直面することがわれわれには決してできないのか？　存在様式と、出来事の表示の様式をもっと明瞭に区別することが有益かもしれない。人間が自ら適応するために社会的シンボルの使用に依存するという事実

（8）「方位設定の手段」という概念は本書のさまざまな個所で使われている。それは象徴的な準拠点（それはイデオロギー、非難の目標のみならず、より現実的な認識の源泉も含みうる）を指し、社会の複雑で変化の激しい現い内集団関係の中でうまく自分自身を方位づけるためにそれに依存する。エリアスは決してそのようなものとしての定義を供給せず、むしろ、異なった状況におけるさまざまな経験的なケースに関連した言葉を使った。その言葉は、どうやら、生産手段の独占というマルクスの概念の延長として発展したようであるが、それに対してエリアスは、社会発展における基本的で削減できない要素として、暴力手段および方位設定手段の独占を加えた。さらに細かい点については、それぞれ以下のエリアスのエッセイを参照。Norbert Elias, 'The retreat of the sociologists into the present,' 'Towards a theory of social processes', in *Essays III: On Sociology and the Humanities* (Dublin: UCD Press, 2009 [Collected Works, vol. 16]), pp. 107–26; 9–36. 次の文献も参照。Godfried van Benthem van den Bergh, 'The improvement of human means of orientation: towards synthesis in the social sciences', in Raymond Apthorpe and Andéas Kráhl (eds), Development Studies: *Critique and Renewal* (Leiden: E. J. Brill, 1986), pp. 109–35.

は、対象は人間から独立して存在する、と発言する可能性と完全に一致する。地球上のすべての言語集団がたぶん、英語で言えば「サン」(sun)、「ムーン」(moon)として知られるものに代わるそれ自身の音声シンボルをもっているだろう。このことは、これらの天体が人間とは無関係に存在している、と発言する――もしそれがわれわれの言いたいことであれば――可能性を排斥するものではない。太陽や月を神や女神として捉えることや、この種の共同幻想は、「太陽」や「月」という言葉が、より多くの現実適合の方向へと変化することをしばらくの間、阻んできたのかもしれない。その例は、言葉の意味における幻想適合と現実適合のバランスがどの程度変わりうるかを示すことができる。特に物理的自然の領域ではそのバランスは顕著なかたちで後者に有利になるように変化した。さらにまた太陽の概念は例として役立ちうる。太陽は、時間が経つうちに、強く幻想へと方向づけられることから、よりいっそう現実適合的になってきた。したがって、現に存在する出来事への接近を言語がどの程度、有利にするか、あるいは阻むかは大部分、人間が生まれついた言語や知識の発展段階に依存する。

音声パターンの意味、そのシンボルの内容は変わりうる。数世代を経て知識の欠陥が改良されることを証拠が示している。シンボルは柔軟である。シンボルは諸対象を、独立した存在を、またそれ自身の構造を有するものとして明確に表示することができる。もし一定の時に言語の諸要素が現実をゆがめているなら、また明らかにこうしたことが起こりうるなら、欠陥は改良できる。とはいえ、音声パターンの変容や刷新はもちろん、意味の変化が社会全体で所定の時に確立されねばならなくなると、改良の範囲は限られる。これは、言語が生み出す認識上の歪曲や妨害と、おそらく観念的な単位によるものと思われる認識上の不確実性を区別する基本的な違いの一つである。[9] 前者は変化しうるし、改良も可能である。後者は可変的ではない。後者は変わらないもの、すべての人間において永遠に同じもの、新しい経験をまったく寄せつけないものとして説明される。人間は現に存在する世界に関する知識を獲得できるのかどうかということについての基本的な疑念、根本的な不確定性――それは、デカルトによる定式化以来、主流の哲学の中心テーマになってきた――は、ほとんど明確に述べられることのない奇妙な仮説に基づいている。それが暗示するのは、人間の認識機能は、元来、認識されるべき世界とは無縁に、独力で発達したとか、ある時期に最初に認識の対象なしに発達した人間が、言わば偶然に見知らぬ世界に入り込んだ、ということである。ところが、それは作り話である。人間は世界の内部で発達してきたのである。人間の認識機能は、認識されるべき諸対象との継続的な接触の中で進化したのである。シンボルの解放――その過程で社会的に獲得されたコミュニケーション手段が遺伝的に固定された手段より優勢になった――によって人間は、自らの判断や行為をほとんど無限に多様な状況に適合させることができた。人間は異星人として世界に入り込んだのではない。主体と客体は同じ世

（9）これは、悟性の先験的カテゴリーのカント的超越概念への言及であり、知識に対して超時間的な制限を定める。「テキストについての註釈」、本書二〇〇頁を参照。

界の部分を形成する。生物学的に前もって決定されている人間の傾向——それは、人間が経験し、他者に伝えたいと思うかもしれないあらゆるものの音声シンボルを作る傾向である——がこの事実の証左である。人間が一定の時に相互のコミュニケーションで使う範疇は発展してきたが、それは、人間以外の世界との不断のコミュニケーションにおいてさらに発展するのである。

他方、前提とされている人間の認識装置、およびそれと関連する先験論的（カント的）な不確実性は、言語や知識とは対照的に、まったく変化しないものとして提示されるだけでなく、その対象とはまったく無縁に自らを形成してきた別世界の産物としても提示される。主観と客観という哲学上の対立物、およびそれから派生するあらゆる仮定はまったく静止しているのである。そうしたものはたいてい非過程的な鋳型にはめ込まれている。変化するもの、流動状態の中で起こるものとしてのみ観察できるデータが、科学的な象徴化においてまったく変化しないもの、すべて非過程的なものとして提示されるなら、われわれはたいてい解決の余地のない見せかけの問題に直面する。われわれはここでその一つに出会う。個々人が若いときに習得し、しかも自分の生存以前に存在していた言語や知識のパターンは、空中に漂っているのではない。それはそちらの側からすれば個々の人間によって表現されたに違いない。しかしここで止まることはできない。たぶん、言語が単に話し手ひとりひとりの発言の総和である、と主張する人々の誤りが理解されるであろう。そのような場合、自分が好きな言語音を何でも個々人は自由に発するのではない、という明白な事実をイデオロギーがぼかす。ひとから理解されるには、個々人はその集団の同胞である成員として同じ言語を使わなければならないのである。したがって、言語には、それを話す特別な個人との関係で、ある程度の自律性がある。しかし、言語は、それが個々の人間によって話されたときのみ存在する。

したがって、すべての人間は生まれつき、すでに存在していた言語と知識の蓄えによるパターン化を必要とし、それが次に初期の世代の言語と知識を吸収した個々の人間の到達物になったと言明することで、われわれは容易に窮地に追い込められる。「個人はすべて社会的な言語を学び」、「社会的な言語は個々の話者を必要とする」という両方の陳述が有効である。もしその問題――個人に先立つ言語、言語に先立つ個人という問題――が鋳型にはめられて静止したかたちになると、それは解けなくなってしまう。それは何物も見つからない絶対的な始まりの探求を招来する。しかし、諸世代の鎖のようなつながりは継続的な過程であり、この種の過程には絶対的な始まりなどはない。すべての人間は他者から言葉を習得するが、これらの他の人々もその言葉を他の人間から習得する。それでは、その連続はどこで始まるのであろうか？　絶対的な始まりを発見する必要性は現代の社会的ハビタスの一部である。そのようなものとして、ハビタスは変わりうる。今は変化のための初期時代であるとはいえ、その要求は増大する可能性がある。証拠は不十分とはいえ、それは、変化する局面をもつが絶対的な切れ目をもたない、始まりのない過程を示している。われわれの理論的手段は、この種の過程の処理に適さないと仮定する理由はない。われわれは原因や端緒――そのどちらも現実には存在しないのに――の探求に永遠に運命づけられてはいない。それは人間の方向づけにとって、証拠の裂け目が仮説的に埋められるとしても、大して役立ちはしない。継続的な進化の過程という概念がその作業にうまく合うのである。今のところ、われわれには、遺伝的に固定化された合図によるコミュニケーションがいかにして大部分、習得されたシンボルによるコミュニケーションへと変化したかということについての証拠はまったくないし、わたしが知るかぎりでは、仮説さえもない。しかし、われわれは、そのようなシンボルの解放が起こったことを、非常に信憑性の高い仮定と見なすことができる。もう一つの選択肢は神話である。

継続的な過程がそのようなかたちで表現されれば、どのような種類のモデルが出現するのだろうか? わたしはこれまで進化過程と発展過程を区別する必要性を示唆した。ここでわれわれは、認識上の螺旋の新たな段階において、ある例に遭遇する。[10] その裂け目を仮説上、埋めようとする場合に現れるのは、まずあの今まで親しみやすかった進化過程の状況——その過程では生物学的に継承された合図の支配力は、コミュニケーションの手段として個人によって獲得された社会的シンボルの支配力に道を譲った——である。これらのシンボルは非常に柔軟性があり、多面的である。それは、集団の運、および単なる偶然に一致する出来事の運における変化の結果として、変化に従った。かくして、進化過程の結果として起こったわが祖先間の、シンボル・コミュニケーションの上昇は、性格上、進化的ではない、遺伝子構造によって決定されない変化の過程を生み出した。それはまったく社会的な、発展的なタイプの過程を生み出した。

進化過程そのもの、つまりその仮定が発展過程を始動させる条件を創り上げた。発展が始動したとき人間性の祖先における進化が止まった、と仮定する必要はない。祖先の血統において集団はおそらく両方のタイプの変化に従ったのだろう。たとえば、旧石器時代の人々は、革命的な変化を経験しただけではなく、彼らは非常にゆるやかに道具を改良したのであり、それは発展的な変化であった。これまで言語によるコミュニケーションの能力については何も分かっていないように思われる。それがどうであったにせよ、これは同じ血筋の集団で作用している両方のタイプの変化例である。

ヒト科の動物のうち唯一生存している類型の場合、言語の変化や知識の進歩は、変化が純然たる発展的なタイプとなる好例である。人間が依然として進化上の変化にさらされているのかどうかを語ることは困難である。生存のための継続的な闘争において、人間は動物界の広い領域を支配してきた。こうした領域において人間は生存競争の勝者として登場してきた。人間の場合、進

(10) これは、知識の発展段階を上昇する統合レベルの一つとして描くための、精神的枠組みとしての「意識の螺旋階段」への暗示であり、エリアスはそれを自分の研究のいくつかの個所でも使った。以下の文献を参照。Norbert Elias, *The Society of Individuals* (Dublin: UCD Press, 2010 [Collected Works, vol. 10]), pp. 95–7〔エリアス『諸個人の社会』一一八—一二〇頁〕; *The Court Society* (Dublin: UCD Press, 2006 [Collected Works, vol. 2]), pp. 263–74〔『宮廷社会』三八三—九頁〕; *Involvement and Detachment*, pp. 36–7.〔『参加と距離化』未訳の全集版序章〕

化上の変化の重要な梃子の一つ、つまり、ほぼ力の等しい種の間での敵対関係はほとんど作用しなくなった。これに反して、発展的変化はスピードを増してきた。いくつかの点で、ダーウィンの古典的な理論によると、新しい種の進化が起こる条件が急激に変わったのである。無計画の進化過程が以前のようにずっと続いている、動物の世界の諸領域がある。しかし、自由な生存競争や適者生存の選択がほぼ終了した一つの大きな領域がある。そこに人間が最も適した存在として、もっと正確に言えば、生物のうちで最も力のある類型として登場した。もしそこで進化が続けば、それは、意図されない結果をともなう計画された過程、計画された進化になるであろう。人間は、動物界における人間の潜在的な競争者や敵を支配したとはいえ、ウィルスやバクテリアの段階ではその戦いは続くのである。他の段階では人間はほぼ支配的である。人間は他の動物種を殺し、あるいは保護区に収容したり、閉じ込めたりして、他の動物を支配することは動物に対する責任をともなうことに気づき始めている。

こうした状況において、人間はいかにしてこれらの段階で支配力をうまく得ることができたのか、と尋ねてみても、それはくだらない質問とは言えない。現在の答えの中で最もよく知られたものは個人中心的である。われわれは人間の優れた知力、人間の論理的思考能力に言及するかもしれない。あるいは、その他にわれわれは人間の道具を製作する能力に言及するかもしれない。しかし、実際、人間が他の動物よりも多くの権力を獲得した際の大きな役割が、世代から世代へとシンボルのかたちで知識を伝える人間の能力によって、また（停滞があったとはいえ）数千年に及ぶ現実適合的な知識の絶えざる成長——それを可能にしたのは継続的な世代間の伝達である——によって果たされたことは明白である。

発展の必要性の伝統的な類型には自然主義的な響きがあった。ダーウィンと彼の信奉者によって前提とされたような進化の必要性が永遠に続くということが当然視されていた。そこから、進化の理論はある予言を暗示するものであり、それによると、人間という種は早晩、必然的に他の改良された種によって、まさにヒト科の動物が類人猿の後に続いたように、引き継がれる、と結論づける人々がいた。そのような仮説はここでは暗示されていない。とはいえ、あらゆる社会発展はいくつかの条件に依存している。もしこれらの条件が、変化したり、あるいは消えたりすれば、その結果生じる発展もまた変わりうるし、終わることにもなる。動物の世界の広い領域の支配的集団として人間が現れたのは一例である。進化の連続が拘束する必然性——それは前の数世紀ではほぼ当然だと思われていた——は、問題の複雑性を包み隠す。たとえば、それは進歩の方向へと一直線に発展すること暗に意味する。もっと綿密に検査してみると、それは極めて明白な社会領域における進歩に言及していることがたいてい発見される。それは、振り返ってみれば、退歩的な段階のように見えるかもしれないようなことをおそらくともなうのであろう。

ここは、発展的な進歩や必然性の問題をより完全に説明するための場ではない。[11] 何が再三、暗

（11）エリアスの次の文献を参照。Norbert Elias, *What is Sociology?*（London: Hutchinson, 1978）［Collected

黙のうちに示されたのかをはっきり言えば、また、進化の概念もここで使われているような進歩の概念も、自由のない必然性もしくは進歩への直線的方向を暗示するのではないと明言すれば、それで十分に違いない。それが実際、暗示しているのはある順序であり、それに従えば、後の段階の諸問題や問題解決は、初期段階の諸問題の解決を前提とする。後者は必然的に前者に先立つが、前者は必ずしも後者に従わない。要点を繰り返してみよう。この種類の知識における進歩は、以前は人間にとって接近不可能であった問題領域を人間の支配に接近させることができる。それはまた、知識のさらなる拡大にとって障壁としても作用しうる。これは伝統的に前提とされてきた観念的単位――それは、人間は、人間から独立して存在している世界に関する知識を獲得できるかどうかということについて疑念を生み出す――との間にある基本的な違いである、といった指摘をもう一度しておく価値がおそらくあるだろう。[12] こうした観念的単位は自然主義的なやり方で不動のもの、永遠のものとして提示される。それに反して、主観と客観の中間物としてのシンボルは可変的である。それは多かれ少なかれ現実適合的になりうる。実際、いくつかの自然のシンボルは、それが表示する現実とより適合してきたし、それゆえ、将来、それが表示する現実と完全に位置することもありうる。

言語の可変性、つまり、言語は多かれ少なかれ現実適合的になるかもしれないし、そのパターンや意味をまったく変えるかもしれないという事実は、言語があらゆる発展段階でいくつかの共通する機能をもっているという事実と完全に一致する。そのうちの一つに言及すれば、それで十分かもしれない。それは、複数の人間の間でなされるコミュニケーションの手段としての言語の機能を鮮明に示している。わたしは、ほとんどの現代ヨーロッパの言語において、一連の人称代名詞によって表される機能に触れているのである。[13] それに対応する動詞の文法形式とあいまって、この一連の代名詞は、方向づけの不可欠の手段として役立つ。それは、特別な陳述がどの人間、どの人間集団に言及しているかを指す。それは、この特別な陳述が話し手もしくは話し手が属している集団に言及しているのか、ここに今いて、話し手に呼びかけられている人間に言及しているのか、あるいは呼びかけられている人間が属している集団に言及しているのか、そして最後に、ここに今いない人間や第三者もしくは不在の人間が代表する集団に言及しているのかを指す。この機能を表す特別な文法形式は変わりうる。たとえば、ラテン語では一人称単数は関連する動詞自体のかたちで象徴的に表される。別個の言葉である「わたし」(*ego*)は、自分自身があれこれの行為に関心があるという事実を強調したいと思うときのみ使われる。しかし、その特別な文法形式がどうであれ、それはこの機能を表すために使われる。この機能自体はさまざまなか

Works, vol. 5]), ch. 6, 'The Problem of the "inevitability" of social development'.〔『社会学とは何か』第六章、「社会発展の『必然性』の問題」〕

(12) 本書二八―三一頁を参照。

(13) エリアスはまた序章、および第二章で人称代名詞の社会学的受容性について議論している。参考として本書九頁、註(3)を参照。

たちですべての既知の言語に存在している。それがもし事実でないなら、混乱が生じよう。動物のコミュニケーションの自動的な自己中心性と比べると、人称代名詞が果たす機能は、言語によるコミュニケーションが話者に要求する、より多くの自己距離化と対象中心性を示す。適切な方法でわれわれ自身の人称の象徴的な表示——たとえば、英語の人称代名詞であるyouとI——を使うには、われわれは言わばある距離から、自分自身を見つめることができなければならない。[14]

あらゆる種類の人間の言語は、動物のコミュニケーションと比較すると、より高次の対象中心性を表す。対象中心性というこの段階はすべての言語に共通の構造的特徴をいくつか課す。いくつかの言語において人称代名詞が果たす機能はこれらの特徴の一つである。言語構造に関する仮説はしばしば進化上の比較がなされることなく提示されている。言語によるコミュニケーション能力をわれわれが考慮に入れないかぎり、言語の共通の特徴がはっきりと現れることなどありえない。

これは一例である。言語によるコミュニケーションが言語以前のコミュニケーションから少しずつ段階的に現れたのか、比較的急激な進歩によって現れたのか、あるいはその両方によって現れたのかはともかく、その進化は、人間という唯一の生存している種の、言語によるコミュニケーションの重要な側面を形成した。この過程の詳細はおおむね未知ではあるが、その結果のいくらか、その変化のいくつかの細部は十分明らかになっている。言語のあのより多くの距離化や対象中心性は、われわれが言語によるコミュニケーションと動物のコミュニケーションを比べないなら、はっきり見えない。しかし、他の構造的特徴もあるが、その機能や意義は、われわれが言語を単に、変わりそうに見えない人間の精神の徴候と見なすならば、明らかにならないかもしれない。が、もしわれわれが言語を、他の多くの人間的特徴と同様、継続するかもしれないし、あるいは継続しないかもしれない進化過程の結果として捉えるならば、その機能や意義は明らかになるであろう。

可変性、柔軟性、とりわけ拡張能力などの増大は、人間の言語コミュニケーションと動物のコミュニケーションを区別する特徴のいくつかである。後者はコミュニケーションの主体の条件と密接に関係した機能に限定され、それゆえ、範囲が比較的狭い。言語の革新的で生物・技術的な特徴の一つは、その柔軟性、つまり新たな社会経験に照準を当てたその無限に近い適応性である。

(14) 対象中心性とは、一九七一年に書かれたエッセイ 'Sociology of knowledge: new perspectives' で詳説されたエリアスの、人間の知識の連続体モデルから取られた言葉である。連続体の一方の端にはイデオロギー的知識が含まれており、そこでは自己利益の付与性、幻想的内容、主観中心性、さらに「参加」の度合いが増大し、それはその尺度にさらに沿って、知識と比較される。他方の端には、科学的知識があり、そこでは、その元来の認識者の痕跡や認識者の利害関係が消え、現実的内容、客観中心性、さらに「距離化」の度合いが増大し、それはさらに逆の尺度に沿って、知識と比較される。次の文献を参照。Kilminster, *Norbert Elias*, p. 49; Richenda Power, *A Question of Knowledge* (Harlow: Prentice Hall/Pearson Education, 2000), pp. 42-5, 161.

新しい社会経験、とりわけ新しい発明や発見は遅かれ早かれ人間集団の言語の中で象徴的に表される。それは、人間独特の習得能力――それによって人間は技術的、組織的革新を達成できる――が、もし人間が新しい経験についてお互いに語り合う能力をもたなくても、また新たな音声パターンを使って早晩、象徴的に表明することでお互いに伝達し合う能力をもたなくても、それがたどったようなかたちで発展できたかどうかに関する問題であり、この問題はさらなる研究を要する。革新的方法（音声パターンと、それが象徴的に意味するものの両方）によって言語や知識の一定の社会的蓄えを拡大する能力が、科学上・技術上の革新の不可欠な予備条件であるということを、われわれが有する多くの証拠が暗示している。ひとからひとへ、世代から世代へと知識を伝達する手段として人間に役立つようになった音声パターン言語の並外れて柔軟で幅広い性格がなくとも、人間の知識は――たとえば、知識が狩猟用の斧の製作からコンピュータの製作に拡大したように、また神や神の乗り物という太陽の認識からある種のヘリウムの燃える炉という認識に拡大したように――拡張可能であっただろうか？

話されること――人間同士のコミュニケーションにおいてシンボルとして使われる音声パターン――は、進化論の表現では確かに言語の基本的な機能である。しかし、それは唯一の機能ではない。わたしはすでに、読むことが音声パターンを作ることなくシンボル機能を使う方法であり、また書くこともそうである、という事実に注意を促した。この場合、音の感覚パターンは、視覚の感覚パターンに取って代わられたのである。しかし、感覚パターンの明白な使用がまったくない言葉の使用もある。シンボルのみを操作することによって、またシンボルから感覚パターンとの明白なつながりを奪取することによって言葉を使う最も有名な方法は、われわれが思考と呼ぶいくつかの形式である。この場合、われわれが理解できるかぎりでは、シンボルは、それが、言語もしくは思考するひとの言語との関係で受け入れたパターンを保持する。しかし、習得の過程によって、ある種の無声の発話に、つまり、音声を発しない、また明白な感覚上の動作などがまったくない音声シンボル操作に従事することが可能になった。ところが、思考という無声の言語はいつも話される言語へ変えられるのである。とはいえ、話される言語の文章パターンがない――あるいは、あったとしてもそれとの結びつきがやや弱い――シンボル操作から構成されていると思われる他の形式もある。この種のシンボル思考は先に述べられた非言語のイメージ操作へとかすかに変化するのかもしれない。文章はキーワードに変えられ、それが次にイメージと混ざり合うことになるのかもしれない。この種の思考や知識を話される言葉に変えることは、たとえシンボルのパターン化が――この段階でわれわれが言えるかぎりで――特定の社会の言語においてシンボルが受け取るものとほぼ同一のままであるとしても、容易ではない。この段階においてさえも言語の違いが、したがって社会的ハビタス[15]の違いがどれほど痛切に感じられるかを発見するには、もっと綿密で詳しい検査が必要とされる。フランス語を話す人々は、このような段階に

(15) 本書三一一、三三二頁、註(22)を参照。

おいてさえも英語を話す人々、また母語としてスペイン語やドイツ語を話す人々とは違ったふうにシンボルを使うのだろうか？　こうしたことがありながらも、質問に答えるというよりむしろ自分が問題を提起していることをわたしは意識している。しかし、質問もまたこの脈絡では重要な点を強調する。言語、思考、知識を、まるでそれらが個別の仕切りにの中にあるかのように扱うのは不可能であることをわれわれは再び意識させられるのである。われわれは言語、思考、知識を異なった理論の主題と見なすことはできない。専門化はもう役に立たなくなったのである。それらすべてを包括する統一理論が必要とされている。

言語に物質的な側面があることを理解するのは容易である。コミュニケーションの手段としてその機能を果たすには、言語は話されなければならないのみならず、聞かれなければならない。音声パターンはメッセージを送るひとからメッセージを受け取るひと、あるいは人々へ移動しなければならない。再度われわれは、特別な言語をもった、またある種の社会的先験性としての、他のハビタスという特徴をもった人間集団の発展に出くわす。それは、新しく生まれる人間のいかなる経験にも先立って存在し、話し、考え、知る人間の能力の形成を助ける。この生物‐社会的調整は言語、思考、知識が継続的に発展する条件である。それは、異なった社会——あるいは、よく言われるような異なった文化——の発展における独特の性格が何世代にもわたって維持されるあの持続性を説明する。とはいえ、このような配列から必然的に生まれる性格をもっとよく理解しようとすると、異なった人間社会をそれぞれ比較するだけでは十分ではない。その完全な意義は、人間社会を動物社会と比較することによってより高度な総合段階へと上ったときのみはっきり現れる。人間社会の成員は主に習得された言語によってコミュニケーションをとる。動物社会を構成する動物は依然としてその動物的なコミュニケーションの方法を維持しており、その大部分は、社会的、個人的習得によって獲得されず、遺伝的に前もって決められたコミュニケーション形態に縛られている。この段階での比較は、言語コミュニケーションが人間社会の基本的な差異であることをより明瞭に認識させてくれる。

人間社会の最も重要な、際立った特徴の一つは、その可変的な能力、新しい形式を発展させ、人間という種を生物学的に変えることなく、社会そのものを新しい条件に適応させる能力である。動物社会の構造は種に特有なものである。チンパンジーの集団の構造はいつも明確なかたちでゴリラやテナガザルの集団の構造とは異なっている。オオカミ、ゾウ、あるいは、ついでながら社会性昆虫は、それらの種に特有の、ほとんど変わることのない集団的特徴を形成する。その集団生活はわれわれが進化と呼ぶ生物学的過程の一部として、つまり、同じ過程――その間、当の生物種がそうしたかたちで出現した――の一部として存在するようになった。そして、そのような進化の変化に要する時間枠は、特にそれを発展的な変化と比べるならば、大きいのである。もし新しい種の出現について考えるならば、時間的な準拠枠として数百年よりも数千年を使えば、たぶんより目標に近づくことになろう。多くの人間社会は、二千年という短い時間枠内で、たとえば、部族から国家、絶対王政から議会主義的共和政体へと大きな変化を遂げた。ローマ人にとって、エトルリア人の支配する都市国家や、しばしば戦闘に関与した都市‐共和国から広大な帝国の支配者集団へと発展するのに数百年かかった。きわめて明白な種の生物学的変化を何らともなわないこうしたタイプの社会変化は、利用可能な概念で表現すれば、同一種（ホモ・サピエンスなる種）内部におけるあれこれの方向への社会発展として、また、無計画の変化として、まったく明瞭に識別されうる。それは、新しい生物種の出現に帰着し、かつ社会的に生活する動物の場合、この動物がともに集団で生きる様式を包含する進化上の変化とは明らかに異なる。

何千年もの間、明らかに社会変化や知識の拡大のテンポは非常に遅かった。それは急激な割合で増大するように思われる。現実適応的な人間の知識の蓄えも増大した。それが何世代も経て実際に増大したという事実そのものは、人工的な音声パターン――それは特定の社会においてコミュニケーションの対象になりうるあらゆるもののシンボルとして役立ち、また習得によって獲得されなければならなかった――を手段にしたコミュニケーションの進化的革新によって可能になった。こうした音声パターンの中には――そのどの場合にもわれわれは知識をもっているが――特別の言語が話される社会のシンボルが、つまり、ある種の集団的自己像が含まれる。

主として社会的に基準化された音声パターン――それは習得によって獲得される――を手段とするコミュニケーションへの進化上の変化がどのようになされたのかわれわれには分からない。われわれの進化上の知識におけるこの空隙は、言語を手段とする――言語・思考・知識として多方面の機能を果たす社会的に標準化された音声パターンを手段とする――この新しいコミュニケーション技術がその変化において重要な位置を占めている、ということを認識する可能性を減じるものではない。それは、動物社会（その構造は個々の遺伝子構造によって主に決定される）から、人間社会（その構造は、個々の遺伝子構造における生物学的変化がなくても、また大部分は集団的経験における変化——とりわけ権力関係もしくは知識の社会的蓄えの変化——との関係で、大きく変わりうる）への変化である。

世代から世代へと伝達された知識の社会的蓄えがシンボルの使用なしに、摸倣のみによって継承されたかもしれない、という議論も可能であろう。摸倣による習得が実際、個人の習得過程で、したがって世代間の知識の伝達において役割を果たしていることは疑いようもない。たびたび示唆される類人猿の模倣的傾向は、その習得の潜在能力が上昇したことの徴候であるのかもしれない。とはいえ、類人猿の現存する種の段階では、習得は依然として、生まれつき固定されたかたちの行動操作と、習得されたかたちの行動操作との間にある、遺伝的に決定されたバランスにおいては、決して優勢ではない。さらにまた、概して言えば、無声の摸倣によって、また言語シンボルを使用せずそれを矯正することによって伝達される知識の範囲は、知識の伝達をシンボル技術が提供するその範囲と比べると、小さい。言葉をともなわない摸倣は人間の知識伝達の技術において役割を果たすという事実を忘れる必要はないが、そうしたかたちになるその潜在能力が、シンボル技術の潜在能力によって大いに乗り超えられている、と言える。実質的には、知識として標準化される音声パターンの拡張と可変性には目に見えるいかなる限界もない。

より多くの現実適合性への、シンボルの順応力はまた、人間の性質が構築した構造によっても、あるいはまた、経験を先取りするいかなる方法をもってしても、削減されはしない[16]。いずれにせよ、今や人間以外の自然を表示する人間の概念の、あの増大する現実適合性は、人工的なシンボルがより多くの現実適合性へと、あるいは知識の社会的蓄えの増大へと発展する能力の例として役立ちうる。いわゆる自然に関する科学的なタイプの知識が目立ってきた人間のあらゆる部門では、これが魔術‐神話的なタイプに先立たれていたということはまた広く知られている。大小の潜在的力をもった霊魂の世界というその性格は、無目的ではあるが組み込まれた秩序に従って変化している進化する宇宙としての自然の経験に先立っていた。

自然の神話的イメージから、自然の科学的イメージへの変化はごく普通の知識として広く扱われており、また、そのようなものとして当然視されている、という事実は、これが音声パターンの成長を可能にさせる発展的方向の一つを示す有効な例、つまり、シンボルの、より多くの現実適合性への発展の例である、という事実を認識するのを妨げる。太陽が——それを一般人の言葉で表現すれば——ヘリウムの燃える炉と見なされようになったことは、認識過程の最終段階になるかもしれないし、そうでないかもしれない。それがより多くの現実適合性の方向に向かう発展であることはまったく確かである。中世の動物寓話集と、多くの写真のある現代の動物の本を比べてみると、同じことが言える。中世の場合には、一角獣や他の動物の生き生きとした描写が見られるかもしれないが、われわれは、それが人間の幻想の産物であるということを知っている。

が、それは現実のごとく表現されているのである。神話的な動物は現代の、動物が描かれている一般的な本から姿を消してしまった。

シンボルの社会的蓄えは、幻想的知識と現実適合的知識を区別する線が不鮮明であり、両者のバランスが前者に有利に傾いている状況（その場合、両者のバランスは幻想的知識に非常に有利に傾く）と、人間以外の自然領域におけるシンボルの幻想内容と現実適合性の違いが完全に明白である状況とでは変わりうる、という事実を明示する例が他にも多くある。ここでは、現実適合的知識が、二つの類型のバランスでは明らかに支配力を振るっている。この領域ではそれが明らかに支配的であるが、一方、人間社会の知識のような他の領域では、幻想的知識が、たとえば、社会の理想というかたちで依然として現実適合的知識を装う。こうした領域では幻想と現実の区別はぼかされ、前者が明らかに知識の支配形式として優勢になる。

（16）知識に対する先験的なカテゴリー上の制限についてのカントの教説に言及している。

第七章 「真実」から現実適合へ――伝統的な哲学の知識理論を超えて

一七世紀から二〇世紀の終りまで議論の中心を占めてきた知識の伝統的な理論と比べると、知識に関するシンボルの理論それ自体は、幻想の優位性がより大きい状態から、現実適合性がさらに大きくなる方向へとバランスが変わる勢いを示す例として役立ちうる。現実適合性という表現は、伝統的な知識の理論がもつ弱点の一つ――それはまるで知識が真空状態で存在するかのごとく知識を扱う傾向である――を矯正するための手助けになるように作られている。概してこれらの理論は知識を特殊化しすぎる。これらの理論は、知識の認識論的機能、知識の方向づけの手段としての機能を、それがまるで他のすべての機能、とりわけコミュニケーションの手段としての機能とは無縁に、孤立して存在しているかのごとく扱う。知識の存在論的地位、知識の世界における場、したがって、知識間の――知る人々と知られるものの――関係は不明瞭なままである。言語を知識から分離すれば、知識から多次元世界におけるその拠り所が奪われる。知識は単に人々の心の中にある何かのように見えるのである。こうした地位は、知識は言語のように非物質的な何かであり、物質界の外部に、また物質界や時間と空間の世界から独立して存在する何かである、という暗黙の前提を無条件に強化する。ところが、それは、そうした世界に場をもたないものは存在しているとは言えない、といった単純な陳述なのである。時間と空間のうちにある何かとしての言語や知識の相がそれらにあまり注意しない、ということは、多くの今日の言語理論や知識理論の幽霊的な性格を示すものである。時間と空間に場をもつあらゆるものはシンボルの次元でも場をもつということは、シンボルの次元で場をもつあらゆるものは空間と時間にも場をもつということと決して矛盾しはしない。

知識がまるで時空を超えて存在しているかのごとく、知識について語る傾向は、知識が人間の外部に存在していることを暗示する他の傾向と並行する。語彙全体がこの空気のような存在を支えるために創造されてきた。真実や妥当性が例である。(1) それらはたいてい静的な性格をもつ。それらはここでは過程概念によって取って代わられた。特定の社会で特別な項目として標準化される音声パターンは、状況に応じて、現実適合性がより多かったり、より少なかったりする。真実という概念はわれわれの語彙の中にその機能と場をもつ。法廷で、証人は真実を語ったと言われるかもしれない。学校の子供についても、同じく外交官についても、彼らは嘘をついたと言える。真実の概念の反対語は虚偽の概念である。地震の後で病院の門衛たちに、瓦礫の下に三五日間、埋もれていたと語った負傷者は入院の許可を得るために嘘をついた。しかし、科学的な状況ではこの一組の概念はあまり使用には適さない。アレキサンドリアのプトレマイオスとその同時代者たちは嘘をついたが、コペルニクスは真実を語った、ニュートンは嘘をついたが、アインシュタインは事実を発見したなどと公言すれば、間違った意見を表明することになろう。この厳密なまでに静的な「真実」概念の性格こそ、その不適切さの、また同じくその微妙な道徳感の大きな原因となる。ところで、科学研究は一歩一歩、前進するのである。科学研究には、現実適合性がより多くなる方向、もしくはさまざまなレベルでシンボルの幻想内容がより少なくなる方向への過程という性格がある。その陳述は事実のシンボルとしてより適切にもなり、より不適切にもなりうる。事実に関連する音声シンボルには多くのニュアンスと度合いがある。太陽は人間に昼間、光をもたらすために、神によって大空に配置された天体であるということは、嘘ではなくて幻想であるが、すべて間違っているわけではない。というのは、太陽は日光の源だからである。

（1）以下のページでの「真実」の哲学的概念に関する意見は、エリアスのエッセイ 'Sociology of knowledge: new perspectives' におけるこの概念の欠点に関するさらなる議論と並んで解釈されうる。以下の文献を参照。*Essays I: On the Sociology of Knowledge and the Sciences* (Dublin: UCD Press, 2009 [Collected Works, vol. 14]), pp. 28-9.「妥当性」は新カント学派の認識論における「妥当性」（*Geltung*）の中心概念への言及である。この概念は、ここでは議論されていないが、エリアスの一九二二年の博士論文 'Idea and Individual: a critical investigation of the concept of history' での主要な目標である。以下の文献を参照。*Early Writings* (Dublin: UCD Press, 2006 [Collected Works, vol. 1]), pp. 23-53. さらに本書の「テキストについての註釈」も参照。

知識の存在論的地位に関連する不確実性は、ここでは以下のようなことを暗示することによって取り除かれた。つまり、知識は民族の記憶の中に蓄えられる音声パターンであるということ、その社会的に確立された意味は、幻想が優位を占める状態から高い度合いあの現実適合性をもつ別の状態へと変化するということである。知識と認識の重要な問題は、知識とその対象の関係、知識によって表示される事実という問題であったし、相変わらずそうである。知識が必然的に事実を歪曲し、あるいは事実を遮断すると人々が信じた時代があった。いずれにせよ、自然科学とそれに関連するテクノロジーの進歩はこの信仰に矛盾する。事実という言葉の使用に付着する汚名ほど基本的な不確実性――それは知識の概念の使用、したがって、知識とその対象の関係についてのあらゆる陳述にまといつく――を特徴づけるものは他にはない。知識の性質に関する議論でこの言葉を使用する人々に哲学者はナイーブという汚名を着せる。観念論哲学の影響がどれほど強力であるかは、人々は、知識に関する議論において非専門的と見なされないように、専門家の間で自明の理として認められるようになった教説――知識は必然的に現実世界をゆがめたり、隠したりするという教説――に通じていないと見なされないように、現実という言葉を使用することを恐れた、という事実から理解される。誤謬、誤った判断は常にありうる。しかし、発見の主張の現実適合性に関する制度的調査が、少なくともいくつかの科学において、大いに完成されてきた時代に、永遠の歪曲もしくは現実の偽装という知識の教説は時代遅れと見なされる。さらに実際、「知識とは何か」という質問がなされ、それゆえ、それに対する答えが出されないかぎり、つまり、人間の知識は、その対象に、それが表示する現実に一致するのかどうか、どれだけ一致するのかという質問に信頼の置ける答えを出すことがいかに可能かということが問われないかぎり、時代遅れと見なされるのである。

シンボルの理論――ここにその簡潔な概略が提示されているが――は「知識とは何か」という問題を提起し、それに答える。それは単に、精巧な工夫によって知識の理論が何を失うかを示すにすぎない。それは、ほぼ標準化された音声パターンというかたちでひとからひとへと伝えられるメッセージとして、その言語的性格を知識にとりもどしてくれる。標準化された音声パターンは、一つのかたちではコミュニケーションの手段として、別のかたちでは適応の手段として、さらに思考のかたちでは、とりわけ最も単純で、最良の解決策を見つけようとして、可能な解決策への無音の実験として人間に役立つ。そのような基準に立脚すれば、知識はその対象との存在論的同質性を――知識が知識自体の対象である場合を除いて――帯びることがないと、非常にはっきり言えよう。問題の核心は、知識の伝統的な理論がたいてい、知識の実質的な側面に明確に言及することができないことである。そうした理論は、知識が、現実の出来事のシンボルとして社会的に標準化される音声パターンから成る、ということを明言しないのである。わたしは、このような状況で一貫して「真実」という概念の使用を避けた。その代わりに使用される現実適合性という言葉はまた、シンボルとそれが象徴するものとの関係を明確にする手助けにもなる。

われわれは時々そうした関係をある種の類似性として説明する傾向に出会う。シンボルは文字通りそれが表示するものの絵だとかイメージとして捉えられるかもしれない。ところが、ほとんどの場合、つまり、シンボルそのものが象徴的に表示される場合を除くすべての場合、シンボルはそれが象徴するものとはまったく違う。太陽に関する知識は太陽とはまったく違う。それは太陽とは似ていない。とはいえ、英語を話す人々の間で太陽のシンボルとなって標準化されている音声パターンとして、それはより高い幻想内容、あるいはより高い現実適合性をもつかもしれない。数世紀の過程の中でそれは前者に向うかもしれないし、後者に向うかもしれない。太陽のイメージはsunという音声パターンと関連する。そのようなかたちで太陽はその言語を話す人々の記憶の中に蓄積される。科学的探究は対象のシンボルから幻想的要素を取り除き、シンボルの現実適合性を増大させることができる。実際、現実適合性という概念がここで紹介された理由の一つは、絵もしくは鏡のイメージを取り除きたいという願望である。(2) 現実適合性という言葉は、対象とそれに関する知識との間で見られる、一致の度合いの大小に注意を向けるかもしれない。その主な機能が適応の手段である場合に知識と見なされるものは、もし注意が言語によってひとからひとへと伝えられるメッセージに注がれるなら、言語と見なされる。

その点では、シンボルの理論は、人間の認識能力の自律的構造によって、またあらゆる経験に先立って人間の精神に刻み込まれている思考形式によって、人間は対象を現実のまま認識することができるのかどうか、あるいは人間は自分の生きている世界に関する、したがってまた自分自身に関する「真実」を発見するのを永遠に妨げられてしまうのかどうか、という長引かされた論争を締めくくる手助けにたぶんなりうるであろう。こうしたこと、つまり、対象のいかなる経験にも先立って、人間のうちに存在している思考形式についてのこの論争は、奇妙な論争となってきた。というのは、それはとりわけ、人間がもともと世界なしに、またしたがって、認識すべき対象なしに進化したということを、さらに人間が言わば偶然、世界に現れたということをある種の結果論として暗示するからである。超越主義の精神に入り込むには、対象を認識する人間の能力は生まれつきわれわれを欺くように作られている、という可能性が真剣に考慮されなければならない。デカルトは、われわれが知っている世界が幻想でなかったかどうかという問題を非常に明確に考察した。自然科学というかたちでより現実適合的な種類の知識が支配権を得た時期がまた、人間は、人間が暮らしている世界について真の知識を得ることができるかどうか、換言すれば、人間が経験する世界は絶対に幻想ではないかどうかに関して哲学的な疑念を生み出したのは確かに偶然の一致以上のことであった。生まれつき欠陥のある認識能力を備えた生物種は、肉食獣を含む多くの動物が生まれつき非常に有効な認識能力を備えていた世界では、生存のチャンス

(2) おそらくルードヴィヒ・ウィトゲンシュタインがその初期の著作で提示した言語の「絵画理論」に言及しているようである。それによると、言語は世界を映し出す鏡であると言われている。以下の文献を参照。Ludwig Wittgenstein, *Tractus Logico-Philosophicus* (London: Routledge & Kegan Paul, 1922).〔『論理哲学論考』藤本隆志・坂井秀寿訳、法政大学出版局、一九六八年〕

はほとんどなかった。

　デカルトがこうした問題を提起した時期はまた、人間の認識能力の優位性が人間以外の自然の、人間による支配に現れた時代でもあった。人間が住む動物の世界の増大する和平化はおそらく人間の認識能力の徴候としてまったく無視するわけにはいくまい。幻想を排除する人間の能力、幻想的知識よりも現実適合的知識に優位を与える人間の能力が人間自身を研究対象とする分野ではなぜ、人間以外の自然の分野における知識の発展よりもずっと遅れたのか、と尋ねるのも当然であろう。和平化の差異がそれと関係があると考えてみたいところである。

　そのことがどうであれ、人間の知識の性質に関する議論の基本はお分かりのように変化した。ここで認識された知識は、一つには過程、つまり人類の習得の過程であって、零の状態から始めて知識を獲得すると思われる個人の習得の過程ではない。それは、知識の理論の伝統にさほど密接につながってはいないが、証拠にはもっとぴったり当てはまる知識の概念である。個々の人間が自分の時代の標準的知識にもたらす貢献がいかに偉大で斬新であれ――既知の個々人の並外れた、革新的な貢献が、人類の知識の社会的な蓄えを発展させる際に果たしうる役割をだれも否定したとは思わないが――この社会的な知識の蓄えの発展こそ知識への個人的貢献の源泉、根源になるのである。一般的に承認される知識の蓄えとして受容されることこそ（それ自体はしばしば時間的に長い過程である）知識が個人的な見解――それは一人の人間の固定観念（*idée fixe*）になるかもしれないし、あるいはならないかもしれない――から、人類全体への貢献として発展していく変化を特徴づけるのである。

太陽中心の宇宙という概念を例に挙げてみよう。その概念は、コペルニクスがそれを、同時代人の間で認められ、かくして一般的な知識の蓄えとして受容されるようなかたちにするずっと前に知られていた。それは古代ではなかでもアレキサンドリアのプトレマイオスには分かっていた。彼はそれを大部分は退けたようである。なぜなら、それがわれわれの感覚的証拠と矛盾していたことはまったく明らかだったからである。受け入れをめぐって論争が生じるような対立的な見解は人類の知識の過程にとって不可欠な要素を成している。この小論の基本的な論題の一つである、知識の「われわれ中心性」、つまり、知識にはひとからひとへと伝えられるメッセージの性格があるという事実は、同様の困難と戦わなければならない。それは深く根を張った支配的な教説――それによれば、知識は「わたし中心」である――と衝突する。知識の主題は一人称単数である「わたし」から一人称複数である「われわれ」に変わりうる。知識がここでは言語と不可分と見なされているということがこの変化と一致する。われわれが知っているような人間的知識の発展は、言語的構成要素というかたちで世代から世代へと知識を伝達する人間特有の能力がなければ、不可能であろう。口頭による伝達であれ、書籍による伝達であれ、知識が言語というかたちでひとからひとへと伝達されうるということ、そして、それによって世代から世代へと知識が大量に伝達されるということは事実である。

もしわれわれが望めば、われわれは異なったレベルの知識を区別するかもしれない。しかし、知識の伝達という性格を有しない言語コミュニケーションなどない。そうした点では、質量とエネルギーを象徴的に同一視するアインシュタインの有名な定式と、「やかんの水が沸騰している」という陳述の間には本質的な違いはまったくない。両方とも音声シンボルという性格を有するし、また両方の場合でも音声パターンは一人の人間から別の人間へと知識を伝える。言語と知識は二つの異なった、別個に存在するデータではなく、同じ出来事を表す音声シンボルの、コミュニケーションの対象を象徴化する音声パターンの、異なった機能なのである。知識の概念は、音声シンボルが人間の記憶領域の中に蓄えられ、そしてその場合、その音声面が一時的に無声となり、不活発になりうるという事実を強調する。しかし、音声シンボルは、人間の記憶に蓄えられている象徴化されたデータがもしそこから再収集され、再度、聴覚・視覚的シンボルとしてコミュニケーションのために準備されるなら、再び活性化される。言語と知識の実質的同一性をこのように認識することによって、伝統的な知識理論の主要な欠陥の一つを矯正することが可能となる。そのことをもう一度言うならば、伝統的な知識理論は、知識とは、その存在様式とは、実際何であるかを探究しないのである。その存在論的地位が不明確なのである。知識の問題は、時折まるでそれが自然の問題のごとく拡大されるが、また知識はしばしば文化の構成要素として、まったく非物質的なものとしても扱われる。

これまでのところ、伝統的な知識理論から逸脱する二つの重要な焦点が出現する。

（1）わたしが先ほど述べたように、知識は、言語と同様ここではもはや、その存在様式の面から見れば、不明確な存在論的地位をもつ実体のない、空気のように軽い観念とは見なされない。知識は第一に他者との出会いによる生物学的潜在力の現実化と見なされる。言語と同様に知識は、社会的にあるいは（もしお好みであれば）文化的に、生理的な場——それはこうした知識の移植のために当てられる——の中に埋め込まれたシンボルの織物と見なされる。社会的知識の蓄えを受容することがなければ、個々の人間は自分自身を適切に方向づけることができないし、したがって、生存することもできない。それゆえ、存在論的には、知識は言語と同様に自然と文化もしくは社会を結合する過程の大きな領域に属する。それは決して非物質的ではない。音声パターンの社会的標準化がなければ、また個人の記憶の領域にそのシンボル機能を蓄積することがなければ、われわれが手短に知識と呼んでいる諸過程は具体化されないであろう。

（2）知識に関する一般的教説からの二番目に重要な逸脱は、知識のシンボルとしての性格に関連する。その手助けによって、「この発言は真実である」とか、その代わりの「真実ではない」などの陳述において、別の何かに相当すると言われるものが何であるかをもっと厳密に定義することができる。伝統からすれば、一方で主体と呼ばれる人間の観念、概念、理論もしくは知識と、他方で客体と呼ばれるあらゆる種類の事実との一致に議論の中心がある、ということにわれわれは満足しなければならない。ここ（本書）では、知識は人間のコミュニケーションという脈絡から分離されてはいない。問題は、シンボルとして社会的に標準化されている言語の構成要素は、それが象徴化するはずのものと一致するのかどうか、どのくらい一致するのかということである。例は「人間」という表現である。それはあなたとわたし、そして人類の他のあらゆる成員を表す。このシンボルはメッセージにおいては、この場合のように、一人の人間から別の人間に送られる。問題は、再度、標準化された重要な知識――それは神の創造物としての人間、もしくは進化の所産としての人間に分割されよう(3)――が現実適合的かどうか、どのくらいそうなのか、あるいは、どの程度それは願望や恐怖に結びついた幻想なのかということである。こうした逸脱は、お分かりのように、知識の主体としての個々の「知る者」から人間集団、ついには人類へと――そこでは特有の音声パターンによってもしくは、しばしば表明されるように、その意味によって象徴的に表される知識が、その現在の標準的な形式を発展させることになった――推移することを暗示している。

伝統的に主体と客体の一致の問題は静的な準拠枠にはめ込まれている。その代わりここでは、その問題は証拠に従って過程的な枠組みにはめ込まれている。音声パターンが大いに変化したり、その標準化によってひとからひとへ伝達される知識や情報が大いに変化したりすることで、シンボルの全グループが時を経てより低い現実適合性からより高い現実適合性へ、あるいはより小さな度合いの幻想内容からより大きな度合いの幻想内容へと変わることが可能となる。人間の音声装置が有する独特の性格、それと大脳皮質との関係はまた、言語の音声パターンの拡大や、コミュニケーションを要求する新しい発見、新しい経験一般のシンボルとしての新たな音声パターンの確立を可能にする。人間の知識の拡大は、人々の語彙、新しい経験に関するメッセージの伝達者として機能しうる音の組み合わせを生み出す彼らの装置も同様に拡大可能でなければ、ありえなかったろう、という疑念をわれわれはもつかもしれない。

人間の知識の拡大そのものは非常に有名である。現実適合的な知識の成長が初期の段階では比較的遅かったこと、それがやがて早くなり、いまでも加速化されていることは知られている。人間が何千年もの間、主に最も耐久性のある物質である石でできた武器や道具を使ったこと、さらにまた、人間が徐々に武器や道具の原料として金属を扱う知識を獲得したことは一般によく知られている。特により最近になって観察される人間以外の自然の分野における、人間の知識の急激な拡大は同じくよく知られている。一定の段階で知識の刷新を先駆けた人間集団は大いに変化した。人間集団は知識の発展の異なった段階で違ってしまった。しかし、知識における主な刷新は、時がたつにつれて非常に規則的に、それを始動した人間集団からその他多くの集団へと広がった。できた。新しい知識の、ある中心から別の集団への拡散は、かつては今日よりもはるかに遅かった。

(3) 進化論の観点から発展させられた人間の二つの主要なイメージについて第一章でエリアスが述べたことをほのめかしている。それは、われわれは基本的には類人猿であるという生物学的な見解と、人間には精神や魂があり、それが動物界との絶対的な分断となっているという宗教的な見解との対立である。このような議論との関係で、エリアスが『シンボルの理論』をどのように見なしたかという手短な議論については、本書二九六頁「テキストについての註釈」を参照。

うるかぎりわれわれが過去を振り返ってみても、それが人間の知識の成長に見られる通常の特徴であった。

これはすべて広く知られていることである。しかし、それは経験的なレベルでしか知られていない。伝統的な知識の理論に関するかぎり、それはまったくと言っていいほど考察の範囲外に留まっている。人間の知識の利用可能な蓄えを使うすべてのひと、あるいは人間の知識のさらなる発展に貢献するすべてのひとが、ほとんど無名に近い先駆者たち――彼らは個人として、もしくは集団として人間の知識の発展に永続的に貢献したのであるが――の能力に依存していることは明らかであるのに、そのことはほとんど考慮されない。根深い認識論的伝統が知識の発展のこの長期的な過程を、理論的なレベルで考察から排除するのである。この排除の理由の一つが、知識の長期的な発展の過程を知識の理論に包含することは伝統的な知識の理論の根底にある前提に合致しない、という事実であることはまったく確かである。それは主体‐客体関係のモデルをもつ例と一致しないのである。このモデルによると、主体のイメージは、前の世代にはまったく依存せず個人は完全に自分独りで知識を獲得するという前提がパターン化されるのである。

知識の理論においては科学的知識のみが、またおそらく物理学的知識のみが考慮に値する、といったこともまたしばしば前提とされる。人間以外の自然の分野で今、科学的と呼ばれているタイプの研究への推移が、現実適合的な知識の拡大を目指す人間の探究における大躍進として見なされうることは自明である。この大躍進は、より現実的適合的な方向に向う前科学的知識の長い先行的発展がなければ、達成されえなかったであろう、ということもまた明らかである。コペルニクスはプトレマイオスや他の古代ギリシャ・ローマの著述家に負うところが多かった。狩猟や採集の段階から牧畜や農業の段階への移行はまた現実適合的な知識の拡大への段階を意味した。読み書きの発達、視覚シンボルによる知識の伝達――聴覚シンボルによる知識の伝達に加えて――の発達と同様、植物の栽培化や動物の家畜化も前科学的知識から科学的知識にいたる道への段階であった。これらのまた他の、知識の先行的前進がなければ、人間の現実適合的な知識の蓄えを拡大する科学的な方法への大躍進はほとんどありえなかったであろう。

科学は数名の類まれなる個人の言わば偶然の創案として登場したとする伝統的な説明は、科学的な種類の探究を行う先駆者が、人間の知識における先行の進歩に依存していたこと、また、科学というかたちで現実適合的知識が出現する前に数千年を通じて成長していた自然についての現実適合的知識の総体に依存していたことをほとんど正当化できない。人間の自然に関する知識が発展していくその前科学的局面を考慮しないと、科学的局面への大躍進は正しく説明できない。これらの関連を完全に明らかにするにはかなり多くの経験的な研究が必要とされる。しかし、同じく、人間の知識の成長に関する現存の理論から離れる理論的モデルも必要とされる。知識に関するシンボルの理論はそのような方向への企てであり、それは知識を長期的な過程として、また流動的な状態にあるシンボルの組み合わせとして捉える。それらは一連の基準によって表される二方向のうちの一つへと動く。[4] 知識は前進することもあるし、退歩することもある。また、それは拡大することもあるし縮小することもある。すでに指摘されているように、知識はより現実適合的になることもあるし——つまり、幻想性を帯びることが少なくなることもあるし——あるいはその逆にもなりうる。

さてこれまでのところ、人間以外の自然に関する人間の知識は多くの大小の変動をともないながら拡大の方向へ、現実主義の方向へ着実に前進してきた。それは、明確な方向へ向かう長期的な発展の、およびこの種の継続的もしくは連続的に進行する発展の特徴である通時的順序のモデルとして役立ちうる。一定の後期のいかなる段階も先行する段階を前提とするが、必然的な結果としてそれに従うことを予期されるわけではない。実際、連続的な順序の例として挙げられる知識の過程の性格が、知識の過程のより初期の段階、およびそのまさに最終的な段階に関するかぎり、一般に認められている。その二つの段階の間に一般に歴史と呼ばれる領域が存在し、そこでは、研究者に利用可能な大量の詳細が、発展的構造を、連続的な順序の諸特徴を研究者に見えないようにおおい隠す傾向がある。人間の知識の発展における初期段階に関するかぎり、道具の原料として金属を知り、それを使うことは石に関する知識と石の使用に先立つものではなかった、という事実がいくぶん理解できる。人間の目的のために鉄を使うことが銅の使用よりもっと難しく、より多くの技術を必要とするという事実をわれわれは知っている。青銅のような銅の合金を処理している間に人々が得る知識は、鉄の道具のさらに難しい製造への道の足がかりとして役立った。

同様に、発展途上国や先進国に言及するならば、人間自身の時間における連続的な変化の道筋が認識される。現在の幻想によれば、これら二つの発展的な時代が両側に位置する時期のみがまったく非発展的な、もしくは歴史的な性格をもつ。その上、現代そのものが、並んで存在したり、あるいは通時的な順序でそれぞれつながったりしている連続的秩序の異なった段階の、容易に接近できる例を数多く提供する。この種の順序は知識だけに限定されるのではない。とはいえ、人間の知識の発展はこの種の順序の好例である。お分かりになるように、それは、人類が——人類自身が過程と見なされるとすれば——知識の主体としてまったく自律的な、独立した個人の虚構的（哲学的）な像を代用することを暗示している。遅かれ早かれ、われわれが今、歴史と呼んでいる時期、古代から前近代にいたる時期の発展的な性格は、そこに変動があるとはいえ明確になるかもしれない。この状況では知識の過程に関する鳥瞰図的な見解は、われわれの現在の知識における間隙を経験的なレベルでも、同じく理論的なレベルでも際立たせるほど十分なものになるかもしれない。長期的な知識の過程を発展として捉えることは易しくはない。なぜなら、数あ

（4）方向の変化を示すということは、経験的に検証可能な基準のかなりの範囲が、潜在的に想像可能であるという理由で、説得力のある行為である、ということがここでは暗に含まれている。エリアスは、以下、第九章の二六六—七〇頁で方向の変化の基準に手短に話をもどしている。その際、彼は、人間の歴史における自分の、僧侶的知識と非宗教的知識の発展の四段階モデルを展開している。

るなかで今日われわれは伝染病の起源についての知識――それはわれわれの前の、歴代の人類にはまったく手に入れることができないものであった――のような知識を当然のこととして所有しているからである。すでに知っている人々が、自分たち自身の理解のために、まだ知らなかった人々の状況を再構築することは難しい。われわれの想像力をこうして拡張することは、知識の過程、また連続的な順序をより完全に理解する上で必要とされる。

容易に見過ごされるかもしれない知識の成長過程の一面がここでは明確になる。この過程が人間特有のものであるという事実にはすでに注意が促されてきた。シンボルというかたちで知識を世代から世代へと伝達する能力は知識の増大の決定的な条件である。それによって、後の世代は、祖先たちがこの知識を得るために必用としたすべての実験や経験を経る必要もなく、知識を利用できるのである。普通、われわれは、自分自身の思考方法、世界認識の方法が、社会的に標準化された言語――われわれはそれを自分自身のものにして、それを当然のこととして苦もなく使っているが――によって科学的な回路へと導かれていくという事実を意識していない。われわれは、生きている人々の共同体に入るとき、言語や知識をあるがまま使うことができるが、現在、生きていない世代の労力や経験が言語や知識の形成に注がれたという事実にはまったく無意識のままである。

「意識」という言葉そのものが例として役立つことになる。通常使われる場合、それは知識と特に密接な関係があるようには見えない。考え直してみた結果、意識という言葉は、しばしばまるで知識がその内容となる形式のことを指しているかのごとく、使われているのがおそらく分かるであろう。しかし、何の形式なのか？　人間をある種の器として、つまり、内部にある何かを外部世界と完全に分離する容器として表現する概念は、英語やフランス語やドイツ語などの言語では深く根を下ろした。しかし、そのイメージが決して自明ではなく、さらに精密な検査に値することに気づくにはかなりの自己距離化の努力が必要である。意識は、あらゆる経験もしくは知識に先立って存在するある種の段階のように、あるいは知識でいっぱいにされる大きな部屋のように——ワイン倉がワインのビンでいっぱいになるかもしれないように——見えるかもしれない、といった考えは幻想である。「われわれは自分自身を意識している」という表現は、本質的には、われわれは自分自身に関する知識をもっている、ということを意味する。これは、シンボルがどのようにしてひとを誤った方向に導くことになるかを示す例である。内容を形式と分離することはできない。知識のない意識はないし、意識のない知識もない。意識とは、蓄えられた音声シンボル、あるいは換言すれば、適応の手段としての知識が通常の方法で意のままに結集される条件を表す別の言葉なのである。フロイトの「無意識的」という言葉は、蓄えられた経験が——依然としてそれが行動の決定要因として効果的であるかもしれないにもかかわらず——意のままに再結集できない条件を指す。人間の知識の一部として蓄えられたいくつかの経験は、思い起こすことができないか、あるいは医学的な手助けによってのみ思い起こすことができる。

社会的に標準化されたシンボルがあるがままの事実と一致するかどうか、どれくらい一致するかということに関する決定的な問題は実際、疑わしいままであり、究極的には答えることのできない問題として残るに違いない。理由は明白である。世界は計り知れないのである。個人的な源泉に全面的に依存する一個の人間が、われわれが生活するこの広大かつ複雑な世界に関する現実適合的な知識を獲得できるという理念は幻想的な思想である。とはいえ、暗黙のうちに、全知全能的な人間の理想、万物の真理を知る人間の理想が多くの古典的な知識の理論においてその役割を果たす。人間にことごとく知られるであろう有限的世界というイメージが暗黙の前提としてそうした議論を支えている。それは、「真理」もしくは「合理性」などの諸概念の背後に潜んでいる。それは、すべての主流の哲学が共有している、知識の問題への静的なアプローチを支える無言の理想である。

例外もあった。ヘーゲルやコントの哲学がおそらく最もよく知られたものである。両者はフランス革命に影響されていた。両者は知識に対する哲学的なアプローチの静的な性格から離れ、それを知識の過程的なモデルに置き換えようとした。両者ともそれぞれのやり方で同じ問題を突きつめようとした。彼らは知識の発展のモデルを統合の、あるいは、われわれが言い慣れているような抽象化の高度なレベルで提示した。われわれは、彼らがそれを正しい方向に試みた、といってみたい気分になるかもしれない。だがヘーゲルとコントは知識の発展におけるある段階、つまり、この種の統合のために利用可能な経験的証拠がまだ不適切な段階でこれを試みたのである。その空隙は推測によって埋められなければならなかった。知識の発展を再構築しようとする彼らの試みは、そうした意味では時期尚早であった。彼らが提供したモデルは、細部に関する適切な知識によって抑制されていない恣意的な思考でそこなわれていた。彼らが自らに課した責務は、両者の場合、孤立した個人を知識の主体と見なす伝統との決別を強要した。実際ヘーゲルはコントと同じく知識の主体を、たとえ彼がそれを精神（*Geist*）として擬人化したとしても、社会的な単位、つまり連結する世代の連鎖と見なした。彼らが残した遺産が哲学の分野ではなく、社会科学の分野に最も大きな影響を及ぼしたのは決して偶然ではない。コントの研究はデュルケムに、ヘーゲルの研究はマルクスに影響を与えた。一九世紀と二〇世紀の間には、哲学者たちはその知識の理論において大部分デカルトやカントの個人中心的で非過程的伝統に立ち返った。ヘーゲルやコントが企てた、そうした伝統との決別は激しい汚名化によって復讐された。[5] 哲学者たちの間では――また、社会科学者たちがそうした問題で哲学者の模範にならったときには、社会学

（5）哲学者カール・ポパーが書いた二冊の本に現れるヘーゲルとコント両者への痛烈な批判が、この汚名化の著しい例である。その本は一九六〇年代、七〇年代の時期に社会学では広く読まれ、影響力をもった。ヘーゲルとコントについては以下の文献を参照。Karl Popper, *The Open Society and its Enemies*, 2 vols (rev. edn, London: Routledge & Kegan Paul, 1962), II, pp. 27-80〔ポパー『開かれた社会とその敵』第二部、小河原誠他訳、未來社、一九八〇年、三一―七五頁〕; Karl Popper, *The Poverty of Historicism* (London: Routledge & Kegan Paul, 1957), pp. 105-30, 152-9.〔『歴史主義の貧困』久野収他訳、中央公論新社、一九六一年、一五九―九六頁〕

者たちの間でも——彼らの研究はご法度になり、軽蔑の対象になった。

一方、人間の知識の進歩に関する経験的知識の社会的蓄えは増大してきたし、また急激に増大しつつあるのに、高度なレベルの統合への新たな試みは、初期の統合の創始者が行った研究を、とりわけヘーゲルやコントの研究を襲った災厄によってまったく意気阻喪させられてしまった。知識の成長の細部に関する知識は、主に、その専門的な訓練によって、信頼性のある資料から細い事実を提供することが力説される歴史家の研究であった。その反面、歴史家の専門上のイデオロギーは、ランケ(6)の時代よりこの方、高度なレベルの統合への試みを、不健全として退けていた。かくして、そのような企てをすると形勢は不利になった。人間科学は、高度なレベルの統合への道、したがって長期的な社会過程の理論的モデルを閉ざしてしまう遺産を背負い込むことになったのである。

しかし、全体的な知識の成長の内部における個々人の出発点に言及することなしに、知識の成長への個人的貢献を評価することはほとんどできない。特に、自然科学の成長は、長期的な社会発展、長期にわたって継続する無計画の社会過程の顕著な例を提供してくれる。人間のシンボルがより多くの現実適合性へと発展していくことを、したがってこの概念の意味をもっとよく理解するための手助けとなる素材が、しかもまだ使われていない素材が多くある。検証可能な長期的過程のモデルを提供しようとする社会学者の努力が、社会に対する歴史家のアプローチとは本質的に異なるという事実をより広く理解できればと期待する前に、多くのことが依然として学ばれなければならないし、忘れられなければならない。歴史家は依然として、まるで個人が始まりであるかのごとく研究に取り組むが、一方社会学者は、最も偉大な革新者でさえも継続の所産である、という事実に縛られる。革新者の出発点を構成する知識の社会的基準を再構築することなく、知識の成長への個人的貢献を評価することはほとんどできない。個人的な知識の生産のみならず、受容された知識（そこから知識の生産者たちが出発する）の変化する基準の研究方法も依然としてその発展の初期段階にある。自然科学の成長はまた、知識の成長への個人の貢献は絶対的な始まりの性格よりもむしろ継続の性格を有しているという事実の例を提供してくれる。受容された知識の一定の蓄えへの個人的依存は非常に弾力的になりうる。それは決して不在ではない。人間の知識の蓄えが増大するにつれて、刷新を行う個人のチャンスが増えるということが大体言える。そのような発見の公的な受容は、いつも他の人々をともなう。人間の知識の成長に対する歴史家のアプローチは新しい知識の個人的生産を強調し、社会的受容を控えめに受け止めがちである。ところが、後者がなければ、個人的な刷新は発見の本質的な側面を欠くのである。

（6）レオポルト・フォン・ランケ（Leopold von Ranke, 1795–1886）：「客観的方法」で有名な、影響力をもったドイツの歴史家。その方法は、オリジナルの文章資料の先駆的使用をともなった。エリアスはランケの研究と思想を以下の文献で広く引用している。Norbert Elias, *The Court Society* (Dublin: UCD Press, 2006) Collected Works, vol. 2]).〔エリアス『宮廷社会』〕

たとえば、教科書の助けを借りて、知識のある領域における変化する社会基準を詳しく調べることがまた、検証可能なタイプの統合を容易にするであろう。それは、他の分野はもちろん人間の知識の分野においても、事実志向の過程モデルの作成に必要とされるような証拠を供給する際に手助けになろう。もちろん刷新にはいつも限界がある。発見は、理解されるために、また他者によって吟味されるために十分に基準化されているシンボルによって、それが表現されるときのみ、知識の性格をとると言える。さらにまた、知識の過程の方向について実験的な推測を行うことも、それに矛盾するかもしくは合致する証拠を探すこともできよう。高度な統合を表現する過程モデルが現在、欠乏していることはいくぶん正当化される。一八世紀、一九世紀には、過程モデルはしばしばイデオロギー的先入見に基づいて作られた。そのようなモデルが科学的研究の手段として、人間の、人間世界における、より事実に関連した方向づけの手段として純粋に作られるという可能性を排除する理由はない。

第八章　「五次元の」人間社会における概念形成——抽象概念の説明を超えて

言語を手段とするコミュニケーションへの進化的変容はたぶん人間特有の生活様式の出現において重要な役割を果たしたことであろう。これまで見てきたように、知識の伝達への変化はまた、新たな適応形式への道を開いた。それは非常に重大な進化上の刷新であった。文や言葉の使用に馴染んでいるので、われわれにとってその事実を理解することは難しい。おそらく、知識がせいぜい比較的小さな軌道に限定されてしまう動物のコミュニケーションや適応と比べてみてようやく、動物の子孫である人間は、社会ごとに異なるかもしれない音声シンボルの習得に依拠するようなタイプの知識が奇妙であり、かつ独特であることに気づくのであろう。われわれはもっと簡単にこの事実に言及できようが、またおそらく次のように言うことによって、さほど正確ではないかたちでそれに言及することになろう。人間は、コミュニケーションにとって重要に見えるすべてのものにつける名前を手段にして、世界の中でお互いにコミュニケーションを図り、自らを方向づける。天にある、また地上にある万物に名前をつける力は、霊魂や人間の特別な利点であるという事実を人々は、昔はもっとよく知っていたのであろう。したがって、旧約聖書では、神は闇と光を創る際に前者に「夜」という名前を、後者に「昼」という名前をつけ、すべての動物に名前をつけることを人間に委ねた、ということがはっきり述べられている。(1)

先にわたしが説明しようとしたごとく、人間はこの世界に関する知識を二つの相互に関連したやり方でもつことができる。人間は出来事に関する知識を、自らの感覚印象をともなう人間的、個人的な経験の結果としてもつことができるし、さらに、同様の知識を、それを表示する音声シンボルによって、コミュニケーションの可能な対象としてもつことができる。人間はこれらのシンボルを獲得し、それを言語の構成要素としていかに使うかを習得する。それらはまた同時にコミュニケーションの手段として、適応の手段として役立つ。人間は言語を媒介として出来事――それに関する他のいかなる個人的経験も人間にはない――について知識をたくさん獲得でき、それは話し言葉や書き言葉との出会いによって作られる感覚印象以外の感覚印象をともなう。

他方、即時の個人的経験というかたちで感覚を通して直接、個人に達する知識は決して自立しない。それはいつも、言語の一部を形成する音声シンボルと、また、話し言葉、書き言葉というかたちで獲得される知識と完全に編み合わされる。したがって、われわれはテーブルに触れることができるのかもしれないし、触りながら全体的に調べることによって、実際の対象が空間的、時間的に四次元の対象であること、もっとはっきり言うとテーブルであることを、たとえ眼を閉じていても、確証できるのかもしれない。しかし、それをテーブルとして認識することによって、われわれは個人的経験である出来事を、共同の社会的シンボルという点から、またシンボルの社会的宇宙内部の特別な地位、およびそれにともなう知識の蓄えという点から確認するだけである。そのような点でテーブルは、人間が作った象徴的表示の対象として、また時間と空間における対象として存在していると言える。対象を局部化するこれらの手段をそれぞれ分離したり、あるいはそれを相容れないものとして扱ったりすることは誤りであろう。現在の習慣のおかげで、われわれの思考はそのような方向へさまようのかもしれない。しかし、間もなくわたしはそのことを説明しなければならないであろうが、人間のコミュニケーションの中に場や機能をもつあらゆるものうち、音声シンボルというかたちの表示がなければ、いかなるものも時間と空間だけに場をもつことはないし、いかなるものも、時間的、空間的でもない音声シンボルという特徴を帯びることはありえない。

どの言語にも、真実の、あるいは真実だと思われる出来事間の関係、そうした出来事の可能な説明の範疇やモデルはもちろん、分類上のシステムを含んでいる。関係の範疇上、説明上、およびその他のモデルによって、言語の使用者は個人的に経験される出来事の位置を——真実の世界とし使用者が経験するものが何であれその範囲内で——象徴的に決定できる。そのようなかたち

（1）「創世記」一の二、および二の一九—二〇。

で言語は、その使用者が、この象徴的世界における自らの位置に応じて、個人的認識を統合、さらに一般的に言えば、組織化する際に手助けとなる。もし一定の時に言語が適切な分類上、範疇上の地位を提供しなければ、それはいくつかの条件の下で新しいシンボルの発展に刺激を与えるかもしれない。そのような経験は、現存のシンボルの流れに合致しない——あるいはまだ合致していない——諸経験をうまく包含できる新しいシンボルの発展に刺激を与えるかもしれない。

「ウィルス」（virus）という言葉が例として役立ちうる。以前は知られていなかったような病気の原因の発見は、もしその新しいタイプの病気の原因に象徴的な表示がないままであったなら、発見にはならなかったであろう。この発見、およびそれにともなう社会過程が、新しく発見された病気の発生源を象徴的に「ウィルス」という音声パターンと同一化したのである。さらにそれは、これらの原因を人間同士のメッセージで表示するために、またしたがって、同時に話し手の世界におけるそれらの位置を示すために特別に考案されたのである。一個の家具を調査するような通常の場合には、係わっている人間は、個人的な調査の結果として家庭の言葉を探し出す。英語を話す人間なら調査の結果を、「これはテーブル（table）です」と言うことで締めくくるであろう。一方、ドイツ語を話す人は、その対象を「*Tisch*である」と言うことで調査を終えるであろう。おそらくお分かりではあろうが、人間は四次元ではなく五次元の世界に住んでいる。人間はコミュニケーションの対象を、時空における自分の位置のみならず、話し手自身の世界における自分の位置にも従って、音声パターン（それは話し手の言語の中でコミュニケーションの対象を表示する）によって象徴的に示されたものとして定める。

言語が人間に対してもつ高度な認識上の機能を認めることは、もし人々がそれにそれほど馴染んでいなければ、おそらくもっと易しいかもしれない。親しき仲にも礼儀あり、という諺には注目すべき何かがあるのかもしれない。さもなければ、人間が話す言語が、言語を話すひとの、自分の住む世界に対するイメージ形成——自分自身に対するイメージ形成も含まれる——において、それ相応の貢献をするということは、共通の知識にもならなかったろうし、自明とされることもなかったのではなかろうか？　人間が話す言語が、それを母国語として習う子供に決定的な影響を与えることは確かである。それは子供に自分の個人的な経験領域をはるかに超えて適応する手段を与える。これは、観念論哲学者の自然の先験的観念に比較される、ある種の生物学的、社会的な先験的観念と見なされるのか？

観念論哲学には多くの学派があるが、それは、理性の法則もしくは論理の法則といったかたちで、そうした精神の所有者、つまり知識の個人的主体と世界——観念論哲学者はそれについて正確なイメージを得ようとする——との間に介在するある種の自然の先験的観念を要求する。いつも認められているわけではないが、その場合、人間性そのもの、人間精神の構造は、人間の知識の信頼性に関する執拗な疑念の克服をわれわれに許さず、主体が客体を知るようになる前に主体と客体の間に超えがたい障壁として介在する犯罪者として現れる。知識の主体と客体の間に介在するあの華麗な言葉の花輪が、観念論哲学の自然の先験的観念に匹敵する社会の先験的観念を構成する、という結論にわれわれは到達するのかもしれないが、それは真実ではない。確かに認識の要因としての言語は先導的な役割を果たすことがあるだけでなく、誤解を招くこともある。伝統的に使われるあいまいな表現が数世紀の間に驚くほどの粘り強さをもつ日常の言語の中でしばしば役立たなくなるのかもしれない。哲学的認識の主体‐客体分割が英語に主観的‐客観的という反意語を贈り物として与え、一方、いくつかの状況では「主題」という言葉がほとんど「目的」と互換的に使われることになる。

ここで象徴的表現の形式として提示されてきたことは、伝統的には一般化とか抽象化として提示されるのかもしれない。それを支えている前提は、個人は最初に特別なテーブルに関して個人的な経験をする、それからそのような種類のものをさらにいくつか見た後で、そこから「テーブル」なる一般概念を抽象化する、という考えであるように思われる。そのような場合に実際に起こることは、ほぼそれとは反対であり、決定的にもっと複雑である。これは、言語もしくは知識などの社会的データをどの特定の個人より先立つものとして公平に扱う際に多くの人々が経験する困難の、もう一つの例なのである。繰り返すならば、始まりのない過程という観点で考えることが、もしこの困難を克服したいなら、要求されるのである。幼い人間の子供による言語習得は絶対的な始まりとして見なされる、と仮定されがちかもしれない。しかし、それは真実ではない。さらにまた、われわれは、生物社会的な成長過程にある幼い子供たちは、自分たちを育ててくれる人々の言語を生まれながら進んで習得するような局面を通過する、という事実に言及しなければばならない。これは人間の発展における要点であり、それが、社会生活は人間性に逆行するという広範な信仰に異議を唱えるのはきわめて明白である。この段階では生物学的過程が自然の性向を供給するが、社会的な過程によって、相互に、あるいは子供と話をする年長者によって、さらにまた個人の習得の過程によって自然の性向が活性化されてようやく、それは実を結ぶことになる。時折、文化が自然に、自然が文化に対抗するが、人間性の個々の基本的な性質は他者との生活、社会における生活によってのみ開花する、ということを心に留めておくのは有益かもしれない。人間の話す能力の条件である生物学的、社会的、個人的過程の連鎖は、人間生活の分岐点の一つにおける、生物学的、社会的、個人的過程の組み合わせの鮮やかな例である。

これは、しばしば誤解される関係を理解するための鍵であり、そのことにもう一度言及しても有害ではない。生物学的な過程は個人が言葉を話し、理解するようになる能力を供給する。もしこの生物学的な能力がそこなわれることになれば——それは聾啞者である子供に起こることかもしれないが——人間は言語の聴覚的要素を習得できないかもしれない。さらにまた子供は、お互いに、あるいは子供と話をする年長者の集団によって育てられなければ、言葉を話したり、理解したりすることはできないであろう。生物学的な成長過程が子供にある時期に他者と話をしたり、他者を理解したりするようになる性向を与える。もしこの時期に子供を育てる他のひとがだれも子供のいる前で相互に、また子供に向かって話さないなら、子供の言語習得能力は後の段階でひどくそこなわれるかもしれない。ここでは、他の折にもまた観察されそうなことが、きわめて明らかである。それはつまり、人間は本来、他人とともにまた集団の中で一生形成される、ということである。換言すれば、人間は本来、一生、社会の中で暮らすよう、シンボルの世界に入るよう、また同様に自分自身の声をもつ独特の人間として存在するよう運命づけられているのである。

現代のハビタス(2)は、われわれが異なっていると見なすものを、それぞれ対立しているものとして扱う強い傾向を生み出す。われわれは、二つのうちいずれか一方という言い方で考える傾向がある。言語は自然かあるいは文化かとわれわれは尋ねる。おそらくこの思考の対極化傾向は対立と戦争の時代を反映しているのであろう。どのような理由であれ、言語の例はこうした対極化傾向が、その関係が何かという質問をぼかすことを示している。この場合、質問は、言語の自然・社会・個人レベルの関係は何かということである。言語の音声の構成要素は、思考のように言葉を無声のかたちで使う場合も存在している。無声形式の結果は遅かれ早かれ他者が接近できる聴覚形式もしくは視覚形式に回復されねばならない。話すという自然の性向は、相互に言語共同体を作っている無数の人々が共有する言語によってパターン化、構造化される。そのように活性化されて、その性向は言語共同体の個々の成員が自らを表示し、表現し、方向づけるのに役立つ。一つに合体して、自然・社会・個人の過程が言語のシンボルを作る際に役割を果たす。

最初の言語、つまり母国語を習得することによって子供たちはシンボルの世界に入る。彼らはより多くの知識、より多くの象徴化された経験を獲得する機会を自分で広げる。しかし、人間が子供のとき習う言葉はまた、経験の形成や知識の獲得の機会を限定する（あるいはそれを阻むかもしれない)。子供たちはしばらくの間、自分自身の音声パターンを使って実験し、それからどの音声パターンがコミュニケーションの明確な対象を象徴的に、他の人々にとっても同じく、表示するかを習得するのかもしれない。子供たちは、自分自身が世界の中に入る前に特定の社会の言語を母国語として習得する。それは、非常に選択的なかたちで、したがってまた、限定的なかたちでシンボルの世界への扉を開く。人間が言語に接近する方法がいくぶん、人間の言語そのものによってわれわれから隠される、といったこともありうる。小さな子供が特定の社会の言語を習得する、とは普通は言わない。こどもがしゃべるようになると言えば、それは普通である。そのようなかたちで、言語の獲得は、純粋に個人的な業績だと思われるようにされる。ここで遭遇する生物・社会・個人の過程の組み合わせから注意が引き離される。

現存する言語の習得は、子供の経験が子供自身の人生以前の条件によってパターン化されていることを暗示する。しかし、これらの条件は、この世界に関する知識を実際にあるがままに獲得する可能性を固定化し、あるいはそこなうどころか、子供のコミュニケーションや方向づけの現実適合性にとって本質的である。現実適合的知識の可能性についての哲学的疑念は、非常に基本的なかたちで人間という種の生存競争における成功と矛盾する。もし人間の認識上の資質が現に、人間に対象を実際にあるがままに捉えさせないようなものであれば、人間は敗北していたであろ

(2) 本書三一、三三頁、註(22)を参照

う。生来の欠陥という前提――それは世界をあるがままに認識する人間の能力を永遠に疑わせる――は本来的にはありえない。もしそのような欠陥をもつようになっていたら、人類は間もなく消失していたであろう。その代わりに人類は自力で他の種を支配する立場を獲得してきたのである。これは、人間に賦与されている適応の手段が、生存している他の生物よりも効果的であり、より多くの現実適応的知識を得る機会を与えてくれる、ということを暗示している。事実、世代から世代へと蓄積され、拡大される知識による方向づけは、たぶん多様な適応技術――それは自然の盲目的な進化過程によって生物に賦与されてきた――のうち最も優れたもの、最も効果的なものであろう。哲学者が人間の適応手段の欠陥を暗に示す教説に耳を傾けることは奇妙であり、それはなお説明されるべきである。それは、人間の音声シンボルはこの世界のさまざまな側面を表示するように作られるのかどうか、あるいはまた、探究する個人の外部に何かが本当に存在しているのかどうか、ということに関する永遠の不確実性を暗に示すものである。

第九章　遠い過去と長い未来——現実適合的知識と人間の生存

わたしはわれわれが経験する世界の二重の性格を指し示そうとしてきた。それは、われわれ自身から独立してはいるが、われわれ自身を含んでいるものとして経験される世界であり、かつ人間の自然の体質——それは社会的習得の過程の助力によってのみ現実化する——によってすでに決定された、人工の象徴的表示の織物を通して理解される世界である。それは現実適応の度合いがより大きくなることもあるが、より小さくなることもある。われわれはこの世界を、また今その中にいるわれわれ自身を、直接的に接触できる実体として、変化の状況にある一瞬として——たいていそれは今日では時間と空間の四次元の過程として表示される——経験することができる。もしそれが象徴的に表示されないなら、人間はそれについて知ることができないし、それについて伝達することもできないであろう。そういう意味では五次元の世界に言及されなければならない。文章や単語によって人々は、かつてあった世界、今ある世界、あるいは将来あるかもしれない世界に言及できる。その場合、人間は自分自身を瞬間の束縛から解放できる。人間のコミュニケーションの対象になれるあらゆるものが時間と空間における事項として、また言語もしくは知識の事項として位置づけられる。

こうした配置のただ一つの物理的モデルについて考えることは困難である。言語は、それが象徴的にシンボルを表示する場合を除けば、言語が象徴的に表示するものとはまったく同じではない。言語は特異な人間世界の層を構成する。音声シンボルは中間にさまざまな陰影や度合いをともなって主として現実適合的になったり、また主として幻影になったりすることがある。違ったふうに表現され、言語は、その言語が話される社会の成員によって経験されるようになった世界を象徴的に表示する。この層の特性の一つはそれゆえ、それは世界一般を、また同時に人々の集団、つまりシンボルをコミュニケーションの手段として使う社会を反映する、ということになる。もう一つの特性は、すべてのシンボルは諸関係を暗示する、ということである。そのことは、特別なシンボルの層を使う人々がどのようにして世界を、そしてそのさまざまな側面や事項を相互にどう結びつけるかを示す。シンボルの層の中にある事項は絶対的に無関係で独立しているわけではない。絶対的に独立した出来事が世界一般において存在しているかどうかは異なった問題であり、わたしの能力を超えた問題でもある。しかし、おそらく言語は関係をもつ、と発言することは有益であろう。あなたは「蝶々」、「ハンカチ」、「昨日」、「わたしにはそのように見える」などの表現を、こうした事項の一つ一つを明確な状況に置くことなしには、口に出せない。

その上、出来事が置き定められる諸関係の織物は、それがもし言語によって表示されるなら、決して短期間の経験のみの所産ではない。すべての言語は先祖伝来の家宝であり、無数に連続する世代の所産である。共通の言語を使用する社会の個々の成員は、言語を豊かにすることもあり、あるいはそれを誤用することもある。しかし、言語を変えるために個々の人間がもつ力は限定されている。なぜなら、個人的な変更は、もしそれが言語の標準化された音声シンボルからあまりにも分岐するなら、理解を不可能にさせることはないにせよ、理解を難しくさせることになるかもしれないからである。言語は、それを使う個々のすべての人間との関係で、それ自体の力をもつ。いくつかの社会では明らかに個人が自由に、自分の好きなやり方で共通語を使うとはいえ、共通語の標準化されたシンボル――それを通じてどの人間も世界を探究する――が、自分の発言したいこと、自分が発言できることに影響を及ぼす度合いはおそらく過小評価されるかもしれない。

言語の音声シンボルには、同意によるコミュニケーションのシンボルもしくは対象という性格があるという事実は意識されないかもしれない。「自然」という音声パターンを、人間が作成しないほとんどすべてのもののシンボルにするような、いかなる社会契約も調印されなかった。ほとんどの場合、言語の音声パターンは、他者と対話するという社会習慣を通して、コミュニケーションの特定のシンボルとしてこれらのまたは同類の音を使うことによって、現在のかたちへと成長した。時々、学会[1]が言葉の用法を決定する力を得る。辞書が時々この機能を獲得する。宮廷社会もしくは都市の貴族階級のような社会集団が、言語使用のモデル設定に影響を及ぼす。そのような集団の運命がその言語の運命を左右する。

三つの基本的な要素間の関係のモデルが知識のあらゆる理論の揺るぎない核心を形成する。つまりそれは、知っている人々（主体）、彼らが知っていること（彼らの知識）、それについて何かが知られるもの（客体）の関係である。おそらく理解されたとは思うが、ここで提示された、三つの基本的な要素とその関係の実用的なモデルは、伝統的な知識の理論で使用されたモデルとは異なる。後者の場合には、知識の性質それ自体は本質的に不明瞭なままである。それはたいてい人々の頭の中にある何かとして、外部世界とは違うものとして、つまり、観念、概念、思想、あるいはたぶんある人間が語った何か、判断もしくは陳述として捉えられる。この空間的イメージ、人間の頭の内部にある知識の位置が科学的要素としての知識の説明としばしば結合する。とはいえ、科学は社会的な事実である。それは共同作業や論争を含む世代間の関係を前提とする。しかしながら、個別の頭の内部にあり、外部のあらゆるものとはまったく違っている知識の位置がどのようして社会的単位の、また科学の要素としての存在様式と結びつくのかはおそらくあまり明らかではあるまい。言語と知識の複合体の存在論的地位に関する問題は未決である。知識は非物質的な何かであるといった暗黙の了解があるように思われる。しかし、科学が、だれも見ることも、聞くことも、触れることもできない、あるいは何らかの感覚的経験と結びつけることもできない何かにどのようにして係わることができるのかという問題は、ほとんど提起されていない。

同時に人々は、知識を人間性の一部としてあるいは文化の一部として類別することに関して意見を異にしている。概して、知識の存在論的地位に関する質問はほとんど重要な係わりのある問題とは見なされていない。それでもそれは、知識に関する重要な問題、つまり、真実、有効性、あるいは認識上の価値などの言葉で言及される問題と何らかの関係があるように思われる。知識は世界の複製や摸倣ではないということが広く容認されてきた。知識は現実を反映していたのかどうか、あるいは、それは現実の絵であったのかどうかという問題がしばしば議論されてきた。しかし、全体的には知識の不確実な地位は広く、思い悩むにも値しないような問題の一つとして当然視されている。

　これまで理解されたように、このテキストでは、知識は言語、および知識や思考をもつ言語と密接な関係があると見なされてきた。これは不確実性の原因の一つを取り除く。それはまた数学の言語――「言語」という言葉が標準化されたかたちで使われると、自動的には含まれない一連の特殊な音声シンボル――といった可能性のある拡張を含んでいる。それはすべて、方位設定の機能はもちろん、コミュニケーションの機能をもつ。実際、これら二つの機能を結合しない発話

（1）ここと次の文章における言及は、言語的立法化の権威的形式を供給するものとしての「アカデミー・フランセーズ」（Académie Française）とドイツ語の「ドゥーデン辞典」（*Duden*）への、エリアスの第四章でのコメントに関連している。

について考えることは難しい。音声シンボルのシンボルとしての機能は、その音の構成要素が無声のままであってもそこなわれるはずはない、ということをわたしはいくぶん詳しく示そうとした。「知識」という言葉はしばしば、一連の音声シンボルを無声で使うということに関連して使われる。言語の音声シンボルが蓄えられ、記憶され、無声のかたちで操作されるということが、知識と言語が二つの違った、別個に存在する人間の表現である、といった印象を与える原因になってきた。確かに音声シンボルを無声で操作することは、そのコミュニケーション機能を減じ、その適応機能を強調する。しかし、最終的には、知識がその適応機能を果たすのは、声が、したがってそのコミュニケーション機能が復活させられたときのみである。遅かれ早かれ、知識はその感覚形態を、ある人間が他の人間に話したり、書いたりして伝達するということで表さなければならない。

　言語はここでは人間世界の層として提示されてきた。言語の存在様式は、自然と社会、社会と個人などの基本概念の分化がそれらの諸関係を条件として、統合を手段として補われないかぎりは、理解できない。言語と知識は後者の例である[2]。言語と知識は分離不可能である。人間は知識を使わなければコミュニケーションをとることはできないし、言語の使用なしには、遅かれ早かれ他者とコミュニケーションをとらなければ、知識も使うことはできない。したがって、より古い理論が知識を探究する統合のレベルと、こうした探究が適合する統合のレベルの間には非常に明白な違いがある。言語と知識の関係を決定するには、統一的な準拠枠が必要とされる。これは、ここでは言語と知識の両方がシンボルの機能であるという認識によって与えられる。一見したところ知識は言語と分離している。知識を一つの言語から別の言語に置き換えることは可能である。これは知識の存在と言語の存在が分離していることを指し示しているように思われる。置き換えが、知識を言語のない領域へ移動させることを意味しているのではない、という事実は容易に見過ごされてしまう。それは、一つの社会がもつ一連のシンボルを別の社会がもつ一連のシンボルへ知識を変化させる可能性を指す。同じメッセージがある程度まで一連の違った音声シンボルによって伝達されるのである。

伝統的な知識の理論は科学的な知識だけに関心を寄せている。それは西暦一五〇〇年以前の人間の知識、それより後の非科学的な知識にはほんのわずかしか関心がない。しかし、前科学的な知識の成長が科学的な知識形態の出現の条件であったことを暗示する証拠がたくさんある。プトレマイオスの誤りは、コペルニクスがこの誤りを訂正する条件であった。科学的な知識を前科学的な知識から分離することは知識の理論を不毛な状態へと運命づける。明白な目的はあらゆるタイプの知識を包含する統一的な理論である。現在の研究はその方向への一歩である。それは、人間の知識の長期的な過程――それは絶対的な始まりがなくて、進化段階の未知の連続へとさかのぼる――のモデルのための道を用意する。習得された言語によるコミュニケーション、習得さ

（2）二重の意味。言語と知識は理論と実践の両方における統合の例である。

れた知識による適応が、未習得の合図や適応による――いわゆる生来の本能による――コミュニケーションから生まれた新しい進化的技術として、段階的に出現した、と推測されるだけである。われわれはただ結果、つまり、多くの色合いや度合い、あるいはそれらの混合をともなって共同幻想から現実適合性へと及ぶ知識の範囲を知るだけである(3)。

進化的な状況を度外視して見れば、幻想的知識と現実適合的知識は単に対極的な敵対者として見えるかもしれない。両者をその進化的状況の中に配置することによってのみ、われわれは幻想的知識と現実志向の知識の類縁性を同じ進化的段階の表現として知るようになるのである。われわれは現実志向の知識を人間の際立った性格と見なし、伝達可能な幻想的知識もまたそのような性格を形成するという事実を見逃がすのかもしれない。類人猿は幼いときに幻想に基づいて行動するかもしれないが、類人猿の遊びは遺伝的に決定されており、類人猿の種全体にわたって同一である。われわれが知るかぎりでは、人間のみが、生来ではない幻想的知識――とはいえ、それは生来の欲望を生み出すかもしれない――また、習得によって個別的に獲得されてきた幻想的知識に応じて行動を調節する資質を有している。人間の文化は大いにこの資質に由来する。われわれの証拠の限界を前提とすれば、幻想的知識であれ、現実適合的知識であれ知識の「零度《ゼロ・ポイント》」は、生き残っている唯一のヒト科の動物集団においては想像できない、と言える。

人間の生命の過程のより早い段階では、現実適合的知識の範囲は、さらにもっと多くの細かい点でわれわれのものより必然的に多くの限界があった。わたしがすでに示したように、幻想的知識はその段階では人間にとって大きな生存的価値を有していた。神話が人間の現実的な知識の空隙を閉じた。神話は、人間はどれほどものを知らないかを知らなければならない恐怖から人間を保護した。

現実適合的な知識は、現代のより進歩した社会の多くで支配権を獲得したが、幻想的知識は人間の行動において役割を演じ続けているのである。後者はたいていあまり発展していない社会で優勢であるが、現実適合的知識の零度は決してない。ある興味深い視野がそのような動きの構造を、切実な要求としてではなく、事実として浮かび上がらせる。わたしは先にそのことをほのめかした。それは比較的単純であり、知識の主体の変化に並行する。音声シンボルの知識機能に焦点を当てる知識の理論は、知識の主体として、あれこれの人間ではなく、人間の発展における人間社会、究極的には人間性の発展を要求する。もしこれが理解されるならば、さかんに議論されたものの以前には答えられなかった、現実適合的知識の可能性に関する質問が、明晰かつ検証可能、な答えを与えてくれる。人間性の過程を社会的枠組みとして捉えれば、幻想的知識と現実適合的知識のバランスが世代間の状況の中ではどちらにも有利に変化しうるが、人間以外の自然に関する知識の場合には、実際のところ現実適合性に有利に変化することを示すのは難しくはない。両方のタイプの知識は、一方における科学、他方における宗教やその他の文化的技能といった社

(3) 二九九頁、註(13)、および本書一五四—六四頁を参照。

会的な専門分野へと発展するのかもしれない。

その例は、「現実適合性」の概念を知識のタイプの、一つのシンボルとしてわたしが選んだ理由を指し示している。われわれはかつてためらうことなくある陳述の真実に言及した。しかし、「真実」には強い道徳的な含みがある。その最も明白な反意語の一つは「嘘」である。しかし、科学の発展過程で「真実ではないもの」として現れるすべての科学上の陳述を、「嘘」と呼ぶことは誤解を招くであろう。「真実」もまたしばしば、陳述や事実の、シンボル集団――その陳述は、それが表示する諸事実に一致する――の類似性、同一性として理解される。陳述のシンボル的性格は、「現実適合性」という表現がどうしてシンボルと、シンボルが表示するものとの関係を特徴づけるために選ばれたのか、その理由を理解しやすくする。それは、所定の言語において は特定の音声シンボルもしくはそのようなシンボルの組み合わせを表す音声シンボルの表示的性格を指し示す。

知識が本質的に非実質的であり、「精神」のような何かとして理解されていた間は、この関係を解明するのにもっと深く追求することはおそらくできなかったであろう。もしコミュニケーションの対象のシンボル的表示という知識の性格が考慮されないなら、したがってまた、人々の記憶の領域に蓄えられている、社会的に刻印づけられた音声パターンとしての知識の性格が考慮をされないなら、言葉を発しないことを前提とする知識についての多くの議論を特徴づける、あの暗黙の精神と肉体の二元論は消失する。知識に関する人間相互の側面にもっと鮮明に焦点が合わせられる。話したり、書いたり、あるいは記憶に蓄えたりする知識機能をもつ人間相互のメッセージと、コミュニケーションの対象との関係は、シンボル集団とそれが象徴的に表すものとの関係として現れる。この種の表示概念は、伝統によって「真実」のような概念に関連してきた絶対的終局性という静的な性格を欠いている。このようなかたちで使われた適合性という表現は移動の方向を指し示すことができる。それは微妙な相違や度合いを認める。音声シンボルの一集団は別の集団よりも現実適合性がより多くもなりうるし、少なくもなりうる。しかし、過程還元的定式(4)を、また静的表現による事象表示を長い伝統としてきた言語を、諸過程の象徴的表示にふさわしい言語に変容させることは確かに単純な作業ではない。それには非常に長い時間が必要であろう。

西暦紀元の一六世紀、一七世紀に科学が登場したおかげでようやく人間は、自然に関する真の、もしくは有効な知識を獲得する手段をもつようになったと言われている、といった議論が時々なされている。それは、ヨーロッパで数多くのたぐいまれな才能のもち主が偶然現れた結果として、科学的な知識が存在するようになった、という印象を与える。実際、現在のいわゆる、自然に関する知識を科学的に獲得する方式への大躍進は、古代、中世に起こった知識の先行的発展がなければ、不可能であったであろうし、また相変わらずまったく不可解に違いない。狩猟者、食物の

(4) 本書一〇一頁、註(3)を参照。

採集者、初期の農業者として生活を送ったわが祖先のような人々でさえ、科学的とは呼べなくとも、確かに現実適合的と呼ばれる価値のある多くの知識をもっていた。その知識は——それは全体にわたって支配的な幻想的知識と混ぜ合わされていたが——このように特徴づけられる価値がある。

現在のところ、人類の自然に関する知識の増大のような数千年を包含する長期的な過程を捉える能力は、人間の過去を捉え、提示する歴史的方法によってひどくそこなわれている。過去をこのように捉え、提示するやり方は、いわゆる先史と歴史の間にしばしば人為的となる断絶があることを暗示するだけでなく、細部に対しても注意力をほとんど向けず、そのため長期的な洞察を要求する過程構造が理論的に無視されてしまうかもしれない。もし人類全体の発展が準拠枠として使われれば、現実適合的な知識の増大は実際明らかである。より単純な社会の成員がかつてもっていたようなタイプの知識の、多くの細かい部分が今なくなっているとはいえ、人類の全体的な知識の蓄えは時を経て経験的なレベルと統合的な理論レベルの両方で増大してきた。それとともに、人間の仲間である地上の動物に対する人間の支配も増大した。知識に助けられた適応性によって、人間は、他のほとんどすべての種をしのぐ大きな利点を得た。対象適合的な知識がその高度な生存価値の徴候として変わることなく増大したことについておそらく説明できよう。

これは、知識の成長過程が同じ方向に一様に進んだ、という意味ではない。もっと詳しい調査をすれば、妨害や退歩と交じり合う知識のむしろ複雑な前進のパターンが示されるであろう。例としてわたしは中東とヨーロッパの、継続的な過程——その最も初期の、既知の段階は、古代シュメールにおけるコミュニケーションの手段としての視覚シンボル、換言すれば書き言葉（聴覚シンボル、換言すれば話し言葉に加えて）の発展であった——としての知識の発展における四つの段階について簡単に述べることができる。僧侶が支配した知識の二つの明確な局面、および非宗教的な集団が支配した二つの同じく明確な局面が区別できる。

僧侶が支配した知識の第一段階（四〇〇〇年後期頃—紀元前六世紀）
非宗教的な知識の第一段階（紀元前六世紀頃—西暦四世紀）
僧侶が支配した知識の第二段階（西暦四世紀頃—西暦一五世紀）
非宗教的な知識の第二段階（西暦一五世紀頃—　）

コントの三段階の法則が心に浮かぶ。(5) しかし、ここで手短に言及されている連続性は必然的、不可逆的な過程の法則でもモデルでもない。それは純粋に事実中心のモデルであり、知識伝達の

(5)「三段階の法則」はフランスの哲学者であり、社会学の先駆者でもあるオーギュスト・コントによって定式化された。それは、人間の知識の支流がすべて形而上学、神学、「実証的」（科学的）段階をへて発展したことを提示した。

連続性の顕著な様相の一つを示すものである。それは、事実に関して新しく発見された知識に応じて、もし要求されれば、変更可能であるし、放棄することもできる。書き言葉の発展は、たとえそれがある民族から別の民族、ある国家から別の国家へと伝えられても、知識の発展が継続していくことの例として役立ちうる。フェニキア人の書き言葉の系統が何であったにせよ、古代ギリシャ人はそれをフェニキア人から習った。

コントの時代には非合理的な知識もしくは宗教的な知識を知識の発展の初期段階と見なすことは珍しくはなかった。彼はそのような連続性を準自然的な必然性として説明した当時の唯一の学者ではなかった。二〇世紀の終わりには、われわれはこれが幻想であることを認めるのにより好都合な立場にある。ここで提示されている枠組みは知識の過程と、国家形成の過程の密接な関係を指している。僧侶が支配する知識の最初の開花は、古代の中東の君主国であり、シュメール王国、古代エジプト、古代バビロニア王国がその例である。これらの国家のほとんどにおいては、一方の、司祭長によって率いられ最初の巨大な規模の社会組織や神殿に仕える家族に中心を置く僧侶的特権階級が、他方の、国王に率いられ宮殿を中心とする戦士的特権階級と、国家の同僚的支配者として、また多くの権力闘争の敵としてお互いに結びついていた。しかし、エジプトでは──そこはその歴史のさらに初期の時代に、メソポタミアの諸国家よりも侵略からもっと守られていた──戦士的特権階級は、僧侶集団との不安定な権力闘争に従事していた国家官僚に非常に早く取って代わられた。宮殿に中心を置く集団は知識の発展に寄与したが、その段階ではだいたい僧侶が知識の生産と伝達を支配した。

知識の過程の顕著な特徴は、僧侶組織、および最初に僧侶が支配した段階の知識構造を第二段階の知識構造と比較すると、明らかになる。後者は決して前者への回帰を表してはいない。非宗教的な知識の第一段階の間になされた発展は僧侶が支配する知識の第二段階で決して失われたのではない。後者は退歩と前進の複雑な融合を表した。原始科学的な探究がかつて支配していた所で再び神話が支配した。しかし、僧侶組織はそれを生み出したローマ帝国の国家組織をモデルにした。教会というかたちでそれは、僧侶が支配する知識の第一段階における宗教的信仰や儀式よりもさらに高度に中央集権化され、統一された。僧侶組織の最も重要な刷新の一つは書物の権威への依存であった。教会という概念の形成は、それ以前の非宗教的段階でなされた高度なレベルの抽象化、統合への概念形成の発展から大いに利益を得た。こうした状況においてこれらの例は、四段階のモデルが均一な前進と退歩という性格を決してもたないということを十分示すかもしれない。しかし、少なくともそれは知識の過程の複雑さを明らかにするかもしれない。モデルは比較を必要とする。そのモデルは現実適合性の規範の一つである。それは科学的な形態の発見の出現にいたる。

その例はまた長期的な諸過程――この場合は、知識の発展の諸過程である――の性格と機能を明らかにする。自然科学の発展によって、人々は過程のモデルをある種の法則および法則に似た一般化と見なしたくなるかもしれない。コントはこの誘惑に屈した。しかし、社会学の過程モデルは、数々の周期的な、特別な事例のための一般法則という性質を決してもたない。四段階のモデルによって表された過程はたぶん独特であろう。それは二度と起こらないかもしれない。このモデルはわたしが先に述べたことを明確に表している。つまり、知識の伝達と発展の継続的過程は、異なった国々や民族の知識の伝統を相互に結びつける可能性がある、ということを。科学的な知識というかたちでルネサンスの時代に、現在われわれがヨーロッパの国と見なしている所で開花した継続的な知識の伝達と発展の過程を、古代シュメールにたどることも可能である。こうした過程をたどりながら、特殊な非宗教的集団は、僧侶集団がかつて獲得した知識の伝達と生産の独占を打ち破ることに二度成功したのである。それは最初にギリシャ・ローマ社会で起こり、後に再度ヨーロッパ社会で起こった。おそらく、非宗教的な知識の最初の勢い、および僧侶が支配する知識の第二段階によってその諸相のいくつかが吸収されたことが第二の非宗教的な知識の勢いの一条件になったのであろう。シュメール・ヨーロッパ的伝統という状況で非宗教的集団が自らの知識の伝統を創り上げ、僧侶支配の知識を超えた自身の非宗教的な種類の知識を獲得することに二度成功したが、なぜ――これが問題であるが――そうなったのか？　科学的な知識と非科学的な知識を区別する特徴は、もし注意と現実的知識が後者に集中されるなら、はっきりとしたかたちで現れることなどほとんどありえない。(6)わたしはここで、高度な統合を表すモデルが人間社会の研究で果たしうる役割の例として、問題を提起しているのである。

もしわたしが最後に、暗示されてはいるが、明確にされていないこの研究の二つの面を簡潔に指摘すれば、それが役立つかもしれない。(7) 少なくとも二つの点でシンボルの理論の根底にある経験的視野は、歴史学や社会学やその他の社会科学の研究において一般に見られる視野よりもさらに広く、理論統合のレベルも同じく後者のそれより高度である。

最初の側面——国民国家を超えて

そのような研究の、暗に示されている社会的準拠枠はたいてい現代の主要な生存単位、つまり国民国家である。それは伝統的な人類学の研究では種族である。国家が研究の照準となる主要な統合段階であるということは、社会学の研究の場合には歴史学の研究におけるほど明らかでは

(6) すなわち、科学的な知識と非科学的知識の違いは、もし両方のタイプが厳密に切り離されれば、適切には理解されないということになる。より高次の理論的統合は、非宗教的知識の第一局面の概念的前進のいくつかが僧侶が支配する知識の第二局面によって吸収される、ということを明らかにする。次にこれは第二の非宗教的局面になった。換言すれば、これは均一的な進歩でも必然的進歩でもなかった。

(7) エリアスが以下の頁で議論している二つの側面は、第一に、社会学における準拠枠を、国民国家の準拠枠を越えて広げる重要性であり、第二に、その視野をずっと過去の時代に広げる重要性である。第二の側面は以下、二八〇頁で始まる。副標題は編集者によって付されている。

ないかもしれない。しかし、社会学者たちが国家に言及する場合、彼らが何を意味しているかを調べれば、彼らは、国家の統合段階を——国家の一部分に視野が限定されているかもしれないが——めったに超えないということがたいてい分かる。その上、社会学者たちはたいていその努力を国家内部の関係に限定する。社会学者たちがその視野に、したがってその社会概念に国家間の関係を、およびそれが経験する変化を含めることはまれである。換言すれば、国家の、そして究極的には人類の大陸的な集団の発展は概して社会学者の問題領域の外に存在するものと見なされる。(8) それはここではそのように見なされてはいない。

社会が暗黙のうちに人間同士の、国家内部の関係と見なされている間は、諸国家と人類の関係——両者が相互に形成する統合の単位としての関係——は、社会の外部に存在しているような、もしくはおそらくまったく存在していないような感じにさせられる。実際のところ、国家間の関係は人間同士の関係である。そうした関係は、それが異なった統合段階を表しているかぎりで、家族関係、国民国家内部のその他の関係と違うにすぎない。それは国家レベル以下の、もしくは国家レベルの社会関係と同じく現実的である。いずれにせよ、国家間の関係における暴力の行使、換言すれば戦争は、そのことを非常に明確にする。家族関係、産業関係、そして国家間関係が研究主題として学問の異なった専門分野に属しているという考えは、国家内部の関係が社会関係であり、国家間レベルの関係はそうではない、といった印象を生む原因になるのかもしれない。とにかく、社会の異なった段階の、あのまさに明白な相互依存、その発展の恒常的な相互依存はそうした印象を正すことができよう。

ここで出くわす問題は、社会学者の概念的武器——社会学者はそれを処理する準備があまり整っていない——の中の空隙に注意を促してくれる。今日、存続しているような人間社会にはいくつかの、編み合わせにされた統合段階がある。親族集団段階、部族段階、国家段階、大陸段階、そして最後に人類段階、それらはすべて梯子《はしご》の一段、一段である。今日的な情景の観察者は、人類の発展の異なった段階における異なった統合段階の代表者に利用可能な権力機会におけるきわめて明白な違いに気づくかもしれない。社会学者、そして実際、社会科学者一般は、異なった統合段階の人間関係、これが経験しうる発展的変化を処理する用意がまだ十分できてはいない。

顕著な例は、現在アフリカの地方で観察される部族的統合段階から国家的統合段階への変化である。わたしにはこうした変化についての生々しい記憶がある。一九六〇年代の初期にわたしはガーナの大学で社会学を教えていた。わたしは地元の大きな祝典の一つに招かれたが、そこでの仕組みを覚えている。その祝典は野外で行われた。招待客は非常に大きな輪になって座った。主

（8）これについては以下の文献を参照。Norbert Elias, *Humana Conditio*, in *The Loneliness of the Dying and Humana Conditio*（Dublin: UCD Press, 2010 [Collected Works, vol. 6]; 'Towards a theory of communities,' in *Essays II: On Civilising Processes, State Formation and National Identity*（Dublin: UCD Press, 2008 [Collected Works, vol. 15]), pp. 119–54.

催者である地元の族長たちが輪の一方の側に座った。反対側には名誉招待客である国の大統領の代表者団が座った。トーガのような伝統的な衣装をまとった彼らは威厳に満ち、誇り高いローマの元老院議員のように見えた。儀式は、族長たちが席から身を起こし、従者の何人かとゆっくり政府の代表者たちの座席へと歩いて行ったとき――そのときおそらく族長たちは祝典に来た彼らを歓迎したのであろう――に始まった。族長たちは席にもどった。しばらく間を置いて、国の代表者とその職員が立ち上がり、輪全体を通り過ぎて族長たちの訪問に返礼したが、おそらく彼らは自分たちを招待してくれたことに感謝し、国家元首のお祝いの言葉を述べていたのだろう。われわれが見たのは、二つのレベル――つまり部族と国家――の代表者間で長々と続けられた主導権争いにおいて到達した、ある種の均衡の象徴的な表現であった。アフリカの植民地のうち最初に独立する国の大統領は、国家元首としての自らの現実的な権力資源をさらに蓄える一方で、族長の儀式的権力――彼はそれを特にアフリカ的な制度と見なしていた――をできるだけ多く維持しようとしていた。

こうした国家形成の過程は詳しく見れば非常に多様になるのかもしれない。この過程は、異なる部族間の、国家の政治的地位の占有をめぐる主導権争い、もしくは、国王とその強力な諸侯との闘争というかたちをとりうる。分裂はたいてい、国家的レベルでの勝利による統合の代わりに採りうる方法であった。しかし、最終的な決着に達する前に多くの戦いがたいてい行われる。アフリカでもまた、部族段階から国家段階への変化はたびたび戦争や破壊というかたちで現れた。

わたしが目撃した儀式は国家が優位であるという認識、同様にまた地方の族長の主権が限定されているという認識を指し示していた。類似した問題は国民国家が、そのような国家の大陸的な同盟へ変化する際にも生じる。それはまた超大国が人類の名の下に、個人を、彼自身の国の法律——超大国はそれを非人間的と見なす——に対抗して保護するために、規制をかけようとするときも生じる。この種の闘争は長い過程——その過程において、最も高度な段階の統合としての人類は、国家の優位性と比較される主権の優位性ではなくとも、平等性を獲得するであろう——の初期段階なのかもしれない。

アフリカの多くの地方では、主要な統合闘争が依然として部族段階もしくは村落段階の関係、また国家段階の関係の間でなされているのに対して、他の大陸では主要な統合の傾向は国民国家から国民国家連合への初期的運動である。ヨーロッパの多数の国民国家が、ヨーロッパ国家連合へと移行することがこの種の例である。ラテン・アメリカにおける同様の統合の勢いは、依然として実験段階にある。生存単位としての国民国家の、最高の機能は原子力による武器、超国家的経済市場、旅行時間の着実な短縮の時代において減少する。全体としての人類が最も可能性のある生存単位としてますます段階的に出現する。これは、統合段階、準拠単位としての個人が消失することを暗示しているのではない。ルネサンスにおいてちょうど国家段階の統合の明白な勢いが、親族やギルドのような伝統的な集団に対する個人的束縛の解放と同時に進んだように、現代では人類段階の統合の勢いが、国民国家内部における個人の権利の強化と並行する。

異なった発展段階では、異なった統合段階は最も強力で効果的なものとして際立つ。しかし、このような違いを認識するには、多くの段階の社会から、またその内部における自分自身の立場から引き下がり、距離を置かなければならない。人間社会の領域では観察者は自らを、言わば自分が研究する対象の段階とは異なる、螺旋階段の段階へ置かなければならない。[9] もし単独の国家に言及するなら、数多くの国家の段階に立つことになる。もし数多くの国家に言及するなら、人類という段階に暗黙のうちに立つことになる。それよりも高いどんな統合の段階も利用できない。[10] 比較のために、それゆえこの場合では先行する進化の統合段階が選ばれる。動物の特徴と比較することによって人類の異なった特徴を認識することが試みられる。このように視野を拡大することによって、国家から多数の国家へ、したがって究極的には社会学研究の暗黙の準拠単位としての人類へと上昇する。もしそれがなされるならば、人間のコミュニケーション手段としての言語の特異性、人間の適合手段としての知識の蓄えがより明確に見えてくる。単独の言語に言及することは、われわれが実際、複数の言語に言及しているときには、珍しくはない。知識の場合、単独の知識の使用は自然科学の知識、テクノロジーの超国家的な同一性によって正当化されうる。しかし、異なった知識の伝統は、異なった国民国家におけるこの同一知識と並んで存在する。多くの言語の一つ、多くの知識の伝統こそ子供たちが自分自身のものとして選択するのである。

事実として観察されること、つまり、人間がより緊密に係わり合うようになることは理論的な要点を支える手助けになるかもしれない。社会学者の研究では、人類が、それが遠く離れた理想であるということからして、統合の段階に、とりわけ社会形成となる。文明化の過程の理論とシンボルの理論の両方が例として役立ちうる。両方の証拠が社会発展のあらゆる段階で発見されうる。すべては人類の発展における段階なのである。比較の単位は常に、所定の段階における最も発展していない社会単位と、最も発展している社会単位との間の範囲である。氷河時代の社会、したがって氷河時代の人類はたぶんどこでも部族的段階を超えることはなかった。その発展段階における違いはわれわれには分からなくなるのかもしれない。なぜなら、最初の接近では、また遠くから見れば、そこから残っているものが世界中でまったく同じように見えるからである。よ り初期のタイプの都市国家、たいていは僧侶集団や戦士集団によって維持されていた領土国家をその間、部族単位が依然として征服する機会があった段階は数千年続いた。今や比較的少数の国民国家が部族を、それがまだ存在しているところでは、飲み込む。

経験的な証拠と真剣に取り組むには人間社会の多元的モデルが必要とされる。その困難は、社会科学者、とりわけ社会学者が、デカルトから始まり、その手がかりを発展のあの早い時期に物

(9) 本書二〇五頁、註(10)を参照。
(10) 二〇世紀後期、およびそれ以降の世紀における国家間の力学に関する考察については、次の文献を参照。Norbert Elias, 'The fishermen in the maelstrom', in *Involvement and Detachment* (Dublin: UCD Press, 2007 [Collected Essays, vol. 8]), pp. 105-78〔エリアス「大渦の中の漁師」、『参加と距離化』六三―一六六頁〕; *Humana Conditio*.

理学から引き出した哲学的科学理論のとりこにまだなっていることである。その段階では多元的な理論モデルは必要ではなかった。物理学のあらゆる対象は、またしたがって、多くの哲学者によれば、あらゆる対象は同様で唯一の統合段階を表しているように思われた。われわれが不変的法則、もしくは一般化と呼ぶようなタイプの理論モデルは、あの段階で物理学者の要求に奉仕するには十分であり、かつ十分に現実適合的であった。これらのモデルはその有用性を失ってはいない。しかしながら、今のところしばらくの間、そのモデルは、法則とは違う多元的な理論モデルによって、また、いくつかの統合段階が相互に作用、反作用する大きな分子、遺伝子、染色体のような対象に関するデータを経験的に扱うことを可能にする理論モデルによって、物理科学それ自体においても補足されているのである(11)。

シンボル理論の序章は、シンボルを表示する人間の能力によって人間が導かれるあの実に多様な道を探究する場にはなりえない。しかし、警告の言葉なら有用かもしれない。シンボルとシンボルが表示する対象の関係は、すべての場合に必ずしも同じになるわけではない。言語のシンボル化の場合には、この関係は、理論モデルとそれが表示する対象と関係の中でわれわれが出会う関係とは異なる。後者の関係の場合、構造上のある同一性が本質的である。言語上の表示の場合にはいかなる同一性も期待される必要はない。こうした逸脱は社会学者の目的を説明するのに役立つかもしれない。主要な目的の一つは検証可能なモデルを作ることであり、そのモデルは社会が現在のようにいかに、またなぜ機能するのか、したがってまた何が社会の欠陥と見なされるのかを人々にもっと綿密に検証させるのである。そのモデルは、社会の機能不全を説明し、そうすることでまたそれを一般的な研究に近づける手助けとなる。社会学のモデルは、理論的であれ経験的であれ、実験および計画された発見の手段である。両方とも予期されない結果を生むことがある。社会学のモデルは、それゆえ計画されない発見を生み出すこともある。社会学の理論家たちによって構築されるモデルの個人的不連続性への強い傾向が、彼らの作業の複雑さと一致するかどうかということは、おそらく未決の問題と見なされよう。モデルの認識論的価値の尺度として政治的教義がしばしば現実適合性を凌駕するという事実が共同作業を容易にさせない。このことは、社会を多くのレベルの構造として表現することがなぜ社会学の理論ではまれなのかを説明する手助けになろう。政治的教義は視野を国家内部の問題に限定しがちである。実際、国家内部の問題は国家間の問題とほとんど切り離されない。社会の理論は両方を包含しなければならない。ここでは視野が国家内部の関係という段階から人類の段階へと拡大されている。

現在の習慣は、言語と知識はあらゆる段階で何を共有しているかという問題を強調する。現在

(11) 次の文献を参照。Norbert Elias, 'Reflections on the great evolution: two fragments', in *Involvement and Detachment*, pp. 179-233〔エリアス「大進化について 二つの断片」、『参加と距離化』一九六―二四六頁〕; 'The sciences: towards a theory', in *Essays I: On the Sociology of Knowledge and the Sciences* (Dublin: UCD Press, 2009 [Collected Works, vol. 14]), pp. 66-84.

の習慣は、言語と知識が経験する変化の検証可能なモデルによって、それらの共通の機能と構造を補足することはできない。一人の人間——「偉大な人間」——がその研究において、人間社会が提示するあの実に多様な問題を一気に解明してくれると期待されるかもしれない。しかし、それは現実的な期待ではない。この作業を一人の人間が独力で行うことはできない。それは一連の世代を通して、多くの人々の共同作業によってのみなされる作業である。それはまた、わたしがすでに示したように、視野の拡大を必要とする。その方向への第一歩がここで踏み出された。社会を、国民国家内部の社会と見なす根深い伝統がここでは疑問視されてきたのである。これまで社会学者の研究に暗に含まれていた統合レベルがしばしば無視されてきたのである。究極的には両方の場合、[12]準拠枠は人類である。これはわたしが言及した視野の、二つの拡大の一つである。とりわけそれは——決してそれのみではないが——今日的情景に関するわれわれの視野を拡大することである。それは、言語を手段として相互にコミュニケーションを行い、独特な知識の伝統の一員として適応する、唯一の生物の特異性を強調することである。

二番目の側面——遠い過去

シンボルの理論を支える二番目の視野の拡大はとりわけ、その枠組みの過去への拡大である。

科学的知識の主要な特徴の一つは、現実適合的な知識の計画された拡大である。私がすでに述べたように、人々は、彼らが目的とする計画された発見段階に到達する前に、現実適合的な知識を欠いていたのではなく、その獲得が大体は行き当たりばったりであり、かつ偶然であった。ガリレオとその後継者たちは、モデル構築を絶えず連続して行うことで、また系統的な実験検証を行うことで計画された発見を実現させた。しかし、無計画の発見に起因する現実適合的な知識の多くの蓄えがなければ、彼らは現実適合的な知識の計画された発見にいたる大躍進を経験できなかったであろう。偶然にも、あるいは幸運にも、もっと行き当たりばったりで獲得された大量の現実適合的な知識が計画された発見の条件であった。

このような状況でもまた社会的な準拠枠として人類を使うことがふさわしい。動物的なわが祖先は人間を特徴づけるような特質を——その主要なコミュニケーションの方法が習得された言語を使うものではないかぎり、またその主要な適応方法が習得された知識による適応方法でないかぎり——もたなかった。初期の時代からずっと高度な生存価値をもつ発見は、起源となる社会から別の社会に移動した。この研究が示唆するのは、主に言語を使うことによってコミュニケーションをとり、また主に知識を使うことによって適応する——最初は聴覚シンボルというかたちで、後にまた視覚シンボルというかたちで——生物の出現と発展における二段階を区別できると

(12) すなわち視野の拡大であり、多くの個人の世代を越えた共同作業である。

いうことである。両方の段階は仮説的である。しかし、仮説的なモデルはまったくないよりましである。そのモデルが発見を容易にする。

第一段階は、主に遺伝的に前もって決定された行為によってコミュニケーションをとり、かつ適応する動物種が、われわれが人間と呼び、習得されたシンボルによって同じ行為をする生物種へと進化の上で変化したことである。

第二段階は主に、人間の言語と知識の伝統の非生物学的な、世代間の発展である。これは社会的もしくは発展的な過程であり、それは、初期の段階では類人猿のような動物から現在のタイプの、ヒト科の動物への進化上の変化と並行したか、それと交じり合ったのかもしれない。社会的な過程は生物学的な過程よりも文献的にうまく根拠づけられる。しかし、仮説的なかたちであるとはいえ、人間化の過程の進化的分枝に関する描写は、答えられようが答えられまいが、社会科学者たちが提起せざるをえない——たとえそれが、彼らの研究にともに使用される人間像を説明する手段としてだけであっても——問題を明らかにする。

二つの重要な問いはこうである。人類はどのようにして存在するようになったのか？　より動物的な人間の祖先と比較される、人間の際立った特徴は何なのか？　旧石器時代や新石器時代に言及すれば、社会的な準拠枠は人類全体である。われわれは、知識の社会的蓄えに助けられた適応が、人類を他の生物と区別する主要な特徴の一つであることを明確に理解できない。動物の体質と行動と人間のそれの違いを説明するのに役立つ属性の探求はたいてい、個として捉えられるだけで、社会として捉えられることなどない生物の属性の違いに限定される。焦点距離と直立歩行が例である。最も有名で一般的なものは理性、精神、知性、合理性などのような際立った人間の特徴である。それらはすべて自己依存の人間、集団のない個人という理想を支える概念である。そのためにわれわれは動物と人間が共同生活する様式、人間社会における違いを重要なものとして観察することを忘れるのである。しかし、後者、つまり人間社会における違いは、動物と人間を区別する顕著な特徴に含まれる。わたしがすでに述べたように、動物の社会はその遺伝的構造における変化の一環としてのみ大きな変化を経験しうる。こうした違いの多くの根底には習得された知識に基づいて行動する人間の高度な能力がある。こうした人間の条件こそ、言語によるコミュニケーション、社会発展の異なった段階への前進と退歩を可能にさせるのである。人間の自然な体質によって、人間は、他人から習得したり、他人と一緒に暮らしたり、他人から面倒を見られたり、他人の面倒を見たりすることに備えられるのである。人間は自然によって一生、社会生活をする備えができているという事実を、人類の進化過程や社会発展の側面を視野に含めることなく、社会科学者がどれほど明確に理解できるか想像することは難しい。

過去や現在の時代を強調しながら拡大していくことは、人間の準拠枠を未来に広げることによる補足を要求されるようである。とはいえ、社会科学者は決して預言者ではない。しかし、かなり確信して語ることのできる人類の未来の様相もある。わたしはこの点で所見を述べることができる。それは、人類の発展という範囲内での現代の立場に関する、暗黙の仮説に関連する。われわれの研究にともなう通常の計画——それは先史と歴史、あるいは古代ギリシャ・ローマ、中世、現代のような概念によって表現される——は、いわゆる現代とはこうした発展の比較的、後期の時代を代表している、という印象を容易に与える。これと密接に関連しているのは、現代をむしろ人間の文明の発展における進歩的段階と見なす傾向である。そして、もし人類の発展を分離して考えるなら、この推測は理解可能である。この脈絡では人間の視野を太陽系まで広げるのは通常ではない。とはいえ、人類の発展という範囲内で現代の位置を評価するには、それがまったく無関係であるわけではない。地上の生命、それゆえ人類の存在は太陽に依存している。宇宙論者たちは、太陽が現在その予見可能な寿命——隠喩的にそのように呼べるかもしれないが——の中間にあり、太陽が生命を支える星としてのその役割を数十億年もの間継続することを自分たちは期待している、ということをわれわれに告げる。もし人類が自滅しなければ、また人類が隕石の衝突によって、あるいは他の宇宙の衝突——その可能性がかなり現実的であることは確かであるが——で破壊されることがなければ、その存在の自然条件が、地上での（あるいはどこであろうが）共同生活の問題に取り組む機会を、人間に将来きわめて長い期間にわたって与えてくれる。四〇億年の未来が人間に、いくつかの袋小路からうまく抜け出る機会を、また共同生活をもっと楽しく、もっと有意義で価値のあるものにする方法を習得する機会を与えてくれるはずである。人間の未来という脈絡では短期的な視野は必然的に誤解を生じる。今日、宇宙論者たちは、同じ発展段階にある生物、もしくはより高い発展段階にある生物が宇宙の別の場所に存在しているという考えを当然視しているようである。人間はその存在を独特の連続的な偶然の一致に負うところがありうるし、言語や知識の使用を生物学的に備えている人間の発展は、唯一とは言えないまでも、きわめてまれであろうということを考慮に入れるべきだと、わたしは思うのである。

自己破壊と数百万年の未来のどちらを選ぶかという将来を考慮すれば、いわゆる現代に比較的、後期の発展という特徴を帰する支配的な評価は訂正を必要とする。戦争をいかに防ぐかをまだわれわれが習得していないという事実、異なる国家の成員を相互に大量に殺戮すること、野蛮と呼ばざるをえないような他の行動形態は、人類の可能な発展という全体的脈絡において、いわゆる現代は、後期の発展段階であるよりもむしろきわめて初期の発展段階を表すといった仮説を裏付ける。わたしは、わが子孫は――もし人類が現代の暴力を乗り超えて生きられるとすれば――われわれを後期の野蛮人と見なすかもしれないという提言が最も好きである。わたしは好き勝手に非難しているのではない。人間は、どのようにして互いに平和な生活を送るかを習得する長い過程を経なければならない。われわれが不安定であること、われわれが暴力を取り除けないこと、これは習得の過程の一部である。いかなる教師も身近にはいない。外部から手助けが現れないのも明らかである。善意の表明、善行の勧告は喜ばしいが、ほとんど効果がない。対立し合う理想の表明は暴力を緩和するというよりむしろ暴力を刺激する。人々は自らお互いに生きることを習得しなければならない。このような場合でもまた計画的な釈明の発見が役立つかもしれない。今までのところでは、われわれはいかに暴力を抑えるか、あるいは人間の諸関係からいかに効果的に暴力を排除するか知らない。われわれは、戦争の排除に真剣に係わっている政府がまた繁栄する武器産業――それは他の国が戦争に備えるのを助長する――に参加し、かつそれに味方するという状況にはまり込んでいる。

われわれはまだ現代の明らかな矛盾に対抗することを学んでいない。われわれは、人間がより文明化されたやり方でお互いに生きることができることをすでに知っている。しかし、われわれはお互いに、われわれの生活の中でどのようにしてそれを実現するか知らない。あるいは、少なくとも時折しか知らない。多くが自己抑制と自己実現[13]のよりよいバランスの維持に依存していることをわれわれはすでに知っているが、そのようなバランスを保証する安定した秩序は依然としてわれわれには手に入らない。それがわれわれより何千年も先の人類の手に入らないということになって欲しくない。

（13）以下の文献の最後のパラグラフにおけるエリアスの議論も参照。Norbert Elias, *The Civilizing Process* (rev. edn, Oxford: Blackwell, 2000 [*On the Process of Civilisation*, Collected Works, vol. 3]), pp. 446-7.〔『文明化の過程』下、四七四―六頁〕

テキストについての註釈

エリアスがすべて英語で書いた『シンボルの理論』の主要テキストは、これまで二度ほど異なったかたちで出版された。初めは、それは一九八九年に三回に分けて雑誌『理論と文化と社会』（*TCS: Theory, Culture and Society*）に掲載され、それから一九九一年に、その三部が単一のテキストとしてまとめられ、本として――その雑誌と関連があり、セイジ出版社から出版されるシリーズの一つとして――出版された。[1] エリアスは自分のテキストをその雑誌に掲載するために、わたしに原稿の点検を依頼した。したがって、わたしは彼と原稿について広範囲にわたって議論を交わした。わたしの任務は、もっと構造化された、明快で分かりやすいテキストを作ることであり、

（1）*Theory, Culture and Society* 6:2（1989）, pp. 169–217; 6:3（1989）, pp. 339–83; and 6:4（1989）, pp. 499–537; *The Symbol Theory*（London: Sage, 1991）.

同じく、そのことについて短い記事をその雑誌に寄稿することであった。その後、わたしは編集者としてその本の別個の序論を提供した。(2)

一九九〇年の四月に作業を簡単に始めた——その後、彼は一時的に別の研究に向かった——後でエリアスは、一九九〇年六月中旬に、この作品全体の新しい序章を本腰を入れて書こうとした。その頃、それが本として出版されようとしていた。しかし、彼はその序章を断片的な状態にしたまま他界してしまった。この未完成の序章の一部は、『シンボルの理論』の一九九一年版に掲載された。ところが、現在のこの新版については、エリアスが他界した際にテキストに組み入れられていなかった断片の復元が可能であること——もうすぐわたしがそれを説明するように——が判明した。こうして探偵のような作業が行われているうちに、われわれはまた、人生を終えようとしている頃のエリアスの研究習慣について多くを発見することにもなった。さらに、このような知識がまた、本書の主要テキストの性格の説明を促してくれる。

元の原稿は一九八〇年代後期に、アムステルダムで書かれた。一行半の行間でタイプされた約一六〇頁におよぶ主要テキストの最初の草稿は、一九八八年の夏の終わりに完成されていた。エリアスと、編集者であるわたしの両方にも、いくぶん時間の圧力がかかっていた。なぜなら、『理論と文化と社会』の編集者であるマイク・フェザーストーン氏が、非常に熱心に『シンボルの理論』を一九八九年の初頭に雑誌に載せようとしていたからである。

長いタイプ原稿には、二、三しか段落の分割が含まれておらず、そのすべてが最初の数頁に来ていた。一連の番号が付された節から始められていたが、これらもまた、二番目以降はしだいに消えていた。テキスト全体が無形式のようであった。そこには重複するテーマの複雑な流れがあり、それはいくつかの異なった観点を同時に扱っていた。それでも、わたしは自分が素材の中にすでに存在していた一連のテーマや議論を追っていることに気がついた。取りとめのないような様相ではあったが、タイプ原稿は自然にある種の形式に収まっているように見え、それに対するわたしの理解は、それについてわたしがエリアスといくぶん長く議論できたことによって助けられた。一見すると無定形のような感じのする原稿が、実際、いかに系統的であり、構造化されていたかは驚くべきことであった。テキストを編集する際に、文法、綴り、配語法、句読法などいつもの問題にわたしは注意を向けた。さらにまたわたしは、すべての段落間に空きを作り、原稿を受け取ったときに存在していた最初の二つの節以降にも、節にはそれぞれ番号を付けることにした。エリアスは、小見出しを使用するというわたしの提案よりもむしろ、彼が始めた、節に番号の付いたフォーマットを保持したがっていた。それは、彼がより長い論文を書いたとき、その多くにおいて生じた習慣であった。現在の版では、これらの番号の付いた節が、章として一般的なかたちに変更されることになった。そして、わたしはそれに表題を付した。こうした表題がこ

(2) Richard Kilminster, 'Editor's note to "The Symbol Theory"', *Theory, Culture and Society* 6:2 (1989), pp. 163-7; and 'Editor's Introduction' in Elias, *The Symbol Theory*, pp. viii-xxv.

の本の読みやすさをさらに促してくれることをわたしは確信している。とはいえ、テキストの中のテーマの重複や絡み合いという観点からすれば、いくつかの話題が、複数の章にまたがって扱われている。

最初の草稿を編集した後で、わたしは一九八八年九月にそれをエリアスに返却した。彼はいくつかの節を訂正し、特に最初の二五頁に大幅な変更を加えた。一九八九年三月の出版締め切りより前に、原稿を再度見直す機会はわたしにはまったくなかった。したがって、これらの初めの節における段落間の空きは、わたしではなく、時折エリアスが作ったものである。彼はたぶんその配置については、助手の一人に助言されたのであろう。エリアスは、どうやらわたしが作ったすべての節、彼の英語に対するわたしのわずかな訂正にはすべて同意したようでもあった。しかし、一見それだと分かりそうな、また明白な弁明がないまま、彼は数々の、繰り返しの多い文章をテキストに残してしまった。わたしとしてはそれを削除することを勧めていた。現在わたしが知っていることを考慮すれば、これは、エリアスの側での意識的な決定の結果ではなかったかもしれないし、ましてそれは彼の苛立ちや、注意力散漫のせいではなかった。それはおそらく彼の視力や聴力が衰えていたこと、またそれとあいまって、交代する助手の一団と一緒に仕事をするという彼のやり方に起因したのであろう。そのことについてはすぐに説明しておこう。

エリアスが行っていた新たな加筆や訂正により、タイプ原稿は大部のものになり、それはフェザーストーン氏によってあまりにも長過ぎて『理論と文化と社会』の単一号にはまとめて掲載できないと判断された。加えて、エリアスは、掲載の準備をしながら、わたしが返却した第二草稿を一九八八年の一〇月までに約半分しか完成していなかったので、一九八九年における雑誌の第一号の締め切りを逃してしまった。最初の計画は原稿を二回分に分割することであったが、結局、長さが増して、フェザーストーン氏は、テキストの中で彼とわたしが同意した段階で、それを三回に分けることに決めた。何とかエリアスは一九八九年の五月号の締め切りに間に合った。そしてその中に、最初の一回分が掲載されたのである。一九八九年二月二三日付のわたしへの手紙——それにはフェザーストーン氏に送付された最終校全部のコピーが同封されていた——で、エリアスは「運よくどたん場で自分の議論に誤りがあるのを発見しましたので、それを訂正したほうがよいと思いました。あなたの助力に感謝します。もし大きな誤りがあれば、遠慮なくわたしに連絡してください」と書いていた。エリアスは基本的に毎日研究をしていたが、現在そのことについてさらにどれだけ知られているのかという問題を考慮に入れれば、『シンボルの理論』それ自体でさえもテキストとしてある意味では決定版でないことは明らかである。それは、ある段階で、数々の草稿、再度の着手、訂正、挿入、増大する加筆から作られた多くの版の一つにすぎなかったのである。それはまさに、出版のためにエリアスが書類から手を離さざるをえなくなった時点で撮られた——原稿が継続的に進化していく中での、ある瞬間の——スナップショットであった。(3)

『シンボルの理論』――主要テーマ

主要なテキストについての会話の中で、エリアスはわたしに、自分は『シンボルの理論』を知識社会学に関する自分の著作群と繫がっているものと見なしている、と語った。それらの著作は『時間について』、『参加と距離化』、主に一九七〇年代から八〇年代にかけて書かれ、『エッセイ集I――知識と諸科学に関する社会学について』に収録されているエッセイを含んでいる。(4) とりわけ「大進化に関する考察」という断片、「人間とその感情について」という記事は『シンボルの理論』と密接な関係がある。(5)

一九二〇年代の中期から一九三三年まで、ハイデルベルクとフランクフルトでエリアスは、カール・マンハイムと関係があるドイツの「知識社会学」(*Wissenssoziologie*)の初期時代に参加した。彼は一九三〇年から三三年にかけてマンハイムの助手の一人であった。このグループの研究の中心は、知識人の役割と機能に加えて、イデオロギーや思考スタイル一般の社会的位置であった。自身の『回想録』においてエリアスは、当時、自分はイデオロギー的な偽装と政治的な神話を暴露することを「非常に快適だ」と思っていた、と語っている。(6) とはいえ、彼の研究は、この学派によって著しく方向づけられながらも、さらのその伝統の別の側面を発展させることになり、われわれはそれを『シンボルの理論』においてはっきりと、また再構成された序文においてきわめて明確に、しかも全体を通して暗示的に理解するのである。エリアスは、個人的な知識の哲学に取って代わる社会学的認識論と存在論を要求する研究プログラムのそうした部分を深め、拡大したのである。これは、人間の知識の発展への長期的な社会学的アプローチを受け入れるものであり、それは、その説明手段の核心に権力、および社会的闘争・競争・利益を含んでいた。『シンボルの理論』では、エリアスは、これをすべて、さらにもっと長期的な進化の時間尺度に位置づけるのである。知識社会学の精神において、エリアス流の議論は、伝統上、哲学的、形而上学的、イデオロギー的な方法に収まっていた諸問題を、さらに別のレベルへ置き換えるのである。ある問題についての伝統的な論述（この場合、それは人間社会の進化論的次元である）は、それがよ

（3）エリアスの自分の原稿に対する所有欲の強さは以前から指摘されている。Stephen Mennell, *Norbert Elias: An Introduction*, rev. edn (Dublin: UCD Press, 1998), p. 20.

（4）*An Essay on Time* (Dublin: UCD Press, 2007 [Collected Works, vol. 9])〔『時間について』〕; *Involvement and Detachment* (Dublin: UCD Press, 2007 [Collected Works, vol. 8])〔『参加と距離化』〕; *Essay I: On the Sociology of Knowledge and the Sciences* (Dublin: UCD Press, 2009 [Collected Works, vol. 14]).

（5）Norbert Elias, 'Reflections on the great evolution: two fragments', in *Involvement and Detachment*, pp. 179–233〔エリアス「大進化について　二つの断片」、『参加と距離化』一九六―二四六頁〕; 'On human beings and their emotions: a process-sociological essay', in *Essays III: On Sociology and the Humanities* (Dublin: UCD Press, 2009 [Collected Works, vol. 16]), pp. 141–58.

（6）Norbert Elias, *Reflections on a Life* (Cambridge: Polity, 1994 [*Interviews and Autobiographical Reflections* [Collected Works, vol. 17]]), pp. 36–7.

り広い社会学的な枠組みに吸収されていくにつれて、まったく弁護できなくなることが明らかになる。本書において、われわれはエリアスが、観念論対唯物論、物質対精神、自然対文化、形式対内容、存在対意識といった伝統的な二項対立をくぐり抜けて作業するのを追うことができる。

主観対客観という二元論の限界は特に、『シンボルの理論』における彼の議論で際立ったかたちで現れ、彼の序章の中でも再度強調される。彼はこの対立を、「閉ざされた人間」(*homo clausus*)としての個人の厳しい自己経験——それは文明化の過程の広範な局面に到達した社会(特に西洋社会)に住む人々に特徴的である——へ遡る。彼の基本的な思想は、伝統的な、硬直化した、非常に抽象的でしばしば形而上学的な二元論を習得しないようにわれわれに呼び掛けることである。それは、進化論的な枠組みと時間尺度の内部でより、距離化された、現実的な人間のイメージを発展させるためである。この問題を別の言い方で表現すれば、エリアスは、進化論的な枠組みの内部での通時的方法によるコミュニケーションの習得された手段としての、つまり、彼の言う「シンボルの存在様式」(八九、二五六—七頁)の確立に興味を抱いているのである。それは、連続するものとして高度なレベルでの社会発展を含む。

エリアスは、知識の存在論的地位は何かという、しばしば回避される、困難な問題を正面から扱う。彼がこの問題に社会学的に、また力学的に取り組む方法が魅力的な解釈を生み出す(第五章、同じく第六章における「脳の記憶のイメージ」に関する議論を参照)。エリアスは伝統的な自然対文化、存在対意識、構造対文化という二元論を、それを、人類の進化から人間社会の発展

——それは独自に、あるレベルの統合として発展する——にいたるまでの継続性の流れに浸すことによって克服する。[7] エリアスにとって、人間の条件とは、別のレベルに向かう盲目的な進化の過程を継続する社会発展の内部に埋め込まれているのである。[8] シンボルの形成はこの過程における人間の生存と結びついている。

（7）エリアスが使用する「統合のレベル」という着想は現代の進化論的生物学に由来する。Joseph Needham, *Integrative Levels: A Revaluation of the Idea of Progress*（Oxford: Clarendon, 1937）を参照。エリアスによるもっと完全な議論については 'Reflections on the great evolution'（「大進化について」）を参照。また以下の文献も参照。Terrence J. Wassall, 'The Development of Scientific Knowledge in Relation to the Development of Societies', PhD thesis, University of Leeds, 1990; Richard Kilminster, *Norbert Elias: Post-Philosophical Sociology*（London: Routledge, 2007）, ch. 6; Stephen Quilley, 'Ecology, "human nature" and civilising processes: biology and sociology in the work of Norbert Elias', in Stephen Quilley and Steven Loyal（eds）, *The Sociology of Norbert Elias*（Cambridge: Cambridge University Press, 2004）; Stephen Quilley, 'Integrative levels and "the great evolution": Organicist biology and the sociology of Norbert Elias', *Journal of Classical Sociology* 10:4（2010）, pp. 1-29; Catherine M. Borchert and Andrienne L. Zihlmann, 'The ontogeny and phylogeny of symbolising', in Mary Le Cron Foster and Lucy Jayne Botscharow（eds）, *The Life of Symbol*（Boulder, CO: Westview, 1990）, pp. 15-44.

（8）『シンボルの理論』*The Symbol Theory* はエリアスのエッセイ *Humana Conditio* in *The Loneliness of the Dying* and *Humana Conditio*（Dublin: UCD Press, 2010［Collected Works, vol. 6］）と一緒に読めば、有益になりうる。さらに、Kilminster, *Norbert Elias*, ch. 1も参照。

こうした一群の著作においてエリアスはまた、今日ではリアリズムの一形態として分類されるかもしれないある種の科学の社会学的モデルを発展させた。彼は『シンボルの理論』においてこの諸科学の理論をうまく利用する。エリアスのモデルでは、個々の科学は、宇宙の比較的自律した統合レベル（物理学的・化学的・心理学的・社会的）をその対象として調査し、その結果、科学哲学者の用語を使う。このモデルは、諸科学の主題の——つまり、個々の科学にふさわしい個別の方法の——より分化された構造的な概念化を供給する。彼はこのモデル——それは諸科学のヒエラルキーを提示する(9)——を、主観と客観を区別する方法との共同作業に代わる、経験的に使用可能な選択肢として提供する。

テキストからすると、エリアスにとって進化理論は、ただダーウィン的な解釈だけに結びつけられるべきものではなく、彼がそれを明らかに不完全であり、初期段階の生物の発展を代表するものと見なしていたことは明白である。わたしとの議論で、エリアスは、自分の意図は、人間の動物的次元という概念に共通して浸透している二つの極端なイデオロギー的立場の間をうまく切り抜けることである、と述べた。一方では、いく人かの動物行動学者や社会生物学者の還元主義的な見解があり、それによると、人間は基本的には類人猿なのである。他方では、人間は動物の世界から完全に離れ、「魂」もしくは「精神」の段階を形成したという哲学・宗教的見解がある。エリアスは、これらの問題や、それに関連する他の問題——それはたいてい、一面的で評価を優先するかたちでしか提示されない傾向があり、結局のところ還元主義か、神学のどちらかに帰着する――を処理しようとして、人類の新たなモデルを発展させるための理論武装を試みているのである。『シンボルの理論』は、社会学やその他の社会科学を含むすべての科学のための総合的な枠組みとしての「大進化」というテーマを発展させる。そして、そこから新しい、より現実的な、信頼できる人間の自己像が展開されることが望まれる。

生物学的進化というエリアスの概念は、一九四〇年代、五〇年代に、一般に、進化論において、いわゆる「現代的統合」を確立した進化論的生物学者の研究に依存している。これらの著者にはジュリアン・ハクスリー、ジョゼフ・ニーダム、C・H・ウォディングトンが含まれていた。[10] 一九四〇年代までに、進化の全体的過程における「創発的」で「非還元的」な一連の局面として、統合段階を分類するという思想が、生物学的な思考において一般に流布していた。「現代的統合」を主張する人々は、人間社会は「創発的」な現象であり、[11] それ以前の物理的・化学的・生物学的

（9）「諸科学のヒエラルキー」（a 'hierarchy of the sciences'）という考えは、オーギュスト・コント（Auguste Comte, 1798-1857）と関係がある。コントの研究にエリアスは *What is Sociology?* (London: Hutchinson, 1978 [Collected Works, vol. 5]), ch. 1〔『社会学とは何か』第一章〕において敬意を表した。

（10）これらの著者による作品の選択を参照。それは巻末の編集者が引用した作品の書誌リストにある。

（11）『シンボルの理論』および科学と知識の社会学に関する著作の他の個所で、エリアスは「創発的」、「創発的属性」という表現を、おそらくそれには形而上学的な響きがあるということではっきり避け、個々の統合段階を、「段階に特有の属性」をもつものとして説明するのを好んでいる。以下の文献を参照。David Blitz, *Emergent Evolution: Qualitative Novelty and the Level of Reality* (Dordrecht: Kluwer, 1992), pp. 150-1;

な段階に還元できない、という非還元主義的な見解をエリアスと共有していた。他の共通見解として、彼らはまた人間を進化上の新機軸、低い段階から高い段階への前進と見なし、人間にとって象徴的コミュニケーションが重要であると思っていた。エリアスはこのような著者から刺激を得る一方で、彼らからも離れる。なぜなら、これらの著者の洞察力を統合する際に、彼は、あの徹底的に社会学的な方法を駆使するからである。人々のイデオロギー上の偏向が、もしくは制度上の規律的忠誠がいかに大きく彼らの世界観察の（この場合では生物学的現実の）形成に作用するかということに関して、彼は社会学者の見解——それは知識社会学を髣髴させる——を大いに発展させてきた。『シンボルの理論』では、エリアスは、「現代的統合」の進化論的な生物学者から、自身の文明化の過程の理論、統合段階の理論、科学的分化の理論、シンボル形成の理論に、長期的な進化の補足物を供給するために、自分が必要だと思うものだけを取り出したのである。(12)

進化論的決定主義、もしくは目的論に対する批判を予測しながら、エリアスは、他のいくつかの著書でもそうであるように、こうした一群の著書でも、大部分は逆行できない生物学的進化と、逆行が可能な社会的発展を区別する。星の生活周期《ライフサイクル》と社会発展は同種ではない。星と違って、社会が逆行したり、初期の時代——おそらく封建的な社会関係のようなものに——に戻ったりすることはありうるのである。こうした点を念頭に置きながら、エリアスはたいてい、文明化の過程と、非文明化の過程について一緒に語った。社会-自然発展のこうした枠組みの内部で、シンボルを媒介としてコミュニケーションをとる人間の技術的能力を、エリアスは自然の盲目的な創意性の独特な業績と見なした。習得された知識を手段として自分の行動を操作する人間の能力が、他の動物に比べて大きな進化の利点を与えたのであり、動物はこうしたことがまったくできないか、できたとしてもその程度は非常に限られたものにすぎない。第三章でエリアスはこうした利点を、人類の「シンボルの解放」と見なす（一一八頁）。人間集団の生存は、大いに現実適合的な能力に依存してきた、というのがエリアスの観点である。[13] この知識が適切でなければ、人類の生

Kilminster, *Norbert Elias*, p. 178n.

（12）『シンボルの理論』におけるエリアスの意見が、無作為的な遺伝子の流れ、遺伝子のみならず、親戚集団や人口や種の生存、人間中心的な共生のネットワークの概念などとの関係で、進化論的生物学における同時代の研究との比較にどれだけ耐えるかに関する予備的評価については、以下の文献を参照。Quilley, 'Ecology, "human nature" and civilising processes', and 'Integrative levels and "the great evolution"'; Kilminster, *Norbert Elias*, ch. 6. その進化論的次元を含め、エリアスの非常に長い期間におよぶ社会発展の視野をさまざまなかたちで取り上げた研究については、以下の文献を参照。Johan Goudsblom, Eric Jones and Stephen Mennell, *The Course of Human History: Economic Growth, Social Process and Civilization*（Armonk, NY: M. E. Sharpe, 1996）; Johan Goudsblom, *Fire and Civilization*（London: Allen Lane, 1992）〔ハウツブロム『火と文明化』大平章訳、法政大学出版局、一九九九年〕; Johan Goudsblom and Bert de Fries（eds）, *Mappae Mundi: Humans and their Habitats in a Long Term Socio-Ecological Perspective – Myths, Maps, and Models*（Amsterdam: Amsterdam University Press, 2002）.

（13）「現実適合性」はエリアスの、知識と諸科学の発展理論において重要な概念である。以下の文献を参照。*Involvement and Detachment*（Dublin: UCD Press, 2007〔Collected Works, vol. 8〕）〔『参加と距離化』〕; *Essays I: On the Sociology of Knowledge and the Sciences*（Dublin: UCD Press, 2007〔Collected Works, vol. 14〕）.

存はひどく妨げられていたかもしれない。

　そのような認識からエリアスは人類の未来にとって重要な教訓を引き出し、彼はそれについて九章の終りのほうで、さらに序章でも議論する。エリアスは再び、彼が永遠に論争の的の一つと見なした問題に立ち返る。それはカントの先験性がもつ欠陥である。エリアスは、知識に対する分類上の限界というカントの思想に暗示される敗北主義（エリアスが理解するところの）への批判においてとりわけ強固である。さらに、それはデカルト的な懐疑主義とあいまって世界の現実に関して、われわれの思考を無力化させるような懐疑を惹起してきた。エリアスは、個々の認識者から独立したあらゆる物の存在に疑いを投げかけるようなこうした哲学的思考方法を「現代性というリンゴの中の虫」と見なす。（四八頁）エリアスにとって、こうした教義は、科学の動向に対する逆流を作り出す。それは人類が直面している重要な認識上の問題に逆らうことしかできないのである。それは、グローバルな段階における人間的自己発展の次の局面を、現実適合的に、相対的に距離を置いて理解する能力（それは破壊的な種類の下降する社会的連鎖変動を規制する人間の能力に貢献しうる理解力である）を発展させるという問題である。

エリアスの序章の再構成

一九九一年版の『シンボルの理論』にはエリアスがまだ書き終えていなかった序章が含まれていたが、一九九〇年八月一日水曜日に亡くなる直前に、彼はそれに取り組んでいた。その序章は、エリアスに長年仕えた助手の一人であるルドルフ・クネイフ（一九五六―九四）が、葬式の後で（一九九〇年九月五日に）、アムステルダムにあるエリアスの仕事部屋で印刷し、わたしに渡してくれたタイプ原稿に基づいていた。エリアスの親密な友人であったクネイフは、当時のアムステルダムのエリアス研究会では同僚の中で最も優秀な人として広く知られていた。そのタイプ原稿は、死ぬ前にエリアスが到達したかぎりでのテキストである、とクネイフはわたしに語ってくれた。わたしは編集に関するささいな訂正をいくつか行い、最後に「未完」という言葉を付け加え、その文字が刊行された版に現れることになった。それに対応する、「エリアス全集」の中のドイツ版『シンボルの理論』にもまた、それと同じ英語の序章の、そのままの翻訳が含まれている。[14]

二年後の一九九二年に、ルドルフ・クネイフからわたしに手渡された序章が、エリアスが死去する前に文章に記録したすべてを含むものではなかったかもしれない、ということをわたしは知ったのである。エリアスの人生の最後の数カ月間、彼のために働いてくれた三人の助手のうち

（14） *Symboltheorie* (Frankfurt am Main: Shurkamp, 2001 [Gesammelte Schriften, vol. 13]).

の一人であったミーケ・ファン・スティフト（他の二人はクネイフとウィレム・H・クラーネンドンクである）は、マイク・フェザーストーン氏に、エリアスが序章に挿入してもらうつもりであった三つの口述筆記されたパラグラフのコピーを送った。ファン・スティフトは、これらのパラグラフを、速記ではなくて普通の書き方で、一九九〇年七月二八日の土曜日と二九日の日曜日に、エリアスが死去する三日前に書き留めた。日曜日に彼女は、助手たちが使っていたコンピュータにこれらのパラグラフを打ち込んだ。フェザーストーン氏はこれらの、普通の書き方で書き留められた記録のコピーをわたしに回送してくれた。これらのパラグラフが、クネイフからわたしに渡された文章に含まれていないことがわたしにはすぐ分かった。それはあまりにも遅く到着したので、エリアスが書いた『シンボルの理論』の序章にそれを含めることを検討するのも無理であった。つまり、その本はすでに刊行されていたのである。ファン・スティフトとわたしは一九九五、六年に、これらの記録の作成にまつわる状況について、またその記録の地位と重要性について連絡をとり合った。そのときにはすでにクネイフは亡くなっており、彼に助言を求めることはできなかった。これらの口述筆記されたパラグラフがわたしの心に疑念を惹起した。それは、おそらく間違った記録が印刷されたのかもしれない、あるいは、正しい記録の一部だけが印刷されたのかもしれないという疑念であった。が、実際にはその問題は調査すればそれですむことであったし、あるいは、その記録もいつかは出るはずの次の版に含めることもできた。新しい版が実際ついに現れた。それが「エリアス全集」（英語版）のこの巻なのである。編集者としてわたしは二〇一〇年にミーケ・ファン・スティフトに助言を求め、それから彼女はウィレム・クラーネンドンクと接触してくれた。Ｅメールを使った彼らとの会話から、さらにアムステルダムでのファン・スティフトとの長いインタヴューから、一九九〇年にはわたしが気づいていなかったエリアスの仕事の方法に関する状況が浮かび上がってきた。ファン・スティフトの記録は、一定期間、エリアスが口述筆記させた数々の追加事項の一つから成り、それは序章の原稿に挿入させるよう意図されていた。どうしてだか説明できないのだが、助手たちが使っている通常の作業用のフロッピー・ディスクの一つに、彼女がその記録を重要文章として入力したにもかかわらず、ルドルフ・クネイフがわたしに渡してくれたタイプ原稿には、そのパラグラフは現れていなかった。

アムステルダムにおけるエリアスの後年の作業習慣――それはファン・スティフトやクラーネンドンクとの議論から明らかになり、さらにカース・ワウターズとの会話によって補足されているように――について、手短に説明することは価値がある。これは、この版に含まれているエリアスの序章の改訂版の由来を理解する際に、また『シンボルの理論』の主要テキストがなぜ多くの繰り返しを――とりわけ相異なる語彙による再定式化を――、さらには他の文体上の偏向を含んでいるのかを理解する際にも手助けになる。交代制で毎日エリアスと作業している助手たちは、主にオランダ人の大学院生（クネイフとクラーネンドンク）、もしくは学部生（ファン・スティフト）であった。エリアスは毎日作業をした。一九九〇年の初期の数カ月は、通常クネイフが毎週月曜から水曜まで、ファン・スティフトとクラーネンドンクがそれぞれ二日ずつ、二者の間で週末の勤務時間を交替しながら、エリアスと一緒に作業をしていた。一九九〇年七月二八日から二九日の週末の間は、ファン・スティフトとクラーネンドンクは、ファン・スティフトが土曜、日曜の勤務時間を担当することに合意した。クネイフは、事前に申し合わせた週三日の交代勤務制に合わせて、七月三〇日に仕事を引き継いだ。その結果、エリアスが八月一日水曜日に死去したとき、勤務していたのはクネイフであった。彼はわたしに、エリアスはとても健康状態が悪くて、月曜も火曜も作業を行うことはできなかった、と言い、さらにファン・スティフトもクネイフから同じことを言われたことを確証してくれた。

ということで、エリアスは、一九九〇年の六月中旬頃から七月二九日まで『シンボルの理論』の序章に取り組んでいた。このことがわれわれに分かるのは、ファン・スティフトとクラーネンドンクの両者が、自分たちはエリアスとともにどのようなことに取り組んだのかということを詳しく日記に書いていたからである。クラーネンドンクは自分自身の興味からそうしたし[15]、ファン・スティフトがそうしたのは、社会学研究の一環としてアムステルダム大学が彼女の研究を指導していたからである。彼女は、エリアスとの共同作業について社会学部のために報告書を書かなければならなかった。そのために彼女は単位を取得したのである。彼ら二人がファイルに保存しておいたこれらの正確な記録は、人生の後年に、エリアスがだいたいどのようなかたちで研究していたのかを明確にするために、同じくエリアスによる『シンボルの理論』の序章が、とりわけどのようにして書かれたのかを示すために、またその構成の正確な連続性を証明するために、計り知れないほど貴重なものになった。

エリアスが『シンボルの理論』、およびその序章を書いていた数年の間に、九〇代の初期になっており、彼は、耳が非常に遠くて、ほとんど目が見えず、ますます体力が衰弱していた。エリアスは、ページ全体を、自分がそれを作成し、変更したようなかたちで、読み返すことができなかったので、自分が取り組んでいたことが何であれ、その全体的な構造を、作業を進めながら頭の中で組み立てなければならなかった。ミーケ・ファン・スティフトは、エリアスの作業方法をある種の「行き当たりばったりのチェス」になぞらえた。助手たちもまた、自分たちが取り組んでいる現時のページのみならず、エリアスが引用したがっている本や雑誌記事からの抜粋もしくはページもまた大きな声で、彼に対して読み上げなければならなかった。ファン・スティフトとクラーネンドンクの説明によると、エリアスは時折、同時に異なった原稿に取り組んでいた。どちらの原稿なのかが助手たちには、必ずしも明らかではなかった。たとえば、少なくとも、一九九〇年の六月初期のある折には、『シンボルの理論』の序章を書き始めていたときに、それ

(15) エリアスとの共同作業についてファン・スティフト(Van Stigt)が書いた感動的な記事を参照。'Een race tegen de klok' ['A Race against the clock'] in Han Israël, Mieke Komen and Abram de Swaan (eds), *Over Eias: Herinneringen en anecdotes* (Amsterdam: Het Spinhuis, 1993), pp. 105-8.

を急に止めて、彼は『定着者と部外者』のドイツ語版の序文に加筆しながら一日をすごすことになった。[16] それから彼はまた『シンボルの理論』の序章にもどった。[17] 彼がさまざまな文章に挿入や修正を加えたこともまた明らかである。どうやらこれがいつも彼の作業方法であったようである。後年における問題は、視力や聴力がひどく衰えたことで、彼が、主要テキスト全体を統括する力をますます維持できなくなったことであった。彼は、「われわれは何に取り組んでいたのか?」、「どこでわたしはXの概念に言及したのか?」と尋ねながらその日を始めることになった。助手は、今取り扱っている原稿のある重要な部分を読み始めることになった。すると、エリアスは既存のテキスト内部のある時点で口述筆記をさせ始めた。この結果、多くの重複が生じ、文章全体が断片化され、異なった語彙による繰り返しをともなうことになった。

新たな挿入によって、すでに言及されたことがテキストの先の方で繰り返されるようなことも時々起こった。時々新たに計画された追加が現行のテキストに容易にとけ込まず、それが、関連する文章の終わりで、散漫な語句として、さまざまな使用中のフロッピー・ディスクの一つに保存されることになった。非公式の手掛かりがオランダ語で加えられ、それが主要テキストの中の、元来の、もしくは想定される位置を示していたようである。それからまた、それが、早番で働く助手によって打ち込まれた追加や散漫な語句の累積するリストと結合することになった。どうやらエリアスはこれらの文章のいくつかを快く遺棄したようである。その他の文章を彼はテキストに組み入れた。しかし、それらも再び主要テキストの最後に残され、さらにはうっかり見落とされた。それはいくぶん気まぐれで、混乱をきたすようなシステムであった。つまり、それはだれかに——たいていはルドルフ・クネイフに——依存するシステムであった。そして、彼が、整然とした、一貫性のあるテキストを作成するために挿入部分をまとめる作業を行ったのである。エリアス自身はこのようなことをできなかったであろう。おそらくクネイフ自身が口述筆記を担当していたときはさておき、彼がもっぱらこの種のテキストの整理を行ったように思われる。彼は本来、編集者として働くために、決してその権限を超えはしなかった。そうした状況は、助手たちが、たとえ彼らが非常に聡明で、献身的で、多言語の能力があったとはいえ、『シンボルの理論』の内容を必ずしも完全には理解していなかった、という事実によって複雑化された。それは彼らに馴染みのあるものでもなかった。なぜなら、主要テキストは、約一年前に、別の助手団（クネイフは別にして）によって仕上げられ、出版の手筈が整えられていたからである。

（16）以下の文献を参照。Willem H. Kranendonk, 'Uit het dagboek van een handlager' [From the diary of a helping hand] in Israëls, et al. (eds), *Over Elias*, pp. 99-103. その中で彼はエリアスの人生の最後の数カ月間、助手の一人として行ったきわめて多様な仕事を詳しく描いている。

（17）その最後の期間の初期に、彼はほぼ同じようなやり方で 'Freud's conception of society, and beyond it' という表題の長いエッセイに取り組んでいた。これはマルク・ジョリー（Marc Joly）によって見事に編集され、フランス語訳で出版された。Norbert Elias, *Au-delà de Freud: sociologie, psychologie, psyanalyse* (Paris: La Découverte, 2010), pp. 131-85. このエッセイの英語版はエリアス全集の付録・索引（*Appendices and Index to the Collected Works* [Collected Works, vol. 18]）に収録予定。

二〇一〇年にわたしはマールバッハ・アム・ネッカルにあるドイツ文献資料館から、アムステルダムで助手たちが使っていた重要な作業用フロッピー・ディスクのファイルのコピーを入手することができたが、それは、エリアスが死去した後で、彼の書類とともに資料館に移されていたものであった。これらのファイルの一つの中に、わたしは、ミーケ・ファン・スティフトの最後の口述筆記を見つけた。彼女はそれを一九九〇年七月二九日に、自分が普通の書き方で書きとめた註釈から入力したのである。これらのファイルをくまなくスクロールしていると、自分の疑念が晴れたことが判明した。一九九〇年八月五日にルドルフ・クネイフからわたしに手渡された序章の原稿は、ひどく不完全なものだったのである。「INTSYM.doc」と名づけられた一つのファイルの中で、わたしは彼がわたしにくれた一五ページに及ぶタイプ原稿全体を、一語一語見たのである。文章資料のこの部分は、その後に続く部分よりも明らかに洗練されており、それは、その部分がクネイフによって清書されたかもしれないことを暗示していた。これらのページに繋がっていたのは（それは一六頁以降ずっと続いていたが印字されてはいなかった）、序章の多様なテーマに関する数々の個別の、独立したパラグラフ群であった。そしてそれらが星印で区分けされ、オランダ語の奇妙な、何かの手掛かりになるようなコメントを含んでいた（クネイフはそれが助手たちによって書かれたことを確認した）。いくつかのパラグラフ群は、明らかに「破棄」され、さらに他のいくつかのパラグラフ群はもっと洗練されたものになっており、それは最後の文章資料に組み入れられてはいなかった。ルドルフ・クネイフは明らかに、最初の一五ページにおよび清書された、かなり明快なテキストのみを印字し、それをわたしにくれたのである。

このたびの版のために、わたしは、すべての残存する、議論の余地のない文章だと思われるもの（それには、エリアスが死去する三日前にミーケ・ファン・スティフトが書き取ってくれたパラグラフも含まれている）を、元来の序章に、適切な個所で、できるだけ途切れなく統合した。そのような追加的な文章を含んでいるファイルが全部で一五あったが、そのいくつかはより長い議論を構成するのにともに適合していることが判明した。したがって、拡大された序章のテキストには、四つの新しい文章群があり、そのいくつかはかなり冗長で、またいくつかは短く、さらに新たな註が一つある。わたしがそれらを挿入したところでは、その位置が脚註で示されている。

こうした作業はより完全な（最終的ではないが）テキストに帰着し、それは、以前の切り詰めた版から感じられる印象に比べれば、序章の構成においてエリアスが到達したと思われる、進んだ段階をさらに表明している。実際、再発見された文章群のいくつかは、『シンボルの理論』をより広い問題や、他者の研究に関連させることで、明白な意見――以前にはこのような方法で正確に表明されなかった――を含んでいる。それはまた同じく、主要テキストの中ではより散漫に表明されている思想の、簡潔な定式化をも含むものである。その例は、広範囲に及ぶ理論的準拠枠を供給する『シンボルの理論』に関する彼の明白な発言である。つまり、それは質問と答えの「三者間の過程」という概念、言語の本質的な「対話」という性格、無名の、「人目を引かない」、長期的な知の発展における個人化への反対勢力を代表するピタゴラスの定理である。あるいは、それはシンボルに関するピエール・ブルデューの研究、言語と記号に関するジャック・デリダの研究についての彼のコメントである。もしエリアスが自分の書いたすべての追加文章の統合を指揮できたら、それがどのような感じになっていたかという問題に、この新たに構成された序章が接近していることをわれわれは期待する。それは、彼が本の中でわれわれの注意を引きたかった重要な点について、以前の不完全な版よりも、もっと明確な印象をわれわれに与えている。

こうして浮かび上がってくる後年におけるエリアスの作業方法の情景は、主要テキストの起源についての説明――その説明をわたしは、一九九一年に自分が書いた『シンボルの理論』の序文でした――とも関係がある。とりわけそれは、さまざまな書評者が批判したその挑戦的な性質をわれわれがより寛大に理解することに役立つ。その繰り返しの多い性質はエリアスの頑固さの結果ではなかったかもしれないし、ましてや彼の鈍感さの結果でもなかったかもしれない。単にそれは、彼が自分の助手の一団と一緒に作業をしていたやり方のなせる業であったのかもしれない。たぶん、エリアスがわたしの提案――たとえば、繰り返しの多い文をいくつか削除する提案――をきっぱりと拒否することはなかったであろう。むしろ、彼が盲目に近かったことで、彼はなされなければならないすべての変更を最後までまったくできなかったのであろう。加えて、彼は耳が聞こえなかったから、わたしの言葉による指示であれ、原稿に書かれた提案であれ、もしそれがさまざまな助手たちによって言葉で伝えられた場合には、またそのときには、理解するのは難しかったであろう。

繰り返しになるが、『シンボルの理論』のこのたびの主要テキストは一九八九年と一九九一年に、二つの異なるかたちで出版された版に依拠している。とはいえ、その年代のテキストそのものは、一九八八年の九月にわたしがエリアスに返却したオリジナル原稿の、編集され、構造を施された版とは大いに違っていた。わたしがすでに編集したテキストをエリアスがさらに変更したり、追加したりしたこともあって、彼の作業方法が結果的には、わたしが導入できた構造や一貫性をいくぶん失うことになり、そのためにテキストがさらに繰り返しが多くて、脈絡のないものになった。この新しい版の中に残っている重複の例をわれわれも気づいてはいるが、それらをすべて削除すれば、あまりにやり過ぎだと、われわれは思った。それが生じた理由は今や明らかである。重複をそのまま残しておきながらも、テキストの編集に際しては、われわれは、いくつかの文章の、さらに広い範囲におよぶ言い換えをせざるをえなかったし、また二番目の版に通常、期待されるものよりもさらに明確な脚註を付さざるをえなかった。

編集上の方針に関する註

この新たな版のために、『シンボルの理論』のテキストは、注意深く点検され「エリアス全集」全体に採用された方針に応じて、いくつかの小さな点で修正された。

英語で書いた場合、エリアスには、時々、必ずしも慣用的とは言えない語順や句読法を含む文体上の個人的な癖がいくつかあり、そのほとんどが彼の母国語であるドイツ語に起因していた。彼の英語による初期の出版物の多くは、慎重な原稿編集者の注意を受けてはいなかったように思われる。今となっては、テキストの修正がどれほど許されるかという問題は、難しい問題である。わたしは「エリアス全集」の編集諮問委員会によって合意された方針に従ってきた。(18) わたしは初期のテキストの誤植や、ささいな文法上の誤りを訂正したし、句読法や語順にも、そのような変更がテキストの意味を決して変えはしないという条件で、わずかな変更が断りなく加えられた。時折、わたしは、角括弧で単語や句を挿入し、意味を明晰にするために、説明的な脚註を付けた。テキストを分かりやすくするために、ややもう少し徹底した修正を加えることが必要だと思われたような数少ない例——それはテキストの中では、上付記号で示されている——では、最初に出版された表現が、テキスト上の異形のリストに示されている〔本書未収録〕。エリアスが書いた他の本との相互参照が施されている場合、それは可能なかぎりで「エリアス全集」の版に言及している。「エリアス全集」の中でまだ刊行されていない本の場合には、それより早い時期の版が引き合いに出されている。そして、いくつかの場合には、近刊予定の「全集」版の表題がまた角括弧の中に示されている。

他の文体上の問題が、二、三指摘される必要がある。エリアスは「one」（英語ではひと一般、あるいは、われわれを指す代名詞）を多用しすぎた。この構文は明らかに（フランス語の「on」

と同じく）、受動態の代用としての、ドイツ語での「man」（ひと一般、もしくはわれわれを指す代名詞）の用法を髣髴させる。英語ではそれはもしかすると非常に曖昧になることがある。エリアスのこの習慣が、ひどい曖昧さを生み出す原因になる場合には――「one」は彼自身を指しているのか、あるいは、彼が批判している他の人々のことなのかという問題――わたしは、それをはっきりさせた。さらに、特にアメリカ人の好みからすると、エリアスには関係代名詞「which」を多用する傾向がある。いくつかの場合には、わたしは明晰さのためにそれを「that」に変えた。しかし、わたしは、エリアスの散文を、その意味がまったく明白である場合は――たいていそうであるのだが――常にそのままにしておいた。

エリアスが、とりわけ『シンボルの理論』で使用する「人間像」（human image）という言葉の使い方に存在している曖昧性に対して、読者に警告することはまた価値がある。それはひょっとすると、人間が、何らかの対象に対してもつ何らかの像を意味するものとして解されるかもしれない。しかし、それはエリアスがここで意味していることではない。他の個所では、とりわけ『諸

（18）その方針は、*An Essay on Time*（Dublin: UCD Press, 2007［Collected Works, vol. 9］）［『時間について』］におけるテキストについての註釈（pp. xiii-xiv）でさらに十分に説明されている。さらに次の文献も参照。Stehen Mennell, 'Reflections on editing Elias's English', *Figurations: Newsletter of the Norbert Elias Foundations* 26 (December, 2006), pp. 3-4.

個人の社会』では、[19] 彼はしばしば「人間の自己像」(human *self*-image)と書いたが、それは、明らかに、人間たち(人間たち一般、もしくは特定の時代や場所における人間たち)が自分たち自身に対して、集団的にもつ像を意味している。このたびの本のいくつかの文脈では、「人間像」は、「人間の自己像」と同意であるように思われる。しかし、他の文脈では、エリアスは、しばしば哲学者たちによって、人間を、たとえば、合理的、非合理的、動物的もしくは神聖な存在と見なすために創造された特定の人間像を指している。わたしはそれを変えないでそのままにしておいた。読者は、個々の文脈でどちらの意味が意図されているかを識別できるべきである、と警告される。

人生の後年にいたるまで、エリアスは、彼の時代のほとんどの作者と同様、「性に特化した語彙」と呼ばれるようになったものを気にすることなく使った。つまり、彼はしばしば、「人間たち」(human beings)、もしくは「人々」(people)を意味するときに、「男たち」(men)と書いた。あるいは、彼が「彼もしくは彼女」(he or she)を意味しているときに「彼」(he)と書いた。再び他の多くの作者のように、彼は、一九八〇年代までに彼の明らかな好みになっていたものに合わせて、[20] これが間違いである、と感じるようになっていた。このテキストでは必要な調整が断りなくなされた。

わたしは、ドイツ語版「エリアス全集」の編者であるヘルムート・クツミックス、マールバッハ・アム・ネッカルにあるドイツ文献資料館のマルセル・レパー、ルート・デールジング、ウィレム・H・クラーネンドンク、スティーヴン・メネル、スティーヴン・クイリー、カース・ワウターズに、支援や協力や支持や助言を頂いたことで、感謝しなければならない。わたしの特別な感謝はミーケ・ファン・スティフトに帰せられるべきである。なぜなら彼女は、本巻の準備に当たって、わたしを相当、手助けしてくれたからである。彼女の誠実さや献身がなければ、このたびの版で刊行されたエリアスの序章の、再構築されたかたちが日の目を見ることはなかったであろう。

リチャード・キルミンスター
リーズ
二〇一一年三月

(19) Norbert Elias, *The Society of Individuals* (Dublin: UCD Press, 2010 [Collected Works, vol. 10]).〔『諸個人の社会』〕
(20) *Involvement and Detachment*, p. 109〔『参加と距離化』〕の彼の註参照。

原著者について――ノルベルト・エリアス（一八九七―一九九〇）

ノルベルト・エリアスは現代の偉大な社会学者の一人であった。一八九七年に生まれた彼は二〇世紀の大部分を生き抜き、自分の人生が二〇世紀のいくつかの重要な出来事によって根本的に影響されたことを知った。ドイツ帝国のユダヤ人家庭で育った彼は、第一次世界大戦では兵士として仕え、短命なワイマール共和国で社会学者となり、国家社会主義者が政権の座に就いた後に祖国から逃れた。さらに彼は、パリとロンドンで難民として厳しい時代に耐え、五〇代の後半でようやく英国で大学教員の生活を始めた。一九六二年に退職の年齢に達した後で、彼はガーナで二年間、社会学を教えた。さらに、ヨーロッパにもどってきた後で、彼は、本を書いたり、さまざまな国で教えたりしながら二五年間以上も活動し続けた。彼は一九九〇年に九三歳で死去した。

ブレスラウというシレジア地方の都市――それは当時、ドイツ領内にあったが、今日ではポーランドのヴロッワウである――でのエリアスの平穏な青春時代は、第一次世界大戦で彼がドイツ軍に仕えるために召集されたとき、突如として終わった。復員した後、エリアスはブレスラウ大学で医学と哲学を学んだ。彼は哲学で博士論文を書き、一九二四年に卒業したが、それは、彼が、世代間の学習過程としての知識の創造と伝達の重要性を哲学者は認識できない、という自分の見解を批判し、さらに最終的に学問分野としての哲学を拒絶した後のことであった。一九二二年から二三年にかけてのドイツの急激なインフレのためにエリアスはしばらく実業界で働くことを余儀なくされ、学問の場にもどったときには、発生期の社会学という学科をハイデルベルク大学で選択した。彼はマックス・ウェーバーの弟アルフレート・ウェーバーの下で研究したが、若きカール・マンハイムとも関係していた。というのも、マンハイムは知識社会学において名声を確立しつつあったからである。一九三〇年マンハイムはフランクフルト大学で教授の職に就くためにそこに移り、エリアスも社会学部でマンハイムの助手という身分で彼に加わった。そして、そこのメンバーたちはマルクス主義的な「フランクフルト学派」と環境を共有していたが、知的にも組織的にも分離していた。

フランクフルトではエリアスは、近代初期のヨーロッパにおける宮廷と廷臣と宮廷文化について教授資格論文（*Habilitationsschrift*）（その論文によって彼はドイツの大学講師として働く資格を得ることになった）を書いた。ドイツでは一九三三年初期にナチスが国家権力を掌握したため、このテキストは三五年間以上も発行されないままになっていた。エリアスは最初にフランスに、それから英国に逃げた。エリアスは第二次世界大戦の初期に約八カ月間以上も敵性外国人として抑留されていたが、後には英国市民となった。彼の母親はアウシュヴィッツで殺された。大戦中も大戦後も彼は成人教育クラスの学生に講義をすることで、わずかな生活費を稼いだ。フランクフルト時代からの友人S・H・フォークスと一緒にエリアスは、集団精神分析の創設に協力し、それは精神療法の重要な学派となった。最終的には、彼は一九五四年にレスター大学社会学部の講師に、さらに後には助教授に任命された。正式に大学を退職した後で、一九六二年から六四年にかけて、彼はガーナ大学の社会学の教授として西アフリカに赴いたが、それは彼にとって生き生きとした経験になった。そうした経験を通して、彼はアフリカの芸術品を数多く収集したのである。一九六〇年代の中期から彼は、西ドイツやオランダで客員教授の地位を獲得した。一九七八年から一九八四年までの間に彼はビーレフェルト大学の学際的研究センターの終身駐在研究員になっていた。彼は二度ほど短期間アメリカ合衆国を訪れニューヨーク、ボストン、インディアナ州ブルーミントンで講義を行った。一九七八年までレスターはずっと彼にとって主要な居住地であった。一九七八年に彼はアムステルダムに移り、そこで一九九〇年八月に亡くなった。その長い人生が終わるころにようやく国際的な名声が彼に到来した。一九七七年に彼は、フランクフルト市が与える名誉あるテオドール・W・アドルノ賞の最初の受賞者になった。一九八八年には、彼はプレミオ・ユーロペオ・アマルフィー賞〔訳註1〕を最初に獲得することになった。ビーレフェルト大学とストラスブール大学が彼に名誉博士号を与えた。さらにドイツとオランダの両国が高等国家勲章を与えることで彼に敬意を表した。

エリアスは彼の最も有名な著作である『文明化の過程について』（*Über den Prozess der Zivisation.* 今では『文明化の過程』として広く知られている）を、初期の亡命時代の間に完成した。それはスイスの亡命出版社から一九三九年に出版された。その当時はほとんど注目されず、その偉大さが広く認められたのは、ようやくそれが三〇年後に再版されたときであった。国際社会学会〔訳註2〕（ＩＳＡ）が一九九八年に行った投票では、それは、二〇世紀に書かれた最も重要な一〇冊の社会学的著書の中に格付けされた。エリアスは、過去および現在の人間生活のあらゆる面に生き生きとした興味を示し、多くの方向に文明化の過程の理論を発展させ続けた。自分の人生を通じて、彼は知識の成長や諸科学についての社会学的理論を磨き上げた。彼は、常に「哲学的絶対主義の〈スキラ〉と社会学的相対主義の〈カリュブディス〉の間を切り抜けようとして〔訳註3〕」人間の知識のための確実な基盤を求めた。彼はスポーツの社会学的研究を切り開き、芸術や文学についても洞察を駆使して書いた。共通の糸は、常に、人々の個人的感情や思考が、社会的相互依存の結びつきの中にいかに組み込まれるか、それがこうした相互依存の結びつきにおける全体的構造の中の長期的変化に応じて、いかに変わるかというものであった。

『文明化の過程』は別にして、エリアスの一五冊におよぶ全著作と、彼のエッセイのほとんどは、彼が正式に退職した後に出版された。これらの著書のいくつかは最初に英語で、またいくつかはドイツ語で書かれた。ＵＣＤ出版から刊行されることになる「エリアス全集」は、彼の出版されたすべての著作――これまで英語では入手できなかった多くの著作も含め――を含むことになる。

訳註

〔訳註1〕プレミオ・ユーロペオ・アマルフィー賞（Premio Europeo Amalfi）はイタリアで優秀な社会科学者や、社会学の研究に与えられる賞。

〔訳註2〕国際社会学会（International Sociological Assciation）は世界で最も大きな社会学の国際組織。年次大会では各セクションに分かれて研究発表、講演、シンポジウムなどが行われる。

〔訳註3〕スキラ（Scylla）とはイタリア本土とシチリア島の間のメッシーナ海狭にある岩のこと。その前方には渦巻カリュブディス（Charybdis）がある。この海峡を通る船がこの岩に近づくと、ここに住む六頭の女怪物の餌食になるという伝説がある。簡単に言えば、両方とも社会学研究における難関を指す。

訳者あとがき

本書はNorbert Elias, *The Symbol Theory* (Dublin: University College Dublin Press, 2011 [Collected Works of Norbert Elias, vol. 13]) の翻訳である。原典の初版はロンドンのセージ出版から一九九一年に、つまりエリアスが死去した翌年に刊行された。ところがその版ではエリアスの重要な序論が未完成であった。なぜそうなったのかについては、最新英語版の編集者兼註釈者であるリチャード・キルミンスター氏（リーズ大学名誉特別研究員）の詳細にわたる説明がすでに本書でなされているので、ここでさらに詳しく説明する必要はない。ただ、晩年、視覚も聴覚も相当衰えていたエリアスの口述筆記を担当していたオランダ人の助手たちの間で、メモリー媒体の管理に手違いがあり、すでに完成されていたその序論が初版では執筆中の状態で収録されてしまったという事実だけを指摘しておけばそれでよかろう。このたび失われたこの文章記録がキルミンスター氏の尽力によって復元され、さらに新たな註・文献目録・索引などが加えられ、名実ともにエリアス自身の完成された著書として体裁を整えることになったのである。なお、この英語版の巻末では、主要テキストの異同に関して旧版との比較がなされているが、その部分は日本の読者には必要ではないので本訳書では割愛させていただいた。

わたしが旧版を読み、翻訳に取り掛かったのは、手元の記録によれば、二〇一四年四月であり、作業を終えたのが翌年の四月であるから、訳出に約一年を要した。それ以前に、エリアスの『時間について』を読みながら、彼が時間と言語の両方を人間が創造した社会的シンボルと見なし、それを「五次元の領域」と呼んでいたことに注目していた。当時、その意味をわたしがどれだけ理解していたかは別にして、ともかく、その書で彼が「言うまでもなく、この次元を代表するものは、社会ごとに異なると同時に相互の伝達と位置確認に役立つ包括的複合的シンボルたる言語である」と論じているのを記憶していた。それ以来、わたしは、エリアスが言語を構造主義言語学者の言う「記号」ではなく、「シンボル」として位置づけ、しかもそれを時間と同様、「五次元の領域」に属するものと呼ぶなら、はたしてどのような論理的帰結に到達するのだろうかと思っていた。

『シンボルの理論』を読んだときの最初の印象は、エリアスの言語論が、時として抽象的な定義づけに終始しがちな哲学者や言語学者の難解な議論とは違って、言語をコミュニケーションの手段として、つまり、人間社会のごく日常的な行為として位置づけながら、それを、生物学と社会学の両面から、世代間の知識の伝達による人間の思考能力の拡大や、それにともなう人間独自の社会発展に連動させることで、知識社会学の重要な一分野を開拓しているというものであった。そこに社会学者としての彼自身の特異な貢献があるのを知りながらも、晩年、エリアスの視聴覚がかなり衰えていたことを知らなかった当時のわたしには、同時に文章表現の点で繰り返しが多いのも気がかりであった。その後、スポーツ社会学の分野でエリアスの共同研究者として多大な貢献をされたエリック・ダニング名誉教授にお会いしたときも、ほぼ同じようなことが指摘された。そういうこともあり、わたしとしてはまだ邦訳の出版を躊躇していたし、そのうちにそれを実現する機会を徐々に失いかけていた。

ところが、わたしが二〇一一年に最後の在外研究期間をケンブリッジ大学ですごしていたとき、同じくエリアス学会の重鎮であり、エリアス関連の多くの著書を上梓されているスティーヴン・メネル名誉教授にお会いし、『シンボルの理論』の最新英語版が完成済みのエリアスの序論付きでまもなく刊行されることを伺った。こうした事実が引き金となり、本書の邦訳を再考し、一〇年以上を経てようやくこのたび初期の計画を実現する運びとなったしだいである。

旧版では、エリアスは参考文献として、ジュリアン・ハクスリーの著書一冊しか挙げておらず、全体的に、自分自身の経験のみに基づいて議論を展開しているような印象を受けるが、完成された新版の序論を読めば、それが事実ではなく、彼が、ジャック・デリダやピーエル・ブルデューの言語論などを参考にして相当深い議論をかさねながら、言語について自身の立場をより明確にさせつつあったことが分かる。また、本文では一度しか名前を挙げていないが、構造主義人類学の先駆者であるレヴィ＝ストロースや、その独特のコミュニケーション論で注目されている後期フランクフルト学派のユルゲン・ハーバーマスの存在を、彼が多分に意識していたことも感じられよう。さらに、直接その名前に言及してはいないが、エリアスが言語を「記号」ではなく「シンボル」と見なしていることからして、彼が同じく構造主義言語学の創始者であるソシュールにも、ちょうど彼が構造機能主義を代表する社会学者タルコット・パーソンズを批判したように、対抗意識を持っていたと考えることもできよう。

エリアスは以前より文学や芸術や音楽などにも興味を抱き、それを積極的に社会学の分析対象に組み入れようとしていたが、同じことは時間や言語についても言える。しかし、それは彼が、そうした個別の事象を、単に社会学の一研究部門になりうるような問題として、いわゆる学際的と呼ばれるような観点から議論しているのではなく、むしろそれらが人間社会の変化や発展と有機的に関連する——エリアスの言葉を使えば、相互に依存する——こと、換言すれば、それらが社会発展全体と常に不可分の関係にあることを前提として議論しているのである。

エリアスの『シンボルの理論』も『時間について』と同じく、必ずしも完成された著作とは言えないかもしれないが、従来の構造主義中心の社会学の方法論から離れ、人間の時間概念や言語能力が持つ重要な機能を新たな人間科学の探求に統合しようとする彼の壮大な意図を念頭に置けば、両方とも不可欠と言えよう。そういう意味で、エリアスは『シンボルの理論』の中で、カントやデカルトを中心する西洋の伝統的な哲学者の方法、とりわけ「主体」と「客体」、「精神」と

「物質」、「自然」と「文化」を切り離す二分法的な思考形態を繰り返し批判せざるをえなかった。

エリアスによれば、言語コミュニケーションを基盤として世代間で伝達される人間の知識の計り知れない変化や発展こそ、「閉ざされた人間」の固定的な世界観から「開かれた人間」の解放的世界観へと人類を導く契機となる。言語による人間のコミュニケーション能力は、生物学的な進化の過程で人類が獲得した特異な資質であると同時に、それは人間社会においてのみ可変的であり、その独自の機能を果たす。つまり、人間が他者とともに人間集団の中で育てられて初めてそれが開花するのであり、孤立したあの「考える人間像」からは、エリアスの言う「現実適合的」な知識は生まれない。したがって、エリアスにとって、生物学的な進化の過程に加えて、言語機能を活性化する人間の社会的な発展過程の理解が不可欠となる。

とはいえ、人間の社会発展は、エリアスも示唆しているように、必ずしも「進歩」を意味しているわけではない。科学的な知識が増大しても、たとえば、ナチスの時代のホロコーストや旧ユーゴで起こった民族浄化が示すように、暴力の連鎖とそれに伴う社会不安の増大によって、社会的知識が、換言すれば人間の文明化が後退することもありうるのである（エリアスはそれを非文明化の過程と呼んだ）。確かに人類は、そのたぐいまれな言語能力によって、また、それに伴う科学技術の進歩によって、いわゆる成功した種として生き延びてきたが、それはカントやデカルトが言うような生得観念、つまり先験的な認識能力によるものではなく、あくまでも、人間集団の相互依存に基づく、世代間の知の伝達による経験と習得のたまものなのである。それゆえ、逆にそのために——たとえば、暴力の使用が人間の社会生活にとって不利になることが学習されなければ——人類の生存が危うくなるかもしれない。

一例を挙げれば、エリアスも指摘しているように、世界で最も民主主義的な政治的制度を備えているとされる国家が、最大の武器輸出国にもなりうる。そのような意味でエリアスが『シンボルの理論』の最終章の末尾で、いわゆる文明化された現代の人間社会に警告を発しているのは重要である。現代人は、化石燃料の過度の使用や、大量破壊兵器の開発によって自らの環境や自らの生存を危機的な状態に導くかもしれない。そうなれば、エリアスが言うように、現代人は未来の人間から「後期の野蛮人」と呼ばれることもありえよう。古代社会の人々を「野蛮」と見なす現代人が逆に未来の人々から「野蛮」と見なされるという皮肉な現象が生じるのである。エリアスが『文明化の過程』でドルバックの言葉を使って、「文明化はまだ終わっていない、まだ進行中である」と述べているのは、こうした事情を示唆しているようである。

一方、人間の言語の無尽蔵とも言える可能性は、コンピュータに代表されるテクノロジーの進歩によって、人類の生活空間をますます拡大し、かつ統合し、グローバルな方向に人類を向かわせていることは間違いない。こうした状況の中で現代人は、自分が属する民族集団固有の言語を話すと同時に、英語のような世界言語を使いながら、これまで経験しなかったような全世界的なレベルのコミュニケーションのネットワークに組み込まれている。今や、国際的な学会や会議でこうした状況を拒否することができないことはだれにも分かっている。人間の相互依存のネットワークの拡大による人間社会のこのような高度な統合性をだれが予測したであろうか？　それは英語圏で暮らす人々でさえ予想できなかったであろう。つまるところ、それはエリアスの言葉を借りれば、無計画の、意図されない社会変化なのである。

このたびの『シンボルの理論』の出版により、エリアスが単行本として刊行した英語やドイツ語の著書はすべて邦訳されることになった。とはいえ、彼の著作のうち重要なものがまだいくつか邦訳されていない。その多くは、ドイツ語版・英語版のエリアス全集に収録されているエッセイ集（Ⅰ・Ⅱ・Ⅲ）に含まれている。それらは主に一九七〇年代から一九八〇年代にかけて書かれたもので、代表的なものとして、「アフリカの芸術」、「社会学者の現在への撤退」、「親の文明化」、「技術化と文明化」などが挙げられよう。さらに、「古代ローマにおける男女間の権力バランスの変化」も男女平等が現代西洋社会だけでなく、社会状況や政治的条件しだいでは古代社会でもありえたことを示唆している点で貴重である。加えて、イギリスの海軍について書かれたいくつかのエッセイも、英国独自の文明化の方向と国家形成の過程を知る上で重要である。エリアスの社会学者としてのこうした多彩な面が翻訳を通じて日本の読者に紹介されれば、日本におけるエリアスの社会学の影響力がさらに広がるものと信じるしだいである。

英語圏およびヨーロッパ諸国におけるエリアスへの関心の大きさは、毎年開かれるエリアス関連の国際学会の数の多さ、規模の大きさによって証明されよう。二〇一四年にエリアスの英語版全集刊行を記念してレスター大学で開かれた大会では、英米・カナダ・オーストラリアなどの英語圏はもとより、ドイツ・フランス・オランダ・東欧・北欧・南米などから多くの社会学者が集い、シンポジウム、講演、研究発表（四〇名以上の発表者による）が開かれ、活発な質疑応答がなされた。なおエリアスに関するこうした国際的な研究活動については、毎年二回発行される会報誌『フィギュレーションズ』（*Figurations*）に詳しく掲載されている

最後になったが、本書の刊行に当たりこのたび法政大学出版局の二人の編集者には大変お世話になった。本書の刊行を快く引き受けてくださった郷間雅俊氏、煩雑な校正作業でいつも的確に指示していただいた高橋浩貴氏には心より感謝しているしだいである。両氏のご尽力がなければ、『シンボルの理論』が日本の読者に読まれる可能性はなかったかもしれない。なお本書では訳者の学問領域、知的範囲を超えた議論があちこちに見られ、はたして的確な翻訳ができたかどうか一抹の不安を抱いているしだいである。読者諸氏のご批判、ご教示を頂ければ幸甚である。

二〇一七年一月末日　大平 章

サ行

タ行

ナ行

ハ行

マ行

ヤ・ラ・ワ行

文献一覧

エリアスによる引用文献

Bass, Alan, Translator's Introduction to Jacques Derrida, *Writing and Difference* (London: Routledge & Kegan Paul 1978), pp. ix-xxiii.

Bourdieu, Pierre, *Language and Symbolic Power* (Cambridge, MA: Harvard University Press, 1991).

Derrida, Jacques, *L'écriture et la différence* (Paris: Éditions du Seuil, 1967). 〔ジャック・デリダ『エクリチュールと差異』合田正人・谷口博史訳、法政大学出版局、2013年〕

———, interview with Henri Ronse, December 1967, *in Positions* (London: Athlone Press, 1981), pp. 1-14. 〔デリダ『ポジシオン』、高橋允昭訳、青土社、1981年、2000年新装版、8-26頁〕

Huxley, Julian, *The Uniqueness of Man* (London: Chatto & Windus, 1941).

Moyaert, Paul, 'Jacques Derrida en de filosofie van de differentie', in Samuel IJsseling (ed.), *Jacques Derrida: Een inleiding in zijn denken* (Ambo: Baarn, 1986), pp. 28-89.

編者による引用文献

Benthem van den Bergh, Godfried van (1986) 'The improvement of human means of orientation: towards synthesis in the social sciences', in Raymond Apthorpe and Andreás Kráhl (eds), *Development Studies: Critique and Renewal* (Leiden: E. J. Brill, 1986), pp. 109-35.

Blitz, David, *Emergent Evolution: Qualitative Novelty and the Levels of Reality* (Dordrecht: Kluwer, 1992).

Borchert, Catherine M. and Adrienne L. Zihlmann, 'The ontogeny and phylogeny of symbolizing', in Mary Le Cron Foster and Lucy Jayne Botscharow (eds), *The Life of Symbols* (Boulder, CO: Westview, 1990), pp. 15-44.

Derrida, Jacques, *Of Grammatology* (Baltimore, MD: Johns Hopkins University Press, 1974). 〔ジャック・デリダ『根源の彼方に——グラマトロジーに

ついて』全2巻、足立和浩訳、現代思潮社、1972年〕
———, *Writing and Difference* (London: Routledge & Kegan Paul, 1978). 〔デリダ『エクリチュールと差異』〕
———, *The Margins of Philosophy* (Brighton: Harvester, 1982). 〔デリダ『哲学の余白』全2巻、高橋允昭・藤本一勇訳、法政大学出版局、2007-8年〕
Dunning, Eric 'The concept of development: two illustrative case studies', in Peter I. Rose (ed.), *The Study of Society: An Integrated Anthology* (New York: Random House, 1967), pp. 879-93.
Elias, Norbert, 'Reflections on personal pronouns', unpublished paper presented to Sociology Staff Seminar, University of Leicester (1970) (manuscript).
———, *What is Sociology?* (London: Hutchinson, 1978 [Collected Works, vol. 5]). 〔ノルベルト・エリアス『社会学とは何か——関係構造・ネットワーク形成・権力』徳安彰訳、法政大学出版局、1994年〕
———, *Reflections on a Life* (Cambridge: Polity, 1994 [Interviews and Autobiographical Reflections, Collected Works, vol. 17]).
———, 'The breakdown of civilisation', in *The Germans* (Cambridge: Polity, 1996 [Studies on the Germans, Collected Works, vol. 11]), pp. 209-402. 〔エリアス「文明化の挫折」、『ドイツ人論——文明化と暴力』ミヒャエル・シュレーター編、青木隆嘉訳、法政大学出版局、1996年、2015年新装版〕
———, *The Civilizing Process*, rev. edn (Oxford: Blackwell, 2000 [*On the Process of Civilisation*, Collected Works, vol. 3]). 〔エリアス『文明化の過程』全2巻、赤井慧爾・中村元保・吉田正勝・波田節夫・溝辺敬一・羽田洋・藤平浩之訳、法政大学出版局、1977-8年、2010年改装版〕
———, *Symboltheorie* (Frankfurt am Main: Suhrkamp, 2001 [Gesammelte Schriften, Band 13]).
———, 'On seeing in nature', in *Early Writings* (Dublin: UCD Press, 2006 [Collected Works, vol. 1]), pp. 5-22.
———, 'Idea and individual: a critical investigation of the concept of history', in *Early Writings* (Dublin: UCD Press, 2006 [Collected Works, vol. 1]), pp. 23-53.
———, 'Introduction: sociology and historiography', in *The Court Society* (Dublin: UCD Press, 2006 [Collected Works, vol. 2]), pp. 3-38. 〔エリ

アス「序論――社会学と歴史学」、『宮廷社会』波田節夫・中埜芳之・吉田正勝訳、法政大学出版局、1981年〕
———, *Involvement and Detachment* (Dublin: UCD Press, 2007 [Collected Works, vol. 8]). 〔エリアス『参加と距離化――知識社会学論考』波田節夫・道籏泰三訳、法政大学出版局、1991年〕
———, 'The fishermen in the maelstrom', in *Involvement and Detachment* (Dublin: UCD Press, 2007 [Collected Works, vol. 8]), pp. 105-78. 〔エリアス「大渦の中の漁師」、『参加と距離化』63-166頁〕
———, 'Reflections on the Great Evolution: two fragments', in *Involvement and Detachment* (Dublin: UCD Press, 2007 [Collected Works, vol. 8]), pp.179-233. 〔エリアス「大進化について　二つの断片」、『参加と距離化』169-247頁〕
———, *An Essay on Time* (Dublin: UCD Press, 2007 [Collected Works, vol. 9]). 〔エリアス『時間について』ミヒャエル・シュレーター編、井本晌二・青木誠之訳、法政大学出版局、1996年〕
———, *Essays I: On the Sociology of Knowledge and the Sciences* (Dublin: UCD Press, 2009 [Collected Works, vol. 14]).
———, *Essays II: On Civilising Processes, State Formation and National Identity* (Dublin: UCD Press, 2009 [Collected Works, vol. 15]).
———, *Essays III: On Sociology and the Humanities* (Dublin: UCD Press, 2009 [Collected Works, vol. 16]).
———, 'Technisation and civilisation', in *Essays II: On Civilising Processes, State Formation and National Identity* (Dublin: UCD Press, 2008 [Collected Works, volume 15]), pp. 57-92.
———, 'Processes of state formation and nation building', in *Essays II: On Civilising Processes, State Formation and National Identity* (Dublin: UCD Press, 2008 [Collected Works, vol. 15]), pp. 105-18.
———, 'Sociology of knowledge: new perspectives', in *Essays I: On the Sociology of Knowledge and the Sciences* (Dublin: UCD Press, 2009 [Collected Works, vol. 14]), pp. 1-41.
———, 'On nature', in *Essays I: On the Sociology of Knowledge and the Sciences* (Dublin: UCD Press, 2009 [Collected Works, vol. 15]), pp. 53-65.
———, 'The sciences: towards a theory', in *Essays I: On the Sociology of Knowledge and the Sciences* (Dublin: UCD Press, 2009 [Collected Works, vol. 14]), pp. 66-84.
———, 'Scientific establishments', in *Essays I: On the Sociology of Knowledge*

and the Sciences (Dublin: UCD Press, 2009 [Collected Works, vol. 15]), pp. 107-60.
———, 'On the creed of a nominalist: observations on Popper's The Logic of Scientific Discovery, in *Essays I: On the Sociology of Knowledge and the Sciences* (Dublin: UCD Press, 2009 [Collected Works, vol. 15]), pp. 161-90.
———, 'Note on Kant's solipsistic doubt', Appendix I in *Essays I: On the Sociology of Knowledge and the Sciences* (Dublin: UCD Press, 2009 [Collected Works, vol. 14]), pp. 288-9.
———, 'On human beings and their emotions: a process-sociological essay', in *Essays III: On Sociology and the Humanities* (Dublin: UCD Press, 2009 [Collected Works, vol. 16]), pp. 141-58.
———, 'Figuration', *in Essays III: On Sociology and the Humanities* (Dublin: UCD Press, 2009 [Collected Works, vol. 16]), pp. 1-3.
———, 'Towards a theory of social processes', in *Essays III: On Sociology and the Humanities* (Dublin: UCD Press, 2009 [Collected Works, vol. 16]), pp. 9-39.
———, 'On the sociogenesis of sociology', in *Essays III: On Sociology and the Humanities* (Dublin: UCD Press, 2009 [Collected Works, vol. 16]), pp. 43-69.
———, 'The retreat of sociologists into the present', in *Essays III: On Sociology and the Humanities* (Dublin: UCD Press, 2009 [Collected Works, vol. 16]), pp. 107-26.
———, 'Sociology and psychiatry', in *Essays III: On Sociology and the Humanities* (Dublin: UCD Press, 2009 [Collected Works, vol. 16]), pp. 159-79.
———, 'Le concept freudien de société et au-delà', in *Au delà de Freud: sociologie, psychologie, psychanalyse* (Paris: La Découverte, 2010), pp. 131-85.
———, *The Loneliness of the Dying and Humana Conditio* (Dublin: UCD Press, 2010 [Collected Works, vol. 6]).〔エリアス『死にゆく者の孤独』中居実訳、法政大学出版局、1990年、2010年新装版、なお本書で引用されている*Humana Conditio*は邦訳未刊〕
———, *The Society of Individuals* (Dublin: UCD Press, 2010 [Collected Works, vol. 6.]).〔エリアス『諸個人の社会――文明化と関係構造』ミヒャエル・シュレーター編、宇京早苗訳、法政大学出版局、2000

年、2015年新装版〕
———— and Eric Dunning, *Quest for Excitement: Sport and Leisure in the Civilizing Processs* (Dublin: UCD Press, 2008 [Collected Works, vol. 7]).〔エリアス、エリック・ダニング『スポーツと文明化——興奮の探求』大平章訳、法政大学出版局、1995年、2010年新装版〕
Fletcher, Jonathan, *Violence and Civilization: An Introduction to the Work of Norbert Elias* (Cambridge, Polity, 1997).
Goudsblom, Johan, *Sociology in the Balance* (Oxford: Basil Blackwell, 1977).
————, *Fire and Civilization* (London: Allen Lane, 1992).〔ヨハン・ハウツブロム『火と文明化』大平章訳、法政大学出版局、1999年〕
————, Eric Jones and Stephen Mennell, *The Course of Human History: Economic Growth, Social Process, and Civilization* (Armonk, NY: M.E. Sharpe, 1996).
————, and B. De Vries (eds), *Mappae Mundi: Humans and their Habitats in a Long Term Socio-Ecological Perspective: Myths, Maps, and Models* (Amsterdam: Amsterdam University Press, 2002).
Habermas, Jürgen, 'On systematically distorted communication', *Inquiry* 13: 1 (1970), pp. 205–18.
————, *The Theory of Communicative Action*, 2 vols (Boston: Beacon, 1984–7).〔ユルゲン・ハーバーマス『コミュニケイション的行為の論理』全3巻、河上倫逸・平井俊彦・藤澤賢一郎・岩倉正博・丸山高司・厚東洋輔訳、未來社、1985–7年〕
Huxley, Julian, *Evolution: The Modern Synthesis* (London: Allen & Unwin, 1942).
Kant, Immanuel, *The Critique of Pure Reason* [1781] (Cambridge: Cambridge University Press, 1998).〔カント『純粋理性批判』全3巻、篠田英雄訳、岩波文庫、1961–2年〕
Kaspersen, Lars-Bo and Norman Gabriel, 'The importance of survival units for Norbert Elias's figurational perspective', *Sociological Review* 56: 3 (2008), pp. 370–87.
Kilminster, Richard, 'Editor's note to "The Symbol Theory"', *Theory, Culture and Society* 6: 2 (1989), pp. 163–7.
————, 'Editor's introduction' to Norbert Elias, *The Symbol Theory* (London: Sage, 1991), pp. vii–xxv.
————, *The Sociological Revolution: From the Enlightenment to the Global Age* (London: Routledge, 1998).

———, *Norbert Elias: Post-philosophical Sociology* (London: Routledge, 2007).

Kranendonk,Willem H., 'Uit het dagboek van een handlanger' [From the diary of a helping hand] in Han Israëls, Mieke Komen and Abram de Swaan (eds), *Over Elias: Herinneringen en anecdotes* (Amsterdam: Het Spinhuis, 1993), pp. 99-103.

Leibniz, Freiherr Gottfried Wilhelm von, *The Monadology and Other Philosophical Writings*, (Oxford, Oxford University Press, 1968).〔ライプニッツ『単子論』河野与一訳、岩波文庫、1951年〕

Lévi-Strauss, Claude, *The Savage Mind* (London: Weidenfeld & Nicolson, 1976 [1962]).〔クロード・レヴィ＝ストロース『野生の思考』大橋保夫訳、みすず書房、1976年〕

Lyell, Charles, Elements of Geology (London: John Murray, 1838).

Mennell, Stephen, 'Decivilising processes: theoretical significance and some lines for research', *International Sociology* 5: 2 (1990), pp. 205-23.

———, *Norbert Elias: An Introduction* (Dublin: University College Dublin Press 1998 [1989]).

———, 'Reflections on editing Elias's English', *Figurations: Newsletter of the Norbert Elias Foundation* 26 (December, 2006), pp. 3-4.

Mill, John Stuart, *A System of Logic, Ratiocinative and Inductive*, 2 vols (London: John Parker, 1843).

Needham, Joseph, *Integrative Levels: A Revaluation of the Idea of Progress* (Oxford: Clarendon Press, 1937).

Popper, Karl R., *The Poverty of Historicism* (London: Routledge & Kegan Paul, 1957).〔カール・ポパー『歴史主義の貧困——社会科学の方法と実践』久野収・市井三郎訳、中央公論社、1961年〕

———, *The Open Society and its Enemies*, 2 vols (rev. edn, London: Routledge & Kegan Paul, 1962).〔ポパー『開かれた社会とその敵』全2巻、小河原誠・内田詔夫訳、未來社、1980年〕

Stigt, Mieke van, 'Een race tegen de klok' ['A race against the clock'], in Han Israëls, Mieke Komen and Abram de Swaan (eds), *Over Elias: Herinneringen en anecdotes* (Amsterdam: Het Spinhuis, 1993), pp. 105-8.

Power, Richenda, *A Question of Knowledge* (Harlow: Prentice Hall, 2000).

Quilley, Stephen, 'Ecology, "human nature" and civilising processes: biology and sociology in the work of Norbert Elias', in Stephen Quilley and Steven Loyal (eds), *The Sociology of Norbert Elias* (Cambridge: Cambridge

University Press, 2004), pp. 42-58.

———, 'Integrative levels and "the great evolution" : Organicist biology and the sociology of Norbert Elias', *Journal of Classical Sociology* 10: 4 (2010), pp. 1-29.

Swaan, Abram de, *Words of the World: The Global Language System* (Cambridge: Polity, 2001).

Waddington, C. H., *The Ethical Animal* (London: Allen & Unwin, 1960).〔C. H. ウォディントン『エチカル・アニマル——危機を超える生命の倫理』内田美恵訳、工作舎、1980年〕

———, *The Scientific Attitude*, rev. edn (West Drayton: Penguin, 1948).

Wassall, Terence J. (1990) 'The Development of Scientific Knowledge in Relation to the Development of Societies', unpublished PhD thesis, University of Leeds.

Wittgenstein, Ludwig, *Tractatus Logico-Philosophicus* (London: Routledge & Kegan Paul, 1922).〔ヴィトゲンシュタイン『論理哲学論考』藤本隆志・坂井秀寿訳、法政大学出版局、1968年〕

カ行

索　引

ア行

《叢書・ウニベルシタス　1053》
シンボルの理論

2017年 2 月20日　初版第 1 刷発行

ノルベルト・エリアス
大平 章 訳
発行所　一般財団法人　法政大学出版局
〒102-0071 東京都千代田区富士見2-17-1
電話 03(5214)5540　振替 00160-6-95814
組版：HUP　印刷：日経印刷　製本：積信堂

Printed in Japan
ISBN978-4-588-01053-8

著　者

ノルベルト・エリアス（Norbert Elias）

1897年、ブレスラウ生まれのユダヤ系ドイツ人社会学者。地元のギムナジウムを経てブレスラウ大学に入学、医学や哲学を学ぶ。第一次世界大戦では通信兵として従軍したのち、ハイデルベルク大学でリッケルト、ヤスパースらに哲学を学び、アルフレート・ヴェーバー、カール・マンハイムの下で社会学の研究に従事する。その後、フランクフルト大学に移り、マンハイムの助手として働くが、ナチスに追われフランスやイギリスに亡命。1954年、57歳でレスター大学社会学部の専任教員に任命される。レスター大学を退職した後にガーナ大学社会学部教授として招聘される。レスター大学では数多くの有能な若手社会学者を指導し、社会学、心理学、歴史学などの該博な知識に裏打ちされた独自の社会理論を構築する。邦訳書に『文明化の過程』『宮廷社会』『死にゆく者の孤独』『参加と距離化』『モーツァルト』『社会学とは何か』『スポーツと文明化』（共著）『時間について』『ドイツ人論』『諸個人の社会』『定着者と部外者』（共著）（以上、小局刊）などがあり、その他にも英語とドイツ語で書かれた数多くの論文がある。1977年、第１回アドルノ賞を受賞。ドイツ、フランス、オランダの大学からも名誉博士号や勲章が授与されている。1990年、オランダで93年の生涯を終えた。本書317-321頁「原著者について」も参照。

訳　者

大平 章（おおひら・あきら）

1949年、広島に生まれる。1972年、早稲田大学第一文学部英文科卒業。1980年、同大学大学院文学研究科英文学専攻博士課程満期修了。早稲田大学教授。1990年、2001年、2011年、ケンブリッジ大学ダーウィン・カレッジ客員研究員。主著に『ロレンス文学のポリティクス』（金星堂）。編著に『ノルベルト・エリアスと21世紀』（成文堂）、*Norbert Elias and Globalization*, *Norbert Elias as Social Theorist*（以上、DTP出版）。訳書にエリアス／ダニング『スポーツと文明化』、リヴィングストン『狂暴なる霊長類』、ハウツブロム『火と文明化』、パイン『火――その創造性と破壊性』、ダニング『問題としてのスポーツ』、ハルバータル／マルガリート『偶像崇拝』、エリアス／スコットソン『定着者と部外者』（以上、小局刊）、共訳書にウォディングトン／スミス『スポーツと薬物の社会学』（彩流社）などがある。